सिनेमा और संस्कृति

सिनेमा और संस्कृति

राही मासूम रज़ा

संपादक एवं संकलन

प्रो. कुँवरपाल सिंह

वाणी प्रकाशन

प्रकाशन के उत्कृष्टतम 62 वर्ष

vaniprakashan.com

सजिल्द पहला संस्करण : 2001
सजिल्द दूसरा संस्करण : 2003
सजिल्द तीसरा संस्करण : 2009
सजिल्द चौथा संस्करण : 2011
सजिल्द पाँचवाँ संस्करण : 2015
सजिल्द छठा संस्करण : 2018
सजिल्द सातवाँ संस्करण : 2025

वाणी प्रकाशन
4695, 21-ए, दरियागंज, नयी दिल्ली-110 002
फ़ोन : + 91 11 23273167, 23275710
शाखाएँ
अशोक राजपथ, पटना-800 004, बिहार
कॉफ़ी हाउस कैम्पस, महात्मा गांधी मार्ग, प्रयागराज-211 001, उत्तर प्रदेश
महात्मा गांधी अन्तरराष्ट्रीय हिन्दी विश्वविद्यालय, वर्धा-442 001, महाराष्ट्र
sales@vaniprakashan.in
vaniprakashan@gmail.com

Cinema Aur Sanskriti
by Dr. Rahi Masoom Raza
Edited by Prof. Kunwarpal singh
ISBN : 978-81-7055-773-9
Cinema

मूल्य : ₹ 695

जी.एस. ऑफ़सेट, दिल्ली-110 095 में मुद्रित
वाणी प्रकाशन का लोगो मक़बूल फ़िदा हुसैन की कूची से

स्मृति शेष
भाई जावेद कमाल के लिए
उनके प्रिय शेर
"अपने पैदा किये सूरज से उजाले माँगों
भीख माँगी हुई किरनों का भरोसा क्या है।"

अनुक्रम

कला और साहित्य का साझा संसार

राही हमारे समय के अकेले साहित्यकार हैं जिन्होंने कविता और कथा साहित्य के क्षेत्र में नये क्षितिज का उद्‌घाटन किया। उन्होंने कविता को साधारण जन की पीड़ा से जोड़ा और कथा साहित्य में ऐसे संसार का परिचय कराया जिसे हम गहराई से नहीं जानते थे। राही बीस साल तक उर्दू में शायरी करते रहे और देश के प्रगतिशील साहित्यकर्मियों में उनका महत्वपूर्ण नाम रहा है। बाद में वे 'आधा गाँव' लिखकर हिन्दी के महत्वपूर्ण कथाकार बन गये। राही के पास सोचने समझने की एक नई दृष्टि रही है। वे हर सवाल को कई दृष्टियों से देखते परखते थे और समस्या को व्यापक परिप्रेक्ष्य में अपनी रचनाओं में प्रस्तुत करते रहे हैं। उनकी लेखनी में गजब का जादू है। एक पृष्ठ पढ़ने के बाद आपको मालूम हो जाएगा कि इन पंक्तियों का लेखक राही मासूम रजा है। उनके पास अलग शैली और शब्द योजना है। उनके यहाँ अभिव्यक्ति का कोई संकट नहीं है। इसका कारण है, राही जो कहते थे बिना किसी लाग-लपेट के कह देते थे। उन्होंने कभी किसी से समझौता नहीं किया। – जीवन और लेखन, दोनों में। उन्हें सच कहने की सजा भी मिली और सम्मान भी प्राप्त हुआ।

राही लगभग पच्चीस साल फिल्म जगत से जुड़े रहे। उन्होंने तीन सौ से अधिक फिल्मों की पटकथा और संवाद लिखे। उन्होंने अच्छी-बुरी सभी तरह की फिल्में लिखीं। वे बहुत यथार्थवादी थे और सफाई से कहते थे कि फिल्म में लेखक की कोई अहम् भूमिका नहीं होती फिर भी मैं अपनी बात कहने के लिए फिल्म का कुछ हिस्सा हथिया लेता हूँ। उनकी कुछ सफल और महत्वपूर्ण फिल्में हैं – 'वैराग,' 'फाँसी,' 'हत्यारा,' 'प्रेम कहानी,' 'दो प्रेमी,' 'परछाइयाँ,' 'जुदाई,' 'सगीना,' 'मैं तुलसी तेरे आँगन की,' 'अन्धा कानून,' 'रास्ते का पत्थर,' 'सरगम,' 'जूली'। उन्हें संवाद और पटकथा के लिए तीन बार फिल्म फेयर पुरस्कार मिला। परन्तु राही की पहचान दूरदर्शन के छोटे पर्दे पर ही एक लेखक के रूप में बनी। उन्होंने अनेक सफल धारावाहिक लिखे। लेकिन महाभारत के संवादों और पटकथा ने तो उन्हें अमर बना दिया। राही महाभारत को हिन्दुस्तान के तमाम लोगों की साझी धरोहर मानते थे। उनके अनुसार महाभारत भारतीय सभ्यता, संस्कृति और नैतिक मूल्यों का अमूल्य खजाना है। देश के करोड़ों लोगों ने महाभारत के प्रसंग सुने थे लेकिन राही ने महाभारत को हर घर में पहुँचा दिया। द्रौपदी और गंगा के

माध्यम से उन्होंने नारी की व्यथा-कथा हमारे सामने प्रस्तुत की है। द्रौपदी के माध्यम से नारी और उसकी समस्याओं की ओर हमारा ध्यान आकर्षित किया है। नारी के सम्मान की बात भी महाभारत की कथा में महत्वपूर्ण है। द्रौपदी और गंगा सामन्ती समाज की नारी होते हुए भी आज के संदर्भों से जुड़ी हुई हैं। महाभारत की भाषा अतीत और वर्तमान-दोनों ही युगों के लिए सेतु का काम करती है। इस भाषा ने किसी एक वर्ग विशेष के लोगों को नहीं बल्कि हर वर्ग के लोगों को अन्दर तक प्रभावित किया है। 'महाभारत' की व्यापकता और लोकप्रियता का एक उदाहरण यह भी है कि प्रातः 9 बजे से 10 बजे के बीच बाजारों और सड़कों पर सन्नाटा हो जाता था। मैं उसी बीच त्रिवेन्द्रम विश्वविद्यालय गया था। वह मलयालम भाषी प्रदेश है। इसलिए मैंने सोचा भी नहीं था कि यहाँ महाभारत का कोई असर होगा। मैंने जब बाजारों और सड़कों पर सन्नाटा देखा तो अपने मित्रों से पूछा कि क्या बात है, न दुकानें खुलीं हैं न सड़कों पर चहल-पहल। उन्होंने कहा कि सब लोग महाभारत देख रहे हैं, उसके बाद दुकानें खुलेंगी। राही द्वारा 'महाभारत' के संवाद लिखने की कहानी भी बहुत दिलचस्प है। राही से बी.आर. चोपड़ा ने 'महाभारत' लिखने का प्रस्ताव किया तो उन्होंने व्यस्तता के कारण इसे स्वीकार नहीं किया। लेकिन गजब के पारखी हैं बी.आर. चोपड़ा भी। उन्होंने पटकथा और संवाद के लिए राही का नाम प्रेस कांफ्रेंस में ले लिया और यह बात समाचार पत्रों में छप गई। भारतीय संस्कृति के तथाकथित रक्षकों ने बी.आर. चोपड़ा को विरोध पत्र लिखे जिनका मूल स्वर था कि सारे हिन्दू मर गये हैं, जो एक मुसलमान से 'महाभारत' लिखवा रहे हैं। चोपड़ा साहब ने ये पत्र राही साहब के पास भेज दिये। राही की यह एक कमजोर नस थी, वे भारतीय सभ्यता और संस्कृति के बहुत बड़े अध्येता थे और अपनी जड़ें भी पहचानते थे। भारतीय सभ्यता और संस्कृति के शोधकार्य में उन्होंने जीवन का बहुत बड़ा हिस्सा लगाया था और उर्दू में इस विषय पर एक महत्वपूर्ण पुस्तक भी लिखी है। अगले दिन उन्होंने चोपड़ा साहब को फोन किया – "चोपड़ा साहब! महाभारत अब मैं लिखूँगा। मैं गंगा का बेटा हूँ। मुझसे ज्यादा हिन्दुस्तान की सभ्यता और संस्कृति को कौन जानता है !" इस तरह राही 'महाभारत' लेखन के मिशन में जुट गये।

हमारे कुछ वामपंथी मित्रों को राही से यह शिकायत है कि 'महाभारत' में उन्होंने हिन्दू प्रतीकों का इस्तेमाल करके धार्मिकता को बढ़ाने में मदद की है। 'मैं समय हूँ – यह एक पिछड़ी हुई परिकल्पना है।' यह आरोप हास्यास्पद है। राही भारतीय संस्कृति को इकहरी नहीं मानते थे। उसका चरित्र बहुआयामी है और जटिल भी। उसमें कई रंग और खुशबूएँ हैं। लेकिन फिर भी वह गंगा की तरह है। गंगा सबकी है किसी एक धर्म की कैद में नहीं है। राही के लिए धर्म निरपेक्षता का बहुत व्यापक अर्थ है, वे उसे संकीर्ण अर्थों में नहीं लेते। समय की परिकल्पना उन्होंने वर्तमान और अतीत के बीच सेतु बनाने के लिए की है, उसका कोई धार्मिक अर्थ नहीं है। राही ने किसी कट्टरपंथी को क्षमा नहीं किया चाहे वह बाल ठाकरे हों, आडवाणी जी हों, सय्यद शहाबुद्दीन हों, शाही इमाम हों

या बनातवाला। जिन दिनों वे महाभारत लिख रहे थे, उन्हीं दिनों रामजन्मभूमि और बाबरी मस्जिद का आन्दोलन चल रहा था। उस समय उन्होंने दोनों धर्मों के कट्टरपंथियों के विरुद्ध 'नवभारत टाइम्स' और 'गंगा' में खुली चिट्ठियाँ लिखीं। इसी तरह अपने महत्वपूर्ण आलेख 'भारतीय समाज किसी मजहब की जागीर नहीं' में राही ने दोनों सम्प्रदायवादियों को चुनौती देते हुए लिखा है – "इन लोगों के पाँवों के नीचे जमीन है इतनी दलदली है कि इनके मुरीद झूठ के ओछे हथियार इस्तेमाल करने लगे हैं। मैंने ये कहा था और अब भी कहता हूँ कि बाबरी मस्जिद और राज जन्मभूमि मंदिर दोनों को गिरा देना चाहिए और वहाँ एक राम-बाबरी पार्क बना देना चाहिए।" (मई 1987, गंगा)

इसी आलेख में राही ने दोनों साम्प्रदायिकताओं के उद्देश्य भी स्पष्ट कर दिये हैं – इन दोनों का मकसद है किसी भी तरह सत्ता प्राप्त करना। राही लिखते हैं – "हिन्दुस्तान में धर्म का क्या हाल हो गया है। इसका अंदाजा इससे लगाइए कि वह भी बाल ठाकरे जो मुसलमानों को गालियाँ देने से कभी नहीं चूकते; जो मुसलमानों को विदेशी मानते हैं; जिनका ख्याल है कि शिवाजी महाराज या मराठों की लड़ाई मुगलों से नहीं मुसलमानों से थी, वह बम्बई कॉरपोरेशन के मेयर की कुर्सी शिवसेना को दिलाने के लिए मुसलिम लीग से गठजोड़ करने की फिक्र में हैं।" (गंगा, पृष्ठ- 15)

हामारी वर्तमान सत्ता का चरित्र जन विरोधी है, वह धर्म और जाति का अपने हित में उपयोग कर रहे हैं। कोई प्रधानमंत्री हो, यह काम करने में किसी को परहेज नहीं है। राही ने एक स्थान पर लिखा है –

"प्रधानमंत्री श्री राजीव गाँधी की समझ में यह बात आज (3 मार्च को) आयी है कि धर्म को राजनीति में प्रवेश करने की इजाजत नहीं मिलनी चाहिए। प्रधानमंत्री ने यह बात यूँ कही जैसे धर्म दरवाजे पर खड़ा 'मे आई कम इन, सर' कह रहा है... यह प्रधानमंत्री वास्तव में यह चाहते होते तो मुसलमानों को सेकुलर राजनीति के रास्ते से हटाने के लिए और मुसलमान वोट बैंक ऑफ इंडिया पर कब्जा जमाने के लिए वह जेड. आर. अंसारी के कहे में आकर भारत के मुसलमानों को कठमुल्लाओं के हवाले न कर देते। शहबानो केस के फैसले के बाद कांग्रेस (इ) सरकार ने संसद के अंदर और बाहर, दोनों जगहों पर जो कलाबाजियाँ खाईं हैं उन्हें सेकुलर हिन्दुस्तान का इतिहास न भूल सकता है और न ही क्षमा कर सकता है।" (गंगा, पृष्ठ - 14)

सिनेमा के सम्बन्ध में हमारे बुद्धिजीवियों का बहुत दिलचस्प रवैया है। वे फिल्में देखते तो हैं लेकिन उन पर गंभीर चर्चा नहीं करना चाहते। वे गुड़ तो खाते हैं लेकिन गुलगुलों से परहेज करते हैं। हमारे मध्यवर्ग की दोहरी नैतिकता यहाँ भी आड़े आती है। सिनेमा हमारे समय की सशक्त कला है और इसे सम्पूर्ण कला कहें तो अतिशयोक्ति नहीं होगी। बीसवीं शताब्दी के ज्ञान-विज्ञान की यह सबसे महत्वपूर्ण देन है। इसमें नाटक, संगीत, काव्य, उपन्यास आदि का अद्भुत समन्वय होता है। साहित्य की तरह यह व्यक्तिगत प्रयास नहीं है बल्कि सामूहिक प्रयास है। शब्दों का यहाँ भी महत्व है लेकिन

साहित्य से इन शब्दों की तुलना नहीं की जा सकती। फिल्म में कलाकार को स्वतन्त्रता भी है लेकिन राही साहब को दुःख है कि लोग इस स्वतन्त्रता का सही इस्तेमाल नहीं कर रहे अथवा दुरुपयोग कर रहे हैं। फिल्म का संसार बहुत बड़ा है। अच्छी फिल्में साहित्य और कला का आदर्श समन्वय होती हैं। इनका उद्देश्य हमारी सौन्दर्यानुभूति और यथार्थ का विस्तार करना है। फिल्में सामाजिक नैतिकता स्वीकार भी करती हैं, उन्हें तोड़ती भी हैं। अपने समाज के प्रति उत्तरदायी भी हैं। समाज की तरह फिल्मों का वर्ग चरित्र होता है। राही जोर देकर बार-बार यह कहते हैं कि आज हम फिल्मों की उपेक्षा नहीं कर सकते। बिना फिल्मों को गंभीरता से लिए, हम अच्छी फिल्मों की कल्पना नहीं कर सकते।

ये दुर्भाग्य ही है कि आज हमारे फिल्म बनाने वाले अपने समाज और साहित्य से कट गये हैं। वे अपने साहित्य की ओर नहीं देखते बल्कि विदेशी साहित्य के दीवाने हैं। हमारी फिल्मों में अच्छी कहानियों का अकाल क्यों है जबकि हिन्दी और उर्दू में कथा साहित्य की समृद्ध परम्परा है। हमारे निर्माता और निर्देशक फिल्म में कहानी के महत्व से परिचित नहीं हैं। वे भाग्यवादी हैं। एक फिल्म हिट हो गई तो आँखों पर पट्टी बाँध उसी ओर दौड़ते हैं। इस आपा-धापी में सबसे अधिक दुर्दशा अच्छे साहित्य और साहित्यकार की होती है। इसलिए हिन्दी फिल्मों में कोई अच्छा साहित्यकार सफल नहीं होता, तृतीय श्रेणी के लेखक सबसे अधिक सफल होते हैं। हमारी ये फिल्में अब भी गुलामी की जंजीरों से जकड़ी हुई हैं। सब कुछ बदल गया है लेकिन हमारी फिल्मों में वही पुराने राग अलापे जा रहे हैं। इन फिल्मों को यथार्थ से कोई मतलब नहीं है। अदालतें, पुलिस के लोग, विश्वविद्यालय, कालेज, छात्र और छात्राएँ पारसी थियेटर के पात्र अधिक लगते हैं, आज के वास्तविक जीवन से उनका कोई वास्ता नहीं है। ये फिल्में एक नये झूठ का प्रदर्शन कर रही हैं और हमारे देश की आत्मा का ये प्रतिनिधित्व नहीं करतीं। इसलिए आवश्यक है कि फिल्मों के स्तर को बढ़ाने के लिए उन पर गंभीर चर्चा हो और सिनेमा को विश्वविद्यालय के अध्ययन में शामिल किया जाये। जब तक सिनेमा बुद्धिजीवियों और अध्यापकों के बीच चर्चा का विषय नहीं बनेगा तब तक उसमें सुधार संभव नहीं है। सिनेमा को सार्थक और समाजोपयोगी बनाना है तो बुद्धिजीवियों को अपना दृष्टिकोण बदलना पड़ेगा। कोई फिल्म लोकप्रिय क्यों होती है – इस पर हमारे बुद्धिजीवियों को खुले दृष्टिकोण से विचार करना चाहिए। यह आवश्यक नहीं है कि हर प्रसिद्ध चीज घटिया हो। हमें इस प्रसिद्धि के पीछे वैज्ञानिक तर्क ढूँढ़ने की आवश्यकता है। राही 'शोले' का उदाहरण देते हैं और इसे भारतीय बुद्धिजीवियों के सामने चुनौती के रूप में प्रस्तुत करते हैं, उनके अनुसार – "यह फिल्म बयान दे रही है कि कानून और पुलिस पर से लोगों का भरोसा उठ गया है। खलनायक गब्बर सिंह को इतनी शोहरत क्यों मिली कि वह पारले बिस्कुट का विज्ञापन बन गया। मैं गब्बर सिंह के इस विज्ञापन को देखकर डर गया था क्योंकि उस विज्ञापन का अर्थ यह है कि हमारे मुल्क में रावण,

श्रीराम से अधिक प्रसिद्ध है। लेकिन हमारे बुद्धिजीवियों ने इस पर विचार ही नहीं किया।'' (सिनेमा साहित्य और पाठ्यक्रम)

सिनेमा की एक विशेषता यह भी है कि यह अपने दर्शक को कभी नजरअंदाज नहीं कर सकता। यह बात साहित्यकारों के बारे में नहीं कही जा सकती। सिनेमा का अस्तित्व दर्शकों के अभाव में संभव नहीं है। हम आम आदमी की बहुत बात करते हैं। लेकिन आम आदमी का साहित्य से उतना सम्बन्ध नहीं है जितना फिल्म का है। इसलिए कला की इस विधा की ओर विशेष ध्यान देने की आवश्यकता है। राही जोर देकर कहते हैं कि सिनेमा भी साहित्य की तरह एक कला है, उसे भी साहित्य की भाँति पाठ्यक्रम में शामिल करना चाहिए। उसे हेय दृष्टि से देखने का अपना नजरिया बदलिए।

इस पुस्तक में राही सिनेमा का सम्बन्ध साहित्य के साथ समाज से भी जोड़ते हैं। वे व्यक्ति की अस्मिता का प्रश्न भी उठाते हैं। बुद्धिजीवियों पर कटाक्ष करते हैं कि वे देश और जनता की समस्याओं पर चुप्पी साधकर भ्रष्ट और बेईमान राजनीतिज्ञों को लाभ पहुँचा रहे हैं। उन्हें बार-बार अलीगढ़ भी याद आता है और गंभीर बात करते-करते अलीगढ़ की गलियों और सड़कों में खो जाते हैं। धर्म, संस्कृति, राष्ट्रीयता के सवालों पर खुलकर बहस करने की बात करते हैं ये ऐसे सवाल हैं जो सदियों से जनता को जोड़ते रहे हैं और आज ये ही जनता को अलग करने में इस्तेमाल किये जा रहे हैं। वे भाषा और राष्ट्रीयता के सवाल को अनदेखा नहीं करते। कबीर ने जो बातें छः सौ साल पहले कही थी, राही उन्हीं सवालों से जूझते हैं और उन्हें आज के सन्दर्भ में हमारे सामने प्रस्तुत करते हैं। आज सवाल बहुत व्यापक और खतरनाक हो गये हैं। राही इनसे टकराते हैं। शायद हमारे युग में कोई भी लेखक इन सवालों से सीधे टकराने की हिम्मत नहीं करता इसलिए राही कबीर के बाद दूसरे भारतीय लेखक हैं जिन्होंने अपने युग के सत्ताधारियों, धर्म और समाज के ठेकेदारों को सीधे चुनौती दी। राही कबीर और प्रेमचन्द की तरह जनता के रचनाकार हैं।

मुझे विश्वास है राही की इस नई कृति का उसी तरह स्वागत होगा जिस तरह 'आधा गाँव,' 'टोपी शुक्ला,' 'क्रान्ति कथा,' 'खुदा हाफिज कहने का मोड़,' 'लगता है बेकार गए हम' का पाठकों द्वारा किया गया।

कुँवर पाल सिंह
पूर्व अध्यक्ष, हिन्दी विभाग
एवं
डीन, कला संकाय
अलीगढ़ मुस्लिम विश्वविद्यालय
अलीगढ़

1 नवम्बर, 2000
एम.आई.जी.-28
अवन्तिका-I,
रामघाट रोड,
अलीगढ़-202001

सिनेमा

सिनेमा साहित्य और पाठ्यक्रम

आज का दिन मेरे जीवन में विशेष महत्व रखता है क्योंकि विश्वविद्यालय ने आज मेरे दिल के पच्चीस साल पुराने एक घाव पर मरहम लगाया है। कुछ बड़े लोगों की कोशिश के परिणामस्वरूप मैं पच्चीस वर्ष पूर्व उर्दू विभाग से अलग कर दिया गया था और आज विश्वविद्यालय के निमंत्रण पर आपको सम्बोधित कर रहा हूँ। इस आदर के लिए उपकुलपति महोदय एवम् विश्वविद्यालय के दूसरे पदाधिकारियों को धन्यवाद देता हूँ।

आज की बातचीत का विषय एक प्रकार से बहुत अहम् है इसीलिए मैं आशा करता हूँ कि भाइयों एवम् बहनों, आप लोग भी इस बहस में हिस्सा लेकर मुझे लाभान्वित होने का अवसर प्रदान करेंगे।

बहस का विषय है कि क्या सिनेमा को साहित्य के पाठ्यक्रम का हिस्सा बनाना उचित और आवश्यक है? लेकिन इस सवाल के जवाब की तलाश के लिए एक छोटी सी भूमिका या प्रीफेस की आवश्यकता है और इस भूमिका का सम्बन्ध साहित्य की परिभाषा से है। क्या साहित्य पैगम्बरी के समान है? क्या साहित्य, साहित्यकार की व्यक्तिगत सम्पत्ति है? और क्या पाठक ऐसा बन्धुवा मजदूर है जो उसकी रचना के खेतों में काम करता है, पानी उसके द्वारा रचित साहित्य को पढ़ता है? आज इन सवालों का जवाब देना अति आवश्यक है। यद्यपि पाठक के बारे में उठाए गये प्रश्नों पर आज तक विचार ही नहीं किया गया है। इसलिए अपनी बात के प्रारम्भ में ही पाठक की अहमियत को स्वीकार कर लेना चाहता हूँ ताकि आगे की बहस में कोई उलझन पैदा न हो।

मेरे विचार में साहित्य, साहित्यकार और पाठक रचनात्मक कला का त्रिभुज है। पाठक की अनुपस्थिति में साहित्य की कल्पना नहीं की जा सकती। साहित्य, पाठक के पास पहुँचकर ही साहित्य बनता है। किसी कविता का अर्थ वह नहीं है जो कवि के मस्तिष्क में है। कविता को तो पाठक अर्थ देता है। गालिब से पूछा गया कि, साहब आपने यह कैसे कह दिया कि, "बोझ वह सर से गिरा है कि उठाये न बने" वह बोझ जो फिर उठाया नहीं जा सकता उसे आपने सर पर रखा कैसे था तो गालिब तेलिन और

उसके सर पर रखे हुए तेल के घड़े की बात करने लगे कि वे तेल गिर गया तो तेलिन उस बोझ को कैसे उठाये और फिर उन्होंने इसका सम्बन्ध आरिफ की मौत से जोड़ दिया। मगर मुझे या आप को आरिफ की मौत से क्या लेना देना? और बीसवीं सदी के आखिर में भी हमें यह शेर क्यों पसन्द आता है? इस शेर को सही या गलत पढ़नेवालों या गाने वालों में से कितनों को आरिफ और उसकी मौत का पता है? कहने का मतलब यह है कि अगर कोई शेर हमें पसन्द है तो उसका मतलब वही है जो हमने समझा। समय के साथ-साथ अर्थों में भी फैलाव आता रहता है तथा अर्थों में फैलाव की यह रचनात्मक क्रिया शायर की नहीं अपितु पाठक की है। यही कारण है कि हर युग अपने संदर्भों में पिछले साहित्य को परख कर उसे रद्द या स्वीकार करता है।

कभी-कभी ऐसा भी होता है कि शायर के दिमाग में शेर का कोई अर्थ ही नहीं होता और पाठक उसे अर्थ प्रदान करता है। मैं अपने माननीय उस्ताद मुईम अहसन जज्बी का मिसाल दे सकता हूँ। मेरे विद्यार्थी जीवन में कुछ उन्होंने मुझे यह बताया था जब महफिलों और मुशायरों में उनके इस शेर की तारीफ होने लगी –

"जब किश्ती साबित ओ सालिम थी, साहिल की तमन्ना किस को थी
अब ऐसी शिकस्ता किश्ती पर साहिल की तमन्ना कौन करे।"

तो वह यह समझे कि लोग इस अर्थहीन शेर की प्रशंसा कर के उनका मजाक उड़ा रहे हैं। मगर जब लगातार इस शेर की प्रशंसा होने लगी तो उन्हें सोचना पड़ा कि इस शेर में कुछ न कुछ तो जरूर होगा। तो उन्होंने इस शेर की रचना से दो-ढाई बरस बाद अपने लिए इस शेर का अर्थ निश्चित किया। अब सवाल उठता है कि यह शेर कि समा ठहरो शायर का या पाठक का? और यहीं से साहित्य को समझने का रास्ता निकला है।

इसलिए मैं निवेदन करना चाहता हूँ कि जब तक पाठक तक नहीं पहुँच जाता तब तक उसके साहित्य होने में ही संदेह है और इसका अर्थ यह भी निकलता है कि पाठक बड़ी हद तक साहित्य-सृजन में साहित्यकार का सहभागी है। और अगर यह मान लिया जाय कि साहित्य-सृजन में पाठक साहित्यकार का सहभागी है तो लिखे हुए शब्द की अपेक्षा सिनेमा की अहमियत बढ़ जाती है।

पहली बात यह है कि सिनेमा उन लोगों तक भी पहुँच जाता है जो लिखना नहीं जानते। भारत जैसे अशिक्षित देश में सिनेमा की कला के महत्व को अनदेखा नहीं कर सकते।

यदि हम शिक्षित भारतीय को ही ले तो हम देखते हैं कि वह चौदह बड़ी भाषाओं में शिक्षा प्राप्त करे और यह चौदह भाषायें चौदह लिपियों में लिखी जाती हैं। भारत की सबसे बड़ी भाषा हिन्दी है लेकिन वह भी कितनी अभागन। भारतीयों में कितने प्रतिशत हिन्दी पढ़ने वाले होंगे? ढाई प्रतिशत तीन प्रतिशत चार प्रतिशत तो बाकी 96 प्रतिशत लोगों का क्या होगा। भारत की दूसरी बड़ी भाषाओं का औसत तो इतना भी नहीं निकलेगा।

मैं यह निवेदन करना चाहता हूँ कि भारत की 96 प्रतिशत आबादी के लिए छपा हुआ या लिखा हुआ शब्द अर्थहीन है। लेकिन वहीं शब्द अगर सुना जाए तो उसकी पहुँच बढ़ जाती है। पूरे भारत में हिन्दी फिल्मों की प्रसिद्धि इस बात का प्रमाण है।

ज्ञात रहे कि मैं हिन्दी फिल्मों की तारीफ नहीं कर रहा हूँ। इस समय यह बौद्धिक एवम् सौंदर्य के स्तरों पर दीवालिया है। मगर इसके कुछ और कारण हैं कि जिन पर बाद में कभी विचार किया जाएगा।

इस समय विचार का विषय यह है कि सिनेमा की पहुँच छपे हुए शब्द से अधिक है, इसके लिए हमारे बुद्धिजीवी चाहे कितना ही नाक भौं चढ़ायें, साहित्य एवम् समाजशास्त्र के विभाग फिल्म जैसी ताकतवर साहित्यिक विधा को अनदेखा नहीं कर सकते। सिनेमा की इस बेपनाह ताकत के अतिरिक्त साहित्य की शिक्षा और समझ के लिए सिनेमा को साहित्य स्वीकार कर उसे साहित्य के पाठ्यक्रम में शामिल करना आवश्यक है।

उदाहरण स्वरूप 'मीर' के इस शेर को लीजिए –

दूर बैठा गुब्बारे-मीर उस से
इश्क बिन ये अदब नहीं आता।

छात्र यदि शब्द कोष देखेगा तो, उस, 'दूर', 'गुबार', इश्क अदब और बैठे के अर्थ मालूम हो जायेंगे। लेकिन शेर फिर भी समझ में नहीं आएगा। 'दूर' का सम्बन्ध अदब से और इन दोनों शब्दों के बीच बैठा भी है। तो प्रश्न पैदा होता है कि 'गुबार' उस कितनी 'दूर' बैठा है। अब आप ही बतायें कि कोई भी शिक्षक यह फैसला कैसे करेगा? फिर वह यह कैसे बतायेगा कि अदब से बैठना क्या होता है? लेकिन यदि शेर एक तस्वीर बन जाये तो समस्या हल हो जायेगी। यह शेर एक तस्वीर भी और एक बयान भी। यह इश्क को समाज के दायरे में लाता है।

इस तरह इस पर भी विचार कीजिए कि –

"जाना जाता है कि इस राह से लश्कर गुजरा

या

अब खराबा हुआ जहानबाद
वरना हर-हर कदम पे याँ घर था

या

धोता हूँ मैं जो पीने को उस गुलबदन के पाँव
रखता है जिद में खींच के बाहर लगन के पाँव।

या

लिखते रहे जुनूँ की हिकायते-खूँ-चकाँ
हरचन्द इसमें हाथ हमारे कलम हुये।

या

देख तो दिल की जाँ से उठता है
ये धुवाँ सा कहाँ से उठता है।

हर शेर एक तस्वीर होती है और पाठक जब शेर पढ़ता है तो अपने दिमाग में उसकी तस्वीर (चित्र) बनाता है। विश्वविद्यालयों का कर्तव्य है कि वह पाठकों को ये चित्र बनाना सिखायें और इन सब के लिए हमें सिनेमा को पाठ्यक्रम में शामिल करना पड़ेगा क्योंकि सिनेमा एक ऐसा आर्ट है जो बिन्दुओं को चलती-फिरती सोती-जागती हिलती-डुलती तस्वीरों में परिवर्तित कर उन्हें समझने का काम आसान कर सकता है। सिनेमा सुनी सुनाई को आँखों देखी बना देता है और इसलिए अधिक विश्वसनीय हो जाता है। जब हमारी नानियाँ-दादियाँ कहानियाँ सुनाया करती हैं तो उन्हें आरम्भ में ही यह स्वीकार करना पड़ता है कि आँखों देखी नहीं कहती, कानों सुनी कहती हूँ झूठे पर खुदा की लानत। और तब कहानी शुरू हुआ करती थी, कि कहते हैं कि एक मुल्क में एक बादशाह था। इस प्रस्तावना के साथ किस्सागो अपनी जिम्मेदारी से बरी हो जाता था। लेकिन अगर कोई कहानी फिल्म के जरिए दिखाई जा रही है तो इसके लिए किसी प्रस्तावना की आवश्यकता नहीं क्योंकि जो कुछ हो रहा है वह देखने वाला खुद ही देख रहा है। फिल्म तो खुद देखने वाले की आँखों देखी है। उसके सामने चरित्र बनते-बिगड़ते हैं। उसके सामने ही वह जुल्म से लड़ते हैं या उसे सहन करते हैं और बड़ी हद तक वह खुद भी उस लड़ाई का हिस्सा बन जाता है। उसे चरित्रों के साथ रोना आता है, हँसी और गुस्सा आता है। यानी सिनेमा की परछाइयाँ परदे से उतर कर उस तक आ जाती हैं और वह उन परछाइयों से अपने दुःख-दर्द की तुलना करता है या फिर वह स्वयम् एक परछाईं बन कर उन चरित्रों में शामिल हो जाता है।

सिनेमा की एक दूसरी विशेषता यह है कि उसका दर्शक, दर्शकों का हिस्सा भी है और अकेला दर्शक भी। वह सामूहिक रूप से भी फिल्म देख रहा है और व्यक्तिगत रूप से भी। वह सबके साथ हँसता है और सबके साथ तालियाँ बजाता है, सबके साथ विलयन को गाली देता है। दुनिया की कोई किताब उससे तालियाँ नहीं बजवा सकती, उससे कहकहा नहीं लगवा सकती, उससे गालियाँ नहीं बकवा सकती। ये चीजें सामूहिक प्रतिक्रिया का हिस्सा हैं।

आप कह सकते हैं कि यह ताकत तो टेलीविजन में भी है तो सिनेमा की जगह उसे क्यों न निसाब का हिस्सा बनाया जाय। जहाँ तक साहित्य का प्रश्न है। मैं टी.वी. को साहित्य का सम्मान देने को तैयार नहीं हूँ क्योंकि जहाँ तक साहित्य का प्रश्न है टी.वी. तो लिखे हुए शब्द की तुलना में भी छोटा पड़ता है।

टी.वी. विस्तार के अभाव के कारण दर्शक को कोई Perspective नहीं दे सकता क्योंकि उसमें Long Shots सम्भव नहीं और जब तक पूरा ब्रह्माण्ड आपके सामने न हो एक कण के स्थान को निर्धारित कैसे करेंगे? क्लोज अप में आप यह देख ही नहीं सकते कि उस अकेले कण का ब्रह्माण्ड से क्या सम्बन्ध है। आप यह कैसे जान सकेंगे कि वह

कण है या ब्रह्माण्ड? कि वह ब्रह्माण्ड को क्या दे सकता है और क्या ले सकता है। ब्रह्माण्ड में उसका क्या स्वाभाव है और उसकी क्या अहमियत है।

सिनेमा में पहले Long Shet स्थान को निर्धारित करते हैं। फिर कैमरा किसी चरित्र के क्लोज अप पर जाता है। क्योंकि क्लोज अप या क्लोज शाट किसी Long Shets का हिस्सा है कोई फिर उन सब स्वयम् को Long Shets से काट कर क्लोज अप में देखता है तो वह खुदाई का दावा कर बैठता है। इसलिए Long Shet से कटा हुआ क्लोज अप एक बहुत ही खतरनाक चीज है जो गलत हाथों में पड़कर आदमी के सामूहिक एवम् व्यक्तिगत व्यक्तित्व को तबाह कर सकता है। भाइयों एवम् बहनों टी.वी. के पास Long Shet से कटा हुआ क्लोज अप और क्लोज सीट ही है और इसलिए मैं टी.वी. को साहित्य का हिस्सा मानने से हिचकिचाता हूँ और उसे साहित्य के पाठ्यक्रम में शामिल करना आवश्यक नहीं समझता। इस में दूध का दूध और पानी का पानी करने की शक्ति नहीं। वह तो दूध की एक बूँद को इस भ्रम में डाल सकता है कि वह दूध की एक बूँद नहीं अपितु पूरी झील है। मगर सिनेमा दूध और पानी मिले दूध में फर्क कर सकता है। इसलिए शिक्षा और समझ के लिए सिनेमा एक अच्छा माध्यम हो सकता है और अगर हम इस बात को स्वीकार कर लें तो हमें सिनेमा और उसकी समस्याओं पर गंभीरता से विचार करना पड़ेगा और जिस तरह हम साहित्य की दूसरी विधाओं को परिभाषित करते हैं, उसी तरह सिनेमा को भी परिभाषित करना पड़ेगा तथा उसकी विशेष व्याकरण और तकनीक का अध्ययन करना पड़ेगा तथा आज जिस तरह हमारे शिक्षक गजल, कसीदा, कहानी या नावेल पढ़ना सिखाते हैं उसी तरह सिनेमा देखना और समझना सिखलाना पड़ेगा। यह तय करना पड़ेगा कि फिल्म का लेखक कौन है। जो स्क्रिप्ट लिखता है या वह जो कैमरे से कलम से तस्वीरों की लिपि में उसी स्क्रिप्ट को पुनः लिखता है या वह नायक नायिकाएँ जिन्होंने फिल्म में काम किया या वह निर्देशक जिसने वह फिल्म बनाई जिसमें उसके दृष्टिकोण की धारा प्रवाहित है।

लेकिन सबसे पहले हमारे कथित बुद्धिजीवियों को फिल्म में अपना दृष्टिकोण बदलना पड़ेगा। वह फिल्म का नाम सुनते ही नाक-भौं चढ़ाते हैं जैसे कि फिल्मों से सम्बन्धित लोग इस सभ्य समाज में भद्र हो और जो मंडल कमीशन के लागू हो जाने के बाद भी अपना दृष्टिकोण बदलने को तैयार नहीं। मैं ऐसे बुजुर्गों और दोस्तों से यह निवेदन करना चाहता हूँ कि यदि फिल्में इतनी ही खराब और स्वास्थ्य के लिए हानिकारक हैं तो आप उसके विरोध में आवाज क्यों नहीं उठाते हैं। मगर आप के साथ समस्या यह है कि न आप फिल्में देखते हैं और न समझते हैं। उदाहरण के लिए मैं एक फिल्म का जिक्र करना चाहता हूँ। यह निर्देशक रमेश सिप्पी की फिल्म थी और सलीम जावेद ने इसका स्क्रिप्ट तैयार किया था। इस फिल्म में धर्मेन्द्र, अमिताभ बच्चन, संजीव कुमार, हेमामालिनी और जया भादुड़ी ने काम किया था। इस फिल्म का नाम शोले था। मैंने अभी-अभी जिन बुद्धिजीवियों का जिक्र किया था उन्होंने तो यह फिल्म देखी भी न

होगी, यह फिल्म इतनी मशहूर क्यों हुई? यह प्रश्न इतना ही महत्वपूर्ण है जितना यह प्रश्न की गुलशन नन्दा, राजेन्द्र सिंह बेदी से ज्यादा क्यों मशहूर थे। प्रसिद्धि या Popularity अपने आप में एक मूल्य बने इब्ने सफी के पास थी और प्रेमचन्द, बेदी के पास नहीं थी? वह क्या चीज है जो मनमोहन देसाई, नासिर हुसैन और प्रकाश मेहरा के पास है और सत्य जीत राय, मृणालसेन और ऋषिकेष मुखर्जी के पास नहीं है! भाइयों और बहनों! वह चीज है प्रसिद्धि। प्रसिद्धि जो मेरा गाँव मेरा देश,अमर, अकबर, अन्थोनी और शोले को मिली तथा उसकी रोटी, आक्रोश, और गरम हवा को नहीं मिली।

समस्या यह है कि कथित बुद्धिजीवी लोग प्रसिद्धि को बहुत घटिया वस्तु समझते हैं। मगर वह उसकी शक्ति से अनभिज्ञ हैं। गाँधी जी बहुत मशहूर थे, नेहरु जी बहुत मशहूर थे, अमिताभ बच्चन बहुत मशहूर हैं। श्रीदेवी बहुत मशहूर है। गाँधी जी और पंडित नेहरु तक तो वह सर हिलाएँगे लेकिन अमिताभ बच्चन और श्रीदेवी के नाम आते ही नाक-भौं चढ़ायेंगे। उनका यह रवैया अवैज्ञानिक एवम् अशिक्षित है और मैं यह कड़वी बात इसलिए कह रहा हूँ कि यह लोग अपनी ठहरी हुई काबिलियत के गुलाम हैं। यह लोग कह देंगे कि शोले एक Scaprist फिल्म है जिसका कोई सिर-पैर नहीं है। मैं यह निवेदन करना चाहता हूँ कि अगर आप यह कह रहे हैं तो फिर आप शोले को समझते ही नहीं! शोले एक Scafrist फिल्म नहीं बहुत ही सार्थक, महत्वपूर्ण और सामाजिक वर्णन है। चार वाक्यों में शोले की कहानी यह है –

संजीव कुमार एक ईमानदार पुलिस अफसर है जिसने गब्बर सिंह डाकू को गिरफ्तार करके जेल भिजवाया था। वह गब्बर सिंह जेल से फरार हुआ और संजीव कुमार के पूरे खानदान को कत्ल कर दिया और संजीव कुमार के दोनों हाथ काट लिए। यह ईमानदार पुलिस आफीसर पुलिस के पास फरियाद लेकर नहीं गया, कानून का दरवाजा नहीं खटखटाया। उसे जेल में सजा काटते हुए दो मुलजिम याद आते हैं। ये मुजरिम हैं धर्मेन्द्र और अमिताभ बच्चन। यह ईमानदार पुलिस अफसर इन दो मुजरिमों को अपने दो हाथ बनाता है और गब्बर सिंह का मुकाबला करता है।

यह फिल्म यह बयान दे रही है कि कानून और पुलिस पर से लोगों का भरोसा उठ गया है।

क्या यह बयान महत्वपूर्ण नहीं है? क्या सोशयालोजी के पंडितों ने इस बयान और इसके महत्व को समझा? सबसे महत्वपूर्ण बयान यह है कि क्या यह बयान सच्चा नहीं है? क्या हमारे राजनीतिक और समाज शास्त्रों बुजुर्गों और दोस्तों के लिए यह विचारणीय नहीं है कि जिस फिल्म में धर्मेन्द्र और अमिताभ जैसे कलाकार काम कर रहे हों उस फिल्म से खलनायक गब्बर सिंह को इतनी शोहरत क्यों मिली कि वह पारले बिस्कुट का विज्ञापन बन गया। मैं गब्बर सिंह के इस विज्ञापन को देखकर डर गया था क्योंकि इस विज्ञापन का अर्थ यह था कि हमारे मुल्क में रावण, श्रीराम से अधिक प्रसिद्ध

है। लेकिन हमारे बुद्धिजीवियों ने इस पर विचार ही नहीं किया, क्योंकि यह बयान एक हिन्दी फिल्म ने दिया था।

मुझे यह नहीं मालूम कि इस फिल्म के निर्माता रमेश सिप्पी ने यह सोचा था या नहीं। मुमकिन है रमेश सिप्पी के लिए भी शोले, जज्बी साहब के उस शेर की तरह ही हो, जो उनके विचार में अर्थहीन था लेकिन वास्तव में वह अर्थहीन नहीं था। यानी हम फिर कारी और नाजिर या पाठक और दर्शक तक आ गये। इसका अर्थ यह हुआ कि पाठक और दर्शक साहित्यकारों से अधिक महत्वपूर्ण हैं। इसलिए एक जानकार और सचेत पाठक या दर्शक के अभाव में साहित्यकार पोषण असम्भव न सही अपितु कठिन अवश्य है।

सिनेमा का दर्शक सिनेमा से बिल्कुल अनभिज्ञ है। यह और बात है कि वह स्वीकार और अस्वीकार के अपने व्यक्तिगत मानदण्डों की कसौटी पर सिनेमा को स्वीकार एवम् अस्वीकार करता रहता है। जबकि हमारा बुद्धिजीवी वर्ग अपना यह कर्तव्य पूरा नहीं करता। प्रोफेसर हबीब जासूसी नावेल बड़े शौक से पढ़ा करते थे और उसके हाशिये पर नोट लिखा करते थे कि हीरो, जासूस से क्या गलती हो गयी। पता नहीं प्रोफेसर इरफान हबीब क्या पढ़ते हैं। महत्वपूर्ण जासूसी नावेल नहीं है बल्कि तफ्तीशी मिजाज महत्वपूर्ण है क्योंकि एक इतिहासकार के लिए यह आवश्यक है। धीरे-धीरे इल्म (ज्ञान) क्लोज अप बनता जा रहा है। अपने Long Shet से कटा हुआ। यह बात कहकर मैं आधुनिक इतिहासकारों पर हमला नहीं कर रहा हूँ बल्कि एक खबर सुना रहा हूँ। डा. नूरूल हसन पूर्व विभागाध्यक्ष इतिहास विभाग ने क्या किया? वह प. बंगाल के गवर्नर हो गये। मगर इतिहास का क्या बना। यही वह जगह है जहाँ व्यक्तिगत लाभ बौद्धिक लाभ से टकराते हैं और घाटे में बुद्धिजीवी ही रहता है। इसलिए क्लोज अप और Long Shet के सम्बन्ध को समझना है तो हम सिनेमा को अनदेखा नहीं कर सकते। इस रिश्ते को समझने के लिए सिनेमा को समझना आवश्यक है।

तो बात यहाँ से शुरू की जाय कि सिनेमा क्या है? सिनेमा साहित्य की एक विधा है। इसे भी उन्हीं तकाजों को पूरा करना चाहिए जो दूसरी साहित्यिक विधायें पूरी करती हैं। यानी वह प्रचार या प्रोपोगेंडा नहीं है, वह लोगों को सुख प्रदान करता है तथा इस सुख से वह समाज को स्वस्थ बनाने की लड़ाई लड़ता है। जिस तरह कोई नज्म, नाविल, कहानी या साहित्य जो इस कर्तव्य को पूरा नहीं करता वह बेकार है, उसी तरह जो फिल्म इस कर्तव्य को पूरा नहीं करती वह त्रुटिपूर्ण है।

लेकिन हम जब सामाजिक भलाई की बात करते हैं तो दृष्टिकोण और Perspective की बात निकल आती है। उदाहरण के लिए आज भारत में बहुत से लोग यह समझते हैं कि हमारे समाज का जीवन राम मंदिर के बनने या न बनने पर आधारित है। मंदिर बना तो समाज है न बना तो समाज नहीं है। बहुत से लोग यह समझते हैं कि बाबरी मस्जिद हमारे समाज के स्वास्थ्य और जीवन का प्रतीक है तथा कुछ लोग यह समझते

हैं कि हमारा समाज राम मंदिर और बाबरी मस्जिद के बिना भी जिन्दा रह सकता है। मतलब यह है कि राम मंदिर भी वहीं है और बाबरी मस्जिद भी वहीं है। अन्तर सिर्फ दृष्टिकोण का है और वास्तव में सही दृष्टिकोण कला का आधार है। दृष्टिकोण के बिना कला की रचना सम्भव नहीं। इसलिए सिनेमा बनाने वालों के पास भी एक दृष्टिकोण होना चाहिए।

इस बात से शायद आप इन्कार न करें लेकिन मैं इसे आगे बढ़ाना चाहता हूँ कि जिस तरह अदीब या साहित्यकार का एक दृष्टिकोण एक Point of View होना चाहिए उसी तरह पाठक का भी एक दृष्टिकोण होना चाहिए। तो इस कारी या पाठक, नाजिर या दर्शक के दृष्टिकोण की ट्रेनिंग कौन करेगा? खुली हुई बात है कि यह जिम्मेदारी भी हमारे कालेजों, स्कूलों और यूनिवर्सिटियों की है और इसीलिए मैं यह निवेदन करने आया हूँ कि सिनेमा की तरफ पीठ करके न बैठिए। यह बहुत ही शक्तिशाली साहित्यिक विधा है। यह समाज को बना भी सकता है और बिगाड़ भी सकता है। उसे Vested Intrest के हाथ में छोड़कर हमारे बुद्धिजीवी तथा शिक्षा संस्थाएँ समाज दुश्मनी कर रहे हैं। अगर आपने सिनेमा को समझने और समझाने की कोशिश न की और उदाहरण के लिए किसी विमल राय, किसी सत्यजीत राय और किसी गोविन्द निहलानी को भी वही सम्मान देना स्वीकार न किया जो किसी गालिब, मीर या तुलसी को देते हैं तो सिनेमा एक जंगल की आग की तरह फैलेगा और समाज में आग लगा देगा?

अभी उदाहरण स्वरूप मैंने जिन लोगों के नाम लिये हैं, वह सब दिर्नेशक थे या हैं। मैंने केवल निर्देशकों के नाम इसलिए लिये हैं कि मैं निर्देशक को ही फिल्म का लेखक (रचयिता) मानता हूँ। और नाम लेने में यह सावधानी करता हूँ कि सिर्फ उन निर्देशकों के ही नाम लूँ जिनके साथ मैंने काम नहीं किया है। मैंने यह इसलिए आवश्यक समझा कि आप मुझ पर पक्षपात का आरोप न लगायें।

अब यहाँ मैं चार फिल्मों का जिक्र करना चाहता हूँ। स्वर्गीय महबूब खाँ ने एक फिल्म बनाई जिसका नाम उन्होंने 'औरत' रखा। इसी निर्देशक ने इस फिल्म को दो बार क्यों बनाया और बनाया भी तो इसका नाम क्यों बदला? औरत को मदर इण्डिया करने की क्या जरूरत पेश आई। जनरल को Particular करने की क्या आवश्यकता है? यही दृष्टिकोण और Perspective की मंजिल है। औरत में महबूब खाँ ने केवल एक चीज बढ़ाई है, जो माँ के रूप में है, नहर का पानी खोल रही है, यह बहता हुआ, आगे बढ़ता हुआ पानी, औरत में नहीं था। ज्ञात रहे कि यह बहता हुआ पानी किसी दरिया का नहीं है। इन्सान की बनाई हुई एक लहर का है। मदर इण्डिया का यह Statianet औरत में नहीं है तो औरत का मदर इण्डिया बन जाना महबूब खाँ की रूमानियत के विकास की दलील है और वह नहर का एक ऐसा प्रतीक है, जो कुरबानियों और मेहनत की आशा करती है और इसका बहता हुआ पानी भविष्य की तरफ हमारे सफर का प्रतीक बन जाता है।

मैं जिन दो और फिल्मों की बात करना चाहता हूँ उनमें एक बरूवा की बनाई हुई देवदास, दूसरी विमल राय की बनाई हुई देवदास। ये दोनों फिल्में एक ही नावेल पर बनाई गयी हैं। फर्क सिर्फ यह है कि ये दो समझदार निर्देशकों द्वारा बनाई गयी हैं। इन दोनों फिल्मों पर बहस का यह मौका नहीं मगर एक ही कहानी पर बनाने वाली ये दोनों फिल्में उतनी ही भिन्न हैं जिनमें एक ही कहानी या हादसे या किस्से पर लिखें जाने वाले अनीस, दबीर, यूनिस और वहीद के मरसिये! और इन दोनों देवदासों का जिक्र मैंने अपनी इस बात को साबित करने के लिए किया है कि निर्देशक ही फिल्म का लेखक होता है।

वैसे सिनेमा को पाँच भागों में बाँटा जा सकता है, स्क्रिप्टराइटिंग, सिनेमोटोग्राफी, एडीटिंग, अदाकारी और निर्देशन। एडीटर और सिनेमोटोग्राफर ने कभी यह दावा नहीं किया कि वह फिल्म के लेखक हैं। लेकिन स्क्रिप्ट राइटर कभी-कभी स्वयम् को फिल्म का लेखक समझ बैठता है। हमारे समय में इसकी सबसे बड़ी मिसाल सलीम जावेद हैं। सलीम जावेद ने दीवार जैसी फिल्म का स्क्रिप्ट लिखा, मगर क्या दीवार फिल्म वही है जो उन्होंने लिखी? अदाकारों ने जो डायलोग बोले उसका अन्दाज किसने तय किया? उसके लिखे हुए दृश्यों को किसने Shot में विभाजित किया? यह फैसला किसने किया कि किस शॉट में कैमरा कहाँ होगा? और इसमें कौन सा लैंस लगा होगा? और जब शॉट ले लिया गया तो ओ.के. या वनस् मोर किस ने किया? देखने वाले सलीम जावेद का स्क्रिप्ट नहीं देख रहे हैं। देवदास उपन्यास का लेखक सलीम जावेद से बड़ा साहित्यकार था लेकिन इन दोनों फिल्मों में एक बरूवा और एक विमल राय की फिल्म कही जाती है।

लेखक और निर्देशक की कशमकश की सब से अच्छी मिसाल गुलजार है। गुलजार लेखक भी हैं और निर्देशक भी। उन्होंने जब दूसरों के लिए लिखा तो निर्देशकों ने उनकी स्क्रिप्ट पर अच्छी फिल्में बनाई मगर जब वह अपने लिए लिखते हैं तो लेखक गुलजार निर्देशक गुलजार पर भी हावी हो जाता है नतीजों में फिल्म कमजोर हो जाती है। राजेन्द्र सिंह बेदी इसकी दूसरी मिसाल हैं। इन दोनों निर्देशकों की फिल्में यह साबित करती हैं कि जब निर्देशक का कद अपने लेखक और अदाकारों से छोटा पड़ जाता है तो फिल्में अच्छी नहीं बन पातीं और आज कल हिन्दी सिनेमा इसी दौर से गुजर रहा है। आज निर्देशक का कद फिल्म स्तर से बहुत छोटा हो गया है। इसीलिए सार्थक और अच्छी फिल्में बहुत कम बन पा रही हैं।

मैं फिल्म स्टार, स्क्रिप्ट रायटर, कैमरामैन या एडीटर के महत्व से इन्कार नहीं कर रहा मगर यह सब के सब निर्देशक के लिए काम करते हैं। निर्देशक की इच्छा-पूर्ति करना इन सबका कर्तव्य है। दर्शक केवल वही देखता है जो निर्देशक दिखाता है। एडीटर एक फ्रेम न तो कम कर सकता है न बढ़ा सकता है। स्क्रिप्ट रायटर एक शब्द न तो कम कर सकता है न डाल सकता है। कैमरामैन निर्देशक की इच्छा के बिना कैमरे को कहीं

रख नहीं सकता। अगर निर्देशक क्लोजशॉट चाहता है तो कैमरामैन उसे क्लोज अप नहीं कर सकता।

फिल्म के अन्दर बड़ी दीवारें हैं। वह दीवारें न तोड़ी जा सकती हैं और न फलांगी जा सकती हैं। फिल्म एक आरकेस्ट्रा है। हर कलाकार अपना अपना साज बजा रहा है। मगर उस म्यूजिक का लेखक कन्डक्टर है जिसके इशारों पर साज बजते हैं। कोई निर्देशक सलीम जावेद, कमला पांडे या कादर खाँ और जात मिस्त्री से अच्छा सिनेमोटोग्राफर वही कोई निर्देशक दिलीप कुमार, अमिताभ बच्चन, नसीरुद्दीन शाह, ओमपुरी, नर्गिस, वहीदा रहमान, रेखा, शबाना आजमी और जया भादुड़ी से अच्छी एक्टिंग नहीं कर सकता। कोई निर्देशक मधुवाला से अधिक सुन्दर नहीं फिर भी फिल्म का लेखक वही है। दिलीप कुमार अपने दिये हुए शॉट से लाख मुतमइन हो लेकिन अगर निर्देशक संतुष्ट नहीं है तो दिलीप कुमार को रि-टेक देना ही पड़ेगा।

इसलिए अगर एक बार ये बात तय हो जाती है कि सिनेमा का लेखक कौन है तो सिनेमा को समझने का काम लगभग आसान हो जाता है क्योंकि सिनेमा के लेखक को निर्धारित किये बिना उसकी भाषा भी निर्धारित नहीं की जा सकती क्योंकि यही एक ऐसा आर्ट है जिसमें कई कलाकार भाग लेते हैं। स्क्रिप्ट रायटर अपना काम करता है फिर सिनेमोटोग्राफर अपना, फिर अदाकार एडीटर और म्यूजिक डाइरेक्टर और इन सब के ऊपर निर्देशक जो अपने मस्तिष्क में फिल्म की रचना करता है। लेकिन निर्देशक अकेला ऐसा कलाकार है जो दर्शक को भी अपने दिमाग में रखता है। वह जानता है कि वह किसके लिए फिल्म बना रहा है। वह जानता है कि उसके दर्शकों का दिमाग सुख के किन रास्तों से परिचित है और वह अपना बयान सदैव दर्शक के मनोरंजन के रैपिंग पेपर में लपेट कर देता है। सिनेमा की असली ताकत यही है कि वह भी कभी देखने वाले को नजर अन्दाज नहीं करता। यह बात कवियों, कहानीकारों या उपन्यास लेखकों के बारे में नहीं कही जा सकती। संदेश तो वह भी देते हैं लेकिन पाठक का खयाल किये बिना। लेकिन सिनेमा वह मोर है जो जंगल में नाच ही नहीं सकता क्योंकि दर्शकों के बिना उसका कोई वजूद ही नहीं है। इसलिए आम आदमी से उसका सीधा सम्बन्ध है। अतः इस Form की ओर ध्यान देने की विशेष रूप से आवश्यकता है।

मैं इसे साहित्य का हिस्सा समझता हूँ इसलिए इस बात पर बल देता हूँ कि इसे साहित्य में शामिल कर लेना चाहिए और साहित्य मान कर साहित्यिक पाठ्यक्रम में शामिल कर लेना चाहिए। मगर साहित्य के कट्टरपंथी इसे साहित्य मानने के लिए इसलिए तैयार नहीं होते कि इसकी रचना में असाहित्यिक लोगों का हाथ भी होता है। तो क्या मैं यह प्रश्न कर सकता हूँ कि आपने ड्रामे में साहित्य के एकान्त जीवन में आने की इजाजत क्यों दी? ड्रामा भी पढ़ने की चीज नहीं है। वह भी सिनेमा की तरह देखने की चीज है। इसकी रचना में भी कई तरह के कलाकार भाग लेते हैं। इसमें निर्देशक होता है, अदाकार होते हैं, आर्ट निर्देशक होता है, मेकअप मैन होता है, कास्ट्यूम

डिजाइनर होता है, लाइट मैन होता है, एडीटर और कैमरामैन के अलावा सभी होते हैं – तो अगर ड्रामा साहित्य के कोर्स में शामिल किया जा सकता है तो सिनेमा के साथ यह अन्याय क्यों? सिनेमा ड्रामे का अगला कदम है। ड्रामा एक सिंगल शॉट फिल्म है और सिंगल शॉट भी एक लान्ग शॉट है। ड्रामे में क्लोज अप शाट या क्लोज अप सम्भव नहीं। ड्रामे में टोप शॉट या ट्राई शॉट मुमकिन नहीं, ड्रामे में Zoom करना मुमकिन नहीं। ड्रामे में Intercutting का प्रश्न ही नहीं उठता। इसमें निगाहों का देसम बदलना असम्भव है जो जहाँ बैठा है वहीं से बैठा देख रहा है। देखने वाला अपनी आँख का कोण नहीं बदल सकता और ड्रामे में दृश्य का कोण बदलने की क्षमता नहीं होती। यही ड्रामे की मजबूरी है। ब्रेस्त भी इन दीवारों को नहीं गिरा पाया इसलिए ड्रामा प्रकाश और आवाज का पाबन्द बन कर रह गया लेकिन सिनेमा ने इन हदबन्दियों से स्वयं को आजाद किया Long Shots से Zoom करके पात्रों की आँखों की पुतलियाँ दिखाने में सक्षम हो गया और पात्रों की आवाज पर ये अब दवाब था हट गया और डायलाग मामूली आवाज में बोले जाने लगे। ड्रामे को सरगोशी (फुसफुसाना) भी आ गया और डायलाग की आवश्यकता भी कम हो गयी। ड्रामे के पास डायलाग ने उसे ऊँची आवाज की कैद से आजाद किया और अब पात्र जीता-जागता आदमी दिखाई देने लगा उन्हीं लोगों जैसा जो हाल में बैठे कोई फिल्म देख रहे हैं।

इसलिए मैं बुद्धिजीवियों से अपील करने आया हूँ कि सिनेमा को हेयदृष्टि से न देखिये। यह समझिये कि जैसे अच्छी या बुरी गजल होती हैं, अच्छा या बुरा नावेल होता है, उसी तरह अच्छी या बुरी फिल्म भी होती है – आप जब तक विद्यार्थियों को यह न बताएंगे कि अच्छी और बुरी फिल्म में फर्क करने का तरीका क्या है तब तक वह ब्लैक में बुरी फिल्मों के टिकट खरीद कर देखता रहेगा और अच्छी फिल्मों की तुलना में बुरी फिल्मों की संख्या बढ़ती रहेगी।

इसलिए मैं तो यही चाहता हूँ कि फिल्म को साहित्य के पाठ्यक्रम में शामिल किया जाय। लेकिन यूनिवर्सिटियाँ साहित्य के कट्टरपंथियों से डर कर उसे जिन्दा मक्खी कहें और उसे निगलने पर तैयार नहीं हों तो मेरा यह निवेदन है कि यूनिवर्सिटियों में कम से कम सिनेमा की शिक्षा विधिवत आरम्भ की जाय।

भाइयों और बहनों! मैं आपका आभारी हूँ कि आपने इतनी देर तक मेरी बात सुनी। यदि मैं किसी बात को स्पष्ट रूप से न कह पाया हूँ तो आप से प्रश्न करने का निवेदन करता हूँ।

25 नवम्बर को डॉ. राही मासूम रजा द्वारा अलीगढ़ मुस्लिम विश्वविद्यालय, अलीगढ़ में दिया गया अन्तिम व्याख्यान।

किसे वकील करें, किससे मुंसिफी चाहें

लगता है कि यह 'साप्ताहिक हिन्दुस्तान' वाले मुझे जीने नहीं देंगे। सच बोलने के लिए आखिर मुझ से क्यों कहा जाता है? मैंने कब कहा कि मैं सच पर कुरबान हो जाने को तैयार बैठा रहता हूँ? मुझे भी सच बोलने से डर लगता है साहब, क्यों कि मुझे भी अपना घर चलाना है, बाल-बच्चों को पढ़ाना-लिखाना है। हर महीने मकान का किराया देना है। बनिये का हिसाब चुकता करना है...। तो फिर आप मुझे 'भारतीय संस्कृति और हिन्दी फिल्म' के चक्कर में क्यों डालना चाहते हैं? हमारी हिन्दी फिल्मों का हमारी संस्कृति से कोई ताल्लुक ही नहीं है। इक्का-दुक्का फिल्मों को छोड़ दीजिए तो दूर-दूर तक सन्नाटा है। हम तो वो लोग हैं कि गाँधी जी पर फिल्म बनाने बैठे तो उनसे भी दो-चार गाने गवा डालें। कस्तूरबा किसी पेड़ पर बैठी गाना गाती हुई चाहे कैसी ही अजीब क्यों न लगे, परन्तु यदि गाँधी जी पर फिल्म बनेगी तो गाँधी जी और कस्तूरबा का एक 'दोगाना' अवश्य होगा। सम्भव है कि गाँधी जी हेलन के साथ एक-आध ट्विस्ट भी नाच डालें। ऐसे में सच बहुत सोच-विचार के बाद बोला जाता है। फिल्मी सच की एक मिसाल लीजिए। शायद पिछले साल साहिर लुधियानवी ने एक बयान दिया था कि सारी फिल्में उर्दू में होती हैं तो उन्हें उर्दू सर्टिफिकेट क्यों नहीं मिलता? बात बड़ी बहादुरी की थी। बड़ी ले-दे हुई! पत्र-पत्रिकाओं में धड़ाधड़ बयान छपे। परन्तु साहिर साहब से किसी को यह पूछने का खयाल न आया कि साहब आप प्रोड्यूसरों से यह क्यों नहीं कहते कि उर्दू सर्टिफिकेट नहीं लोगे तो गाने नहीं लिखूँगा। साहिर साहब ऐसा इसलिए न कर सके कि जो वह यह कहते तो उन्हें फिल्में न मिलतीं, मुझ में खराबी यह है कि मैं मौका टाल कर बात कहने की कला नहीं जानता। इसलिए साहब चलिए 'भारतीय संस्कृति' और हिन्दी फिल्मों की बात करें। आपने मुझ से हिन्दी फिल्मी-दुनिया में 'हिन्दू-मुस्लिम संस्कृतियों' की खैरियत पूछी है। पहले यह बताइए कि 'हिन्दू-मुस्लिम संस्कृतियाँ' क्या होती हैं? अरे भाई साहब जो संस्कृति भी 'हिन्दू-मुस्लिम' होने लगी है, तो फिर मेरे या आप के जीने से फायदा ही क्या? अपने इस देश भारत (जिस का अंग्रेजी नाम इण्डिया है और जिस

का यह अंग्रेजी नाम खत्म करने की बात कोई नहीं करता) में ऐसे लोगों की कोई कमी नहीं है जो गालिब को शिया या सुन्नी और रसखान और ताजमहल को 'हिन्दू या मुसलमान' साबित करने में लगे हुए हैं। परन्तु हम क्यों शामिल हों इन गिरोहों में? इसलिए 'हिन्दू-मुस्लिम संस्कृतियों' को गोली मारिए और आइए भारतीय संस्कृति और हिन्दी फिल्मों की बातें करें।

सीधी बात यह है कि भारतीय संस्कृति और हिन्दी फिल्में एक नदी के दो किनारे हैं जो मिलने से मजबूर हैं। संस्कृति तो हमें दिखाई दे, जब फिल्मों में कोई कहानी होती हो। हमारी फिल्मी कहानियाँ स्मगल की जाती हैं। अब मिसाल के तौर पर यदि कहानी हार्डी की है तो उसमें भारतीय संस्कृति कैसे मिल सकती है? संगीत यदि यूरोप या अफ्रीका या अरब का होगा तो उसमें भारतीय संस्कृति कहाँ समाएगी? 'जॉन' का नाम सीताराम या नव्वाब जफरूल मुल्क कर देने से तो करेक्टर भारतीय हो नहीं जाता। यदि कहानी लन्दन की है तो उसे हिन्दी बोल लिख देने से क्या होगा? जाहिर है धुन कहीं जाएगी और बोल कहीं।

इस बाहरी कहानी में भारतीय संस्कृति का खून दौड़ाना प्रोफेसर सरकार या गोगिया पाशा का काम है, लेखक का नहीं। इसलिए आइए बातों का रुख बदलें।

हम लोग 'हिन्दू सोशल और मुस्लिम सोशल' फिल्में बनाते हैं। 'हिन्दू सोशल फिल्में' देखिए तो आपको ऐसा लगेगा जैसे सारे मुसलमान पाकिस्तान भेजे जा चुके हैं और यदि 'मुस्लिम सोशल फिल्म' देखिए तो लगेगा कि हिन्दुस्तान में कोई हिन्दू रह ही नहीं गया है और सारे मुसलमान नव्वाब हो गए हैं और अपना मजे में शायरी कर रहे हैं। मुसलमान चोर, जेबकतरा, दुकानदार, वकील, सिपाही, 'चना जोर गरम' बेचने वाला' वगैरह नहीं हो सकता। मुस्लिम सोशल फिल्मों में या तो वह नव्वाब होगा या शायर या नव्वाब का मुसाहिब। 'मेरे महबूब' और 'मेरे हुजूर' जैसी फिल्में हिट होती हैं और 'तीसरी कसम' फ्लाप। नतीजा यह निकला कि वही फिल्में हिट होती हैं (या हिट होने लगी हैं) जिन का भारतीय संस्कृति से कोई रिश्ता नहीं होता।

मैं एक फिल्म लिख रहा था। वह 'मुस्लिम सोशल' थी। सब खुश थे कि क्या 'धाँसू सब्जेक्ट' तैयार हुआ है। उन्हीं दिनों 'नूरजहाँ', 'बहू बेगम' और 'पालकी' जैसी 'मुस्लिम सोशल फिल्में' फ्लाप हो गईं। मेरे प्रोड्यूसर सन्नाटे में आ गए, बोले – "राही साहब, यह तो बड़ा घपला हो गया।" मैंने कहा – "भाई साहब इन्हीं दिनों बहुत-सी हिन्दू सोशल फिल्में' भी फ्लाप हुई हैं। जो फिल्म खराब होगी, वह फ्लाप होगी ही।" परन्तु वह नहीं माने। चुनांचे वह 'धाँसू' मुस्लिम सब्जेक्ट' अब 'धाँसू हिन्दू सब्जेक्ट' बनाया जा चुका है। हीरो का नाम अख्तर था, तो अब रमेश हो गया है। हीरोइन का नाम परवीन था, तो अब रेखा हो गया है। (मैं गलत नाम बता रहा हूँ) कहानी जैसी की तैसी वही है। मैं ही यह 'हिन्दू सोशल सब्जेक्ट' भी लिख रहा हूँ। मुझे अपने प्रोड्यूसर से कोई शिकायत नहीं है। मुझे अपने आप से भी कोई शिकायत नहीं है। मैं यह 'हिन्दू सोशल

सब्जेक्ट' भी बड़ी ईमानदारी और मेहनत से लिखूंगा।

बात यह है कि हिन्दी फिल्मों में जो पूंजी लगती है, वह हिन्दी क्षेत्र की नहीं होती। वह उन लोगों की होती है, जिन्हें हिन्दी क्षेत्र के जीवन से क्या लगाव हो सकता है! उस रुपए को तो अमरबेल की तरह फैलने के लिए छातियों, कुल्हों, पिण्डलियों और कोकशास्त्र के 'एब्रिज्ड एडीशनों' की दीवार की जरूरत है, और यही कारण है कि हिन्दी उपन्यासों पर फिल्म बनाने का चलन नहीं है। 'गोदान' और 'सारा आकाश' जैसे दो-चार उपन्यासों के नाम लिए जा सकते हैं, परन्तु ज्यादातर 'पाकेट बुक' उपन्यास लिए जाते हैं, जिनका कोई महत्व नहीं होता।

भारत की हिन्दी संस्कृति तो मिलेगी कृश्न चन्दर, बेदी, इसमत, यशपाल, नागरजी, भैरव प्रसाद गुप्त, राजेन्द्र यादव, कमलेश्वर, मोहन राकेश, शानी, सुरेन्द्र प्रकाश, रामलाल और रजिआ सज्जाद जहीर की कहानियों में। मगर इन्हें कौन घास डालता है! यह कर्तव्य तो हिन्दी लेखकों का नहीं, बल्कि हिन्दी पूंजी का है कि वह आगे बढ़े और हिन्दी फिल्मों का 'टेंटुआ' दबाने वाले रुपए को घुड़क कर अलग हटा दे।

हिन्दी फिल्म-जगत की ट्रेजिडी यह है कि हर प्रोड्यूसर कथाकार है। वह अच्छी कहानियाँ सुनने की माँग करता है, परन्तु अभी किसी ने उसे यह नहीं बताया है कि अच्छी कहानी होती क्या चीज है? और जो कई सिरफिरा अच्छी या ताजा कहानी फिल्माने के लिए कमर कस भी लेता है, तो वह पूंजी किसी छिनाल औरत की तरह उसे ठेंगा दिखा कर अलग खड़ी हो जाती है। 'फिल्म फिनान्स कारपोरेशन' जो 'सारा आकाश' और 'आधे अधूरे' फिल्में बनवा भी दे तो क्या होगा? ऐसी फिल्मों को रिलीज होने के लिए थियेटर नहीं मिलते, क्यों कि ये फिल्में अपने बूते पर थियेटरों का किराया नहीं अदा कर सकतीं। सुना है कि बेदी की फिल्म 'दस्तक' को अभी तक किसी डिस्ट्रिब्यूटर ने हाथ नहीं लगाया है।

हमारी फिल्में 'कमरशल आर्ट' के रुतबे से नीचे गिर कर सिर्फ 'कमरशल' रह गईं हैं और साहब कामर्स की कोई संस्कृति नहीं होती।

□□

कट टू कट

प्रोपोजल

निर्माण : सेठ जूनामल सन सत्तरलाल, अभिनय रणजीत सिंह (असली नाम सोनामल पोपटलाल), सायरा बानो, वहीदा रहमान, शर्मिला टैगोर :साथ में कोई नहीं, अतिथि कलाकार महमूद सीनियर। गाने : नवल किशोर प्रेस, लखनऊ। संगीत : एच.एम.वी. और रिकार्ड बनानेवाली कंपनियाँ और रेडियो स्टेशन। कहानी, पटकथा : हैं ही नहीं। संवाद : हर एक। निर्देशन : श्री पंदरह अगस्त और सन सैंतालीस लाल।

सिनापसिस

गोबिंदपुरा कलां वाले मौलवी गुफरान अली चिश्ती बनारसी बड़े अल्लाह वाले थे। दमकता हुआ काला रंग। चमकती हुई काली दाढ़ी, आँखों में सूरमा डाले अपनी उटंगी शलवार पर लंबा कुरता पहनकर निकलते तो दाल मंडी की फर्स्ट फ्लोर की दुकानों के दिल अल्लाह के डर के भक्कड़ से खुले हुए किवाड़ों की तरह धड़कने लगते। दाल मंडी पर उनकी धाक बैठी हुई थी। रंडियों का ईमान था कि मौलवी साहब की दी हुई न्याज को अल्लाह भी रौब में आकर स्वीकार कर लेते हैं। तो नर न्याज के लिए उन्हें तमाम ही रंडियाँ बुलाती थीं। बेचारे साहब मौलवी न्याज देने से इन्कार भी नहीं कर सकते थे। इसलिए जाते और न्याज देते।

मौलवी साहब की पत्नी को मरे बहुत दिन हो चुके थे। तो उनका खाना अड़ोस पड़ोस के घरों से आया करता था। फिर भी रात का सूनापन उन्हें अक्सर बहुत सताता था। अपनी सूनी रातों को बहलाने के लिए वह रंडियों के बारे में सोचने लगते थे। उनके लिए मौलवी साहब का दिल बहुत कुढ़ा करता था। सारी की सारी बेचारियाँ जहन्नुम में जलेंगी। तो वह धीरे धीरे उन जलते हुए बदलों के बारे में सोचने लगे। मुशतरी के कूल्हे, बन्नन की छातियाँ, बुन्नन की बड़ी बड़ी आँखें, बिस्मिल्लाह जान का छरहरा और भीगा-भीगा सा बदन, जैसे अभी नहा कर और पोंछ कर सामने आ गयी हो...

हिंदू रंडियों के बारे में वह कभी नही सोचते थे। मरने दो कमबख्तों को... फिर धीरे-धीरे केवल बिस्मिल्लाह जान रह गयी। उन्होंने ठान ली कि चाहे कुछ हो जाये वह बिस्मिल्ला जान को जरूर बचायेंगे। ऐसा खूबसूरत और मजेदार बदन अल्लापाक ने जहन्नुम का ईंधन बनने को हरगिज नहीं बनाया होगा।

तो एक नौचंदी जुमेरात को जब बिस्मिल्लाह न्याज दिलवाने आयी तो मौलवी साहब ने जहन्नुम का डर और जन्नत की खबर उसके पेट में डाल दी। यूँ हमारे हीरो इमरान अली बेकल बनारसी की बुनियाद पड़ी।

मुस्लिम सोशल

मैं जानता हूँ कि मुस्लिम सोशल पिक्चरें फ्लाप हो रही हैं। परंतु यह सब्जेक्ट ऐसा है कि आन की आन में इसे मुस्लिम सोशल को हिंदू बनाया जा सकता है। आप से क्या छिपाना? हमारी सोशल फिल्मों का हमारे समाजी जीवन से तो कोई संबंध होता नहीं। रहे नाम, तो नाम का क्या है? मौलवी साहब को हम आसानी से बांके बिहारी लाल बना सकते हैं। बड़े धर्मात्मा थे। गोबिंदपुरा कलां में रहते थे। बिस्मिल्लाह जान को गोली मारिये। उन्होंने बागेश्वरी बाई के पेट में नर्क का डर और स्वर्ग की खबर डाल दी। चलिये सब्जेक्ट हिंदू सोशल हो गया। एंटरटेनमेंट टैक्स तो माफ हुआ ही हुआ है।

और धाँसू बनाना हो तो बिस्मिल्लाह जान को बिस्मिल्लाह जान ही रहने दिया जाये। चलिये सब्जेक्ट नेशनल इंटेग्रेशन का हो गया। राष्ट्रपति का मेडल तो समझ लीजिए कि आप की जेब में है।

नेशनल एवार्ड

लेकिन लड़की मुसलमान और लड़का (चाहे वह साठ बरस के बांके बिहारीलाल ही क्यों न हों) हिन्दू हुआ तो घपला हो सकता है। हम कोई रिस्क क्यों लें? लड़की को अछूत बना दिया जाये। साहब, आपने तो मेरे दिल की बात कह दी। कहानी कहाँ से कहाँ पहुँच गयी। लड़की अछूत होगी तो कब कपड़े पहनेगी और जो कपड़े पहनेगी भी तो हम उन्हें जहाँ से चाहे वहाँ से फाड़ सकते हैं। सेंसर बोर्ड भी कुछ नहीं कह सकता। बेचारी के पास साबुत कपड़े आयेंगे कहाँ से? उसे पूरे कपड़े पहनाना रीअलिज्म के खिलाफ है। महात्मा गाँधी को अछूतों से बड़ा लगाव भी था। नेशनल अवार्ड अपना हुआ।

म्यूजिक का स्कोप भी बढ़ गया। बांके बिहारीलाल भजन गायेगा। हीरोइन थिरक थिरक कर लोक गीत सुनायेगी। यह फिल्म चढ़ गयी एक बार तो पुलिस आयेगी उतारने। प्लेटीनम जुबली का तो इश्तेहार लिखवाइये, साहब! बैठे क्या हैं?

साला साठ बरस का हीरो कौन मांगता है भाई।

असल में जो कहानी मैं सुना रहा था वह मौलवी गुफरान अली चिश्ती बनारसी...

यह नाम नहीं चलेगा, यार। क्या करता है तू। पब्लिक साली को साल भर लग जायेगा नाम याद करने में। भोली जानी कर दे साले का नाम।

साठ बरस का हीरो

परंतु मैं यह कह रहा था कि... अरे तू क्या कहेगा। सारे लोग बंडल छोड़ते हो खाली पीली का। साला तुम तो चेक लेकर चलता बनेगा। अपन को मारा मारी करनी होगी इस बंडल सब्जेक्ट से। हीरो साला साठ बरस का है तो पेड़ के चारों और कैसे भागेगा हीरोइन के साथ? अरे वह नहीं भागेगा तो क्या तेरा बाप भागेगा हीरोइन के आगे पीछे। ऊ साला बुड्ढा का अपनी दाढ़ी से मारा मारी करेंगा। विलेन का आदमी लोगन के संग ई साला दाढ़ीवाला को डिसगाइज करवाना होगा तो उसकी दाढ़ी कहां रक्खेंगे। चले आये एक बंडल सब्जेक्ट लेकर।

अरे साहब, तो इसमें घबराने की क्या बात है। हीरो की उम्र तो अपने हाथ में है। उसे बाइस बरस का कर देते हैं।

हाँ, और ऊ साला सोशल वरकर है। कहानी हम बना रहे हैं और तुम साला बोलेगा कि हमको क्रेडिट दो। काहे का क्रेडिट दें। हीरो को जवान हम किया कि तुम। ऊ साला को सोशल वरकर हम बनाया कि तुर रे। हीरो की उमिर बाइस साल। ऊ बहुत बड़े व्यापारी सेठ जमुना प्रसाद का ओनली सन है। अकलौता बेटा। ऊ साला मोलवी या धरमात्मा होगा तो प्रोडक्शन वैलू क्या होगी। कोई डिस्ट्रीब्यूटर हाथ नहीं लगायेगा। अछुत कन्या का ऐंगिल नहीं चलेगा। कई फिल्म फ्लाप हो चुका है। रंडी का एंगिल भी हैकनीड है। रंडी को हीरोइन डालके आज तक कोई फिल्म हिट नहीं हुआ है। साली को साइड में डाल दो। हीरो साले को अपने बाप का मुनीम की छोकरी से लव हो जाता है। इ रंडी हीरो से लव करती है। साली को विलेन से मरवा देंगे। ऊ साला जमुनाप्रसाद को विलेन बना दो। इ रंडी साली उसी की बेटी है। रंडी हीरोइन को अऊरत लोग डाइजेस्ट नहीं करता और सिक्सटी परसेंट औरत लोग पिक्चर देखता है। बाकी जब ऊ रंडी सेठ का बेटी निकलेगी तो सब साली मां रोयेंगी और जब वह बाप के सामने एक धाँसू डायलाग बोल कर गाना गायेगी तो पब्लिक साली झूम जायेगी। आगे बताओ क्या हुआ।

वंडरफुल! वंडरफुल! परंतु मैं जो कहानी सुना रहा था वह मौलवी गुफरान अली या बांकेबिहारी लाल के लड़के की है और...

कंडम राइटर

यार तुम लोग को कौन स्टोरी राइटर बना दिया है। तीन रील के बाद साला हीरो पैदा हो गया। तो फिल्म के खतम होने के बाद जवान होयेगा। अपन को एकदम जवान हीरो चाहिए। एकदम फटाफट। साला प्रोपोजल तो ऐसा धाँसू और सब्जेक्ट कंडम।

परंतु आप कहानी तो सुन लीजिए साहब।

अरे अपन कहानी सुन कर क्या करेंगे। लोग फिल्म देखने जाता है। कहानी देखने नहीं जाता।

आप भी कमाल करते हैं साहब। सेठ जमुनादास का लड़का हीरो। उसके मुनीम की लड़की हीरोइन। वह खुद विलेन। उसकी एक इल्लैजिटिमेट लड़की हीरो यानी अपने भाई पर आशिक और आप कहते हैं कि आपको यह कहानी नहीं चाहिए। इस कहानी से बेटे को ब्रेक मिलेगा तो अलीपकुमार दलीपकुमार ठप हो जायेंगे। लैंडलार्ड ने नोटिस दे दिया है। बारह सौ रुपये किराये के चढ़ गये हैं। बनिये का हिसाब भी बहुत हो गया है।

साला तुम राइटर लोग को शरम नहीं आती। भीक मांगते हो। इ दौ सौ ले जाओ और इ सब्जेक्ट को खूब फर्स्ट क्लास बना दो। अगली फिल्म में अपन ने तेरी स्टोरी डालने का डिसाइड कर लिया है।

कट।

आखिर हुआ यह

रात का समय है। हीरो थका हारा घर आता है। पत्नी बच्ची को सुला चुकी है। खुद जाग रही है। उसे देख कर मुस्कुराती है। वह सोचता है कि थकी-थकी सी मुस्कराहट कभी कितनी ताजा हुआ करती थी। अभी-अभी खिली हुई जूही की कली की तरह... और अब होठों पर मनों बोझ की तरह लदी हुई है।

वह पूछती है : "क्या हुआ?"

"उसने कहानी सुनी ही नहीं।"

"मैं पूछती हूँ तुम अच्छी कहानियाँ लिखना छोड़ क्यों नहीं देते।"

वह मुस्कुराता है और कहता है...

"छोड़ दिया।"

□□

माध्यम की तलाश

मैं जब फिल्मी लेखकों को दो खानों में बाँटता हूं कि एक वह जो साहित्यकार है और दूसरे वे जो फिल्मी साहित्यकार हैं तो यह साहित्यकार का दर्जा ऊँचा करने की कोशिश नहीं है। क्योंकि साहित्य के नाम पर जितना बुरा साहित्य लिखा जाता है, उतनी बुरी फिल्में नहीं लिखी जातीं—बुरी फिल्मों के नाम पर।

लीजिए, वह मुश्किल सामने आ गई, जिससे मैं कतरा कर निकल जाना चाहता था।

अच्छी और बुरी फिल्म की परिभाषा क्या है। यह एक पूरी बहस है। मैं फिल्म को आर्ट नहीं मानता। फिल्म एक कामर्शियल आर्ट है। इसलिए फिल्मी लेखक से साहित्यिक लेखक का मुकाबला करना ठीक नहीं है। लेखक वह लिखता है जो वह लिखना चाहता है। फिल्मी लेखक वह लिखता है, जो उससे लिखवाया जाता है और लिखवाने वाले की नाक पर मुनाफे की ऐनक चढ़ी होती है।

यूसुफ साहब (दिलीपकुमार) को लेखकों से हमदर्दी व दिलचस्पी जाहिर करने में बड़ा मजा आता है। ऐसा वह यकीनन तफरहिन करते होंगे। एक दिन शायद 'संगीना महतो' के सैट पर 'ब्ल्यु एन्जिल' के 'स्क्रीन प्ले' की तारीफ में जमीन-आसमान के कुलाबे मिला रहे थे और बात घुमफिर कर वहीं आती थी कि हिन्दुस्तानी लेखक ऐसा स्क्रीन प्ले क्यों नहीं लिखते। यह जान पर खेलने का वक्त था। मैंने जान पर खेल कर कह दिया—"यूसुफ साहब, 'ब्ल्यू ऐन्जिल' वाले को बम्बई बुलाइए, सात-आठ गानों, एक-डेढ़ रेप, दो-चार ढिस्सूं-ढिस्सूं और दो कैबरे डलवाइए 'ब्ल्यू ऐन्जिल' में। उनकी तबियत हरी न हो जाए तो शर्त रही। हम लोग फिर भी बड़े बहादुर हैं कि इन बेहूदा मजबूरियों के बाद भी साल में एकाध अच्छी फिल्म लिख ही डालते हैं।"

बात हंसी में उड़ गई। परन्तु खराबी की जड़ यही है और यह इतने बड़े माध्यम की बड़ी तौहीन है। मैं गाने के खिलाफ नहीं हूँ। हम हिन्दुस्तानियों को गाने-बजाने का बड़ा शौक है। हमारी जिन्दगी गाने की 'सिचुएशनों' से भरी पड़ी है। पर चूंकि इन घरेलू

'सिचुएशनों' पर टांगो नहीं बज सकता, अमेरिका की धुनें नहीं गाईं जा सकतीं, इसलिए हमारी फिल्मों में यह घरेलू 'सिचुएशनें' अब बिल्कुल ही नहीं मिलतीं। कभी-कभार होली का एक छींटा आ जाता है और बस! तो हम अपने आनन्द बख्शियों या हसरत जयपुरियों से क्या शिकायत करें? गाना लिखना उनका शौक नहीं, उनका पेशा है।

हमारे प्रोड्यूसर 'क्राइम थ्रिलर' बनाना चाहते हैं। 'क्राइम' की दौड़ में हिन्दुस्तानी किसी मुल्क से पीछे नहीं पर हमारे 'स्टारों' और प्रोड्यूसरों को शिकागो के गैंग्सटर्ज पसन्द हैं या घरेलू कहानियों के वह शरीफ डाकू जो बहुत सोच-विचार के बाद डाके डाला करते थे। पर वास्तव में हमारे स्टारों और प्रोड्यूसरों को ये घरेलू डाकू याद नहीं, वे तो राबिनहुड का भारतीयकरण करना चाहते हैं। हर राबिनहुड को धोती पहना देते हैं। कहते हैं कि 'हीर रांझा' की शूटिंग शुरू हुई तो हीरो को 'कास्ट्यूम' पसन्द नहीं आया। तो चेतन साहब ने कहा -- "ठीक है, रांझा के लिए 'बेलबाटम' बनवा दो!" इसे आप लतीफा समझ कर हंस पड़ेंगे, पर आप ही हैमलेट, मैकबेथ, सीजर और राबिनहुड को धोती-कुरते में होली गाता देख कर खुश हो जाते हैं।

यदि आप बुरी फिल्में देखना छोड़ दें तो फिल्म आर्ट बन जाए।

मैं डायलाग लिखता हूँ। मेरी परेशानी देखिए। जो सेट लगा हुआ है, वह 'फैंटेसी' है। कैरेक्टर्स का मेक-अप हिन्दुस्तानी है और आत्मा विदेशी और पूरा 'सीक्वेन्स' किसी और कहानी से उड़ा कर इस कहानी में डाल दिया गया है। डायलाग क्या लिखूं? वह भाषा कहां है जो इस चूं-चूं के मुरब्बे से मेल खा जाए। यही कारण है कि हमारी फिल्मों के डायलाग नकली-नकली लगते हैं और साहब ईमान की बात यह भी है कि फिल्मी एवार्ड चाहे जिसे मिले, पर डायलाग कभी डायलाग-राइटर के नहीं होते। डायलाग-राइटर के सिवा यह हक हरेक को है कि वह राइटर के लिखे हुए डायलाग ठीक कर ले। कुछ लोग यह काम राइटर को जलील किए बिना करते हैं और कुछ राइटर को जलील करने ही के लिए ऐसा करते हैं। हद यह है कि मेरे दोस्त आर.के. आधे डायलाग खुद लिख डाले हैं। 'परछाइयाँ' में चांद साहब ने डायलाग 'ठोंक' दिए हैं। तो मैं 'बैराग' या 'सगीना महतो' की बात क्या करूँ! हम लोग ऐक्टरों से यह मांग नहीं करते कि जो लिखा गया है, वह बोलो। हम लोग राइटर से यह मांग करते हैं कि ऐक्टर जो बोलना चाहता है, वह लिखो! और इसीलिए लोग चाहते हैं कि राइटर बगल में बस्ता दबाए सैट पर मौजूद रहे। जो लेखक ऐसा नहीं करता, उस से लोग खफा हो जाते हैं और कोई ऐसा लेखक ढूँढ़ निकालते हैं, जो ऐसा करने पर तैयार हो। और ऐसा लेखक मिल भी जाता है क्योंकि जहाँ हम हैं, वहाँ रोटी किसी के हाथ से छीन कर ही खानी पड़ती है! 'ब्ल्यू एंजिल' -- माई फुट!

बम्बई में घड़ियाँ, सोने, सेंट और इस प्रकार की दूसरी चीजों के साथ बड़े पैमाने पर कहानियाँ भी स्मगल होती हैं। मैंने 'फिल्म राइटर्स एसोसिएशन' से प्रार्थना की है कि वह

लेखकों के घर पर छापा मार कर ऐसी कहानियों पर कब्जा कर ले और ऐसी कहानियों के लिए प्रोड्यूसरों से मिला हुआ पैसा गरीब और बेरोजगार लेखकों की मदद के खाते में डाल दिया जाए। यदि ऐसा हो जाए तो बेरोजगार लेखकों को इतना पैसा मिलने लगेगा कि वह रोजगार खोजना ही छोड़े देंगे।

इस माध्यम की तलाश में मैं खुद गुम हो गया साहब! किसी साहब को कहीं दिख जाऊँ तो वह साहब मुझे यह बताने का कष्ट उठाएँ कि मैं आजकल कहाँ हूँ और क्या कर रहा हूँ! जिन्दा हूँ कि मर चुका हूँ!

□□

वह आदमी

'ज्वार भाटा' से 'संघर्ष' तक दिलीप कुमार की परछाइयों का एक घना जंगल है। इस जंगल में –

नाचें मोर
पपीहें कुहकें
डाल-डाल से पूछ रही है नाम किसी का कोयल
मौसम के बूढ़े रंगरेज ने धूप-छाँव की छींट बनाई,
और हवा ने
बड़े प्यार से चुनी जमीन की चुनरी।
शाखें बदन हिलाती हैं तो गिर जाते हैं
पाप बालियों से शबनम के मोती।
...इस जंगल में धूप भी है और
साया भी है, गर्मी भी है
और भी है नर्म हवा का झोंका भी है।
...यादों का यह जंगल एक पूरी दुनिया है।
जिन्दा यादें।
नीमजान और मुरदा यादें।
कमसिन यादें – जैसे कोंपल
जिन को हंसना भी नहीं आता।
बूढ़ी यादें – सड़े गले यह पत्ते
जिन को शायद यह भी याद नहीं है
अभी ये कल तक किन पेड़ों की
गरदन में झूला करते थे।...

यह तो मेरी यादों का जंगल है और जब इस जंगल में मैं अपने आपको नहीं ढूँढ़ पाता

तो दिलीप कुमार को कैसे ढूँढ़ निकालूं। क्यों कि उनकी यादें मेरी यादों की तरह साधारण नहीं हैं। कहानी के हिसाब से मेकअप करती हैं और कथन के हिसाब से कभी क्लोज-अप में नजर आती हैं और कभी लांग-शाट में।

और फिर मैं होता कौन हूँ इन परछाइयों को छेड़ने वाला। मैं उनका दुश्मन नहीं हूँ कि उन की परछाइयों को अपनी परछाइयाँ बताऊँ। मैं उन का बेतकल्लुफ दोस्त भी नहीं हूँ कि दरवाजे की जंजीर (या घण्टी) बजाए बिना उन के व्यक्तित्व की दुनिया में चला जाऊँ खैरियत पूछता हुआ। चमचा भी नहीं कि दोस्ती जताने के लिए मनगढ़न्त बातें सुनाऊँ। मुझे तो यह भी नहीं मालूम कि उन्हें क्या खाने और क्या पीने का शौक है। मैं सिर्फ चाय पीता हूँ। इसलिए यह अवश्य कह सकता हूँ कि मेरे लिए यह अवश्य है तो बंगाल पाट्री के बोन-चाइना के गुलाबी रंग वाले सेट में आती है। उस के साथ अरारोट के बिस्कुट होते हैं। और एक रात दिलीपकुमार ने मुझे एक गुर की बात बताई कि यदि चाय में अरारोट का एक मुसल्लम बिस्कुट डाल लिया जाए तो मजा आ जाता है।

मैं चाय में दूध की मिलावट तो बरदाश्त नहीं करता, फिर अरारोट का बिस्कुट कैसे मिला लेता। परन्तु जब तक मैं इंकार करूँ, वह मेरी और अपनी प्याली में एक-एक बिस्कुट डाल चुके थे। देखते-देखते उस बिस्कुट की काया पलट गई। वह मालाई की एक मोटी परत की तरह प्याली पर छा गया। उस दिन से मैं अपनी चाय खुद बनाता हूँ और बिस्कुटों को जल्दी-जल्दी खा जाता हूँ और अपनी प्याली को उन से दूर रखता हूँ। परन्तु यह नुस्खा आप अवश्य आजमाएँ। और साहब चाय का यह बिल्कुल घरेलु नुस्खा बता कर मैंने अपना फर्ज अदा कर दिया। कम से कम आप को एक ऐसी बात तो बता ही दी मैंने, जो अब तक किसी ने नहीं बताई थी। यह चाय वाकई बड़ी मजेदार होती है।

दिलीपकुमार इस 'अरारोटी चाय' से ज्यादा मजेदार आदमी है। उन पर खुद उन के व्यक्तित्व की मालाई की नर्म और दबीज और लजीज तह चढ़ी हुई है।

बांदरा जीमखाना में जब दिलीप साहब से मेरी पहली मुलाकात हुई तब मैं एक हद तक नरवस हो गया था कि देखूँ क्या चीज निकलते हैं यह हजरत। 'ज्वार-भाटा' से 'संघर्ष' तक जो परछाइयों का जंगल है, वह पत्रकारों को धौंसा दे—मैं तो केवल एक कवि हूँ। हमें तो अपनी परछाइयों के जंगल में रहने की आदत हो जाती है। हम से दूसरों की परछाइयाँ बर्दाश्त नहीं होतीं। फिर भी मैं सोच रहा था कि देखूँ हीरो से मुलाकात होती है या आदमी से। और यदि हीरो से मुलाकात होती है तो किस फिल्म के हीरो से होती है। 'ज्वार भाटा' से -संघर्ष' तक इस के व्यक्तित्व के रूप बिखरे हुए हैं। गौर से देखा जाए तो 'अन्दाज', 'नदिया के पार', 'उड़नखटोला', 'बाबुल', 'दाग' आदि के हीरोज के व्यक्तित्व के फर्क को देखा जा सकता है। मैंने -देवदास', 'लीडर', 'कोहनूर', 'आजाद', 'मुगले-आजम', 'राम और श्याम' और 'आदमी' जैसी फिल्मों के नाम जानबूझ कर नहीं लिए हैं क्योंकि इन फिल्मों में तो व्यक्तित्व का अलगाव साफ दिखाई

देता है। 'मुगले-आजम' और 'आजाद' के हीरो को भला कौन एक कह सकता है! 'लीडर' और 'देवदास' के हीरो को एक कहना असम्भव है। बात यह है कि मुसकराती हुई उदास आँखों वाला यह आदमी एक्टिंग नहीं करता। हर फिल्म में वह एक नया आदमी है जिस से हम पहली बार मिलते हैं। और चूँकि कोई कलाकार अपने व्यक्तित्व की सीमाओं को पार नहीं कर सकता, इसीलिए दिलीपकुमार के व्यक्तित्व के फैलाव पर आश्चर्य होता है।

यही तो कारण है कि उस दिन बांदरा जीमखाना में मैं बहुत परेशान था कि देखूँ किन हजरत से मुलाकात होती है।

हमारा परिचय हुआ और वह बोले—"आइए मासूम साहब, चलें।" वह दिन और आज का दिन! दिलीप कुमार से मेरी मुलाकात नहीं हुई। हाँ, यूसुफ खाँ से बराबर मुलाकात होती रहती है और यकीन मानिए कि यह यूसुफ खाँ ही असली चीज है। दिलीपकुमार तो इस आदमी की परछाईं है।

परन्तु वह आदमी जो दिलीपकुमार बना है, कोई आसान आदमी नहीं है। उर्दू के एक कवि गुजरे हैं, मीर तकी मीर। उनका एक शेर याद आ रहा है—

मत सहल हमें जानो
फिरता है फलक बरसों
तब खाक के परदे से
इंसान निकलता है

यूसुफ खाँ के पिताजी बेचारे एक सीधे-सादे मुसलमान थे। वह यह तो देख सकते थे कि तूफान आने वाला है। इसलिए फल तोड़ लिए जाएँ। यूसुफ खाँ का कहना है कि उनका यह अनदाजा कभी गलत नहीं हुआ। उनके बाग के फल टूटने लगते तो तमाम लोग अपने बागों के फल तोड़ने लगते। आसमान साफ है तो क्या हुआ। हवा बन्द है तो क्या हुआ। खान कह रहे हैं कि आँधी आने वाली है तो आँधी अवश्य आएगी। चुनांचे सारा क्षेत्र गानों से गूंज जाता और फल टूटने लगते और फिर तूफान आ जाता और सारे लोग खुशी से नाचने लगते कि खान की बात ठीक निकली। परन्तु खान उस तूफान को न देख सके जो उन के बेटे की आत्मा में परवरिश पा रहा था। यूसुफ खाँ ने उन्हें मारे डर के बहुत दिनों तक नहीं बताया कि वह दिलीपकुमार हो गए हैं। यदि खाँ साहब को पता चल गया होता तो तूफान के ख्याल से वह इस फल की गरदन ऐंठ देते। मेरा जी चाहता है कि जो वह आज होते तो मैं उनका इन्टरव्यू लेता और पूछता कि उस दिलीपकुमार के बारे में उनका क्या ख्याल है जो उनके बेटे यूसुफ खाँ का एक रूप है।

इस शख्स दिलीपकुमार के पास छोटी-छोटी सादी और मासूम यादों का एक बहुत बड़ा खजाना है और मेरा ख्याल है कि यही यादें इसे संभाले हुए हैं वरना इसकी आत्मा का अकेलापन अब तक इसे खा गया होता। कोई हिम्मत वाला उन यादों को इकट्ठा कर ले तो मजा आ जाए। इस आदमी के हाफ्जे में अजीब-अजीब लोग जी रहे हैं। मसलन

एक साहब थे जिन का नाम शायद शम्सुद्दीन था। अंजुमन इस्लामिया हाई स्कूल में टीचर थे और खेलकूद के इन्चार्ज थे। एक बार स्कूल की टीम हाकी का कोई सख्त मैच जीती। मास्टर साहब बहुत खुश हुए और लड़कों के साथ जश्न मनाने निकले।

दिलीपकुमार कब यह कहानी सुना रहे थे तब वह एक बार फिर अंजुमन के स्टूडेण्ड हो गए थे! उनकी आँखों में वही लड़कपन की हैरानी की चमक आ गई थी। मास्टर साहब लड़कों को लेकर सीधे एक कोठे पर गए गाना सुनवाने! हाय, कैसे मासूम लोग हुआ करते थे पहले! मास्टर साहब बेचारे को ख्याल भी नहीं आया कि कोठा लड़कों को साथ ले जाने की जगह हरगिज नहीं है और यूसुफ खाँ का डर के मारे हाल पतला कि जो पिता जी को पता चल गया तो क्या होगा। अब आप इस यूसुफ खाँ को देवदास के रूप में सूरजमुखी के कोठे पर देखेंगे तो कैसे पहचानेंगे!

□□

बड़े फिल्मी निर्माता भी स्टंट फिल्में बना रहे हैं

पर्दे पर कुछ चलती-फिरती तस्वीरें थीं, दो घण्टे में, हम बनवास से लौट आये।

ये दो घंटे बहुत कीमती हैं क्योंकि यही दो घंटे शहरी ओर बम्बई जनता के लिए आनन्द और दैनिक जीवन की गुत्थियों से मुक्त होने के दो घंटे हैं। इन दो घंटों के लिये लगभग दो सौ, सवा दो सौ लोग रोज अपने घरों से चलकर सिनेमाघरों तक आते हैं और पैसे खर्च कर के फिल्मों के हीरो के संघर्ष में सम्मिलित होते हैं। लड़ते हैं, मरते हैं, प्रसन्न होते हैं, दुःखी होते हैं, हारते हैं और जीतते हैं।

मैं यह व्यक्त करने का प्रयास कर रहा हूँ कि फिल्म मात्र आनंद का एक साधन ही नहीं है। फिल्म मानसिक विकास का भी एक अत्यंत महत्वपूर्ण माध्यम है। क्योंकि भारत जैसे गरीब देश में जहाँ साक्षरों की संख्या लगभग ढाई या तीन प्रतिशत होगी—लिपि की दीवारों को तोड़कर बड़ी संख्या में लोगों तक पहुंचने वाली केवल यही फिल्म है।

यदि हम पिछले आठ-दस वर्षों की हिन्दी फिल्मों का अध्ययन करें तो एक अद्‌भुत वास्तविकता सामने आती है। वह वास्तविकता यह है कि कानून और कानून के संकायों पर से विश्वास उठ गया है। अब अपराधी प्रवृत्ति के लोग हमारी फिल्मों के हीरो होने लगे हैं।

इस अविश्वास का सबसे अच्छा उदाहरण रमेश सिप्पी की फिल्म 'शोले' है। यह फिल्म पिछले कई वर्षों तक लगातार चलती रही और अब भी कहीं न कहीं चल ही रही होगी। हिन्दी ही नहीं बल्कि विश्व के फिल्मों के इतिहास में इतना पैसा शायद ही किसी और फिल्म ने कमाया हो।

शोले का हीरो एक ऐसा आदमी है जो पहले एक ईमानदार पुलिस अफसर था। एक डाकू ने उसके घर के सभी सदस्यों की हत्या कर दी और उसके हाथ काट दिये। ये हाथ बहुत मामूली हैं। यह अधिकारी उस डाकू से बदला लेना चाहता है। हर बदला लेने के लिये उसे दो हाथों की आवश्यकता है। इन हाथों की तलाश में वह पुलिस लाईन नहीं जाता। वह उन दो अपराधी युवकों को याद करता है जिसे स्वयं उसने कभी गिरफ्तार

किया था और उन्हीं दो अपराधियों की सहायता से वह अपना प्रतिशोध लेता है।

प्रश्न यह है कि 'शोले' का हीरो पुलिस के पास क्यों नहीं गया? वह पुलिस के पास इसलिए नहीं गया कि पुलिस जनता की निगाहों में गिर चुकी है। पुलिस डाकुओं से लड़ती ही नहीं। वह उनसे रिश्वत कमाती है और लूट के माल में अपना हिस्सा लगाती है क्योंकि पुलिस स्वयं अपराधी प्रवृत्ति की है।

मुझे यह ज्ञात नहीं कि सलीम-जावेद यही वक्तव्य देना चाहते थे या नहीं? पर यह फिल्म देखकर मैंने यही नतीजा निकाला क्योंकि फिल्म तो एक व्यवसाय है न? और दूकानदार दुकान पर वही माल रखता है जिसकी खपत हो।

इस समस्या का हल सेंसर-बोर्ड के पास नहीं बल्कि हमारे राजनीतिक और सामाजिक ढाँचे के पास है।

यह जो विपरीत विकल्प खोजने वाले हीरो का चरित्र है, यह शून्य में न उपजा बल्कि यह हमारे समाज के घूरे पर उगा है। इस सम्बन्ध में प्रकाश मेहरा की फिल्म 'जंजीर' बहुत महत्वपूर्ण है। यह फिल्म भी सलीम-जावेद ने ही लिखी थी।

जंजीर का हीरो एक सिलसिले का अन्त और दूसरे सिलसिले का आरम्भ है। ये ऐंग्री-यंग मैन है मगर अभी इसने समाज को चोट नहीं पहुँचाई है।

इसे ध्यान से देखिए तो उसे पहचानने में कोई कठिनाई नहीं होगी। यह वही 'दो बीघा जमीन' का नायक है। अन्तर यह है कि उसे क्रोध नहीं आ सका था और यह झल्ला गया है। यह क्रोध आज के बड़े स्तरीय सिनेमा की सबसे बड़ी देन है। इसीलिए अभी यह पुलिस अधिकारी है। अपराध से घृणा करता है। गुलखान शहर का 'दादा' है। पुलिस और गुण्डे की लड़ाई बराबर पर छूटती है। यह भी एक महत्वपूर्ण प्रतीक है। इसका अर्थ यह हुआ कि दर्शक की दृष्टि में गुण्डा हीरो के बराबर आ गया है। आगे चलकर 'दीवार' में 'जंजीर' का यही हीरो बाकायदा अपराधी मनोवृत्ति का हो गया है। इस बात को यूँ कह सकते हैं कि 'जंजीर' का गुण्डा 'दीवार' का हीरो हो गया है और 'दीवार' के हीरो को कानून से लड़ता देखकर हमें एक प्रकार का सन्तोष सा होता है क्योंकि हमारी दृष्टि में कानून अपराधियों से कहीं अधिक अपराधी हो चुका है।

वैसे देखा जाये तो यह अपराधी हीरो नया नहीं है। 'किस्मत' का हीरो एक जेबकतरा था। 'मुझे जीने दो' का हीरो एक खूंखार डाकू था। 'मदर इण्डिया' का हीरो एक डाकू ही था। यह तीनों फिल्में बहुत सफल हुई थीं। पर इस हीरो को जनता की स्वीकृति नहीं मिली थी। 'मुझे जीने दो' के हीरो ने तो पुलिस के सामने हथियार रख दिया था और 'मदर इण्डिया' का हीरो अपनी माँ के हाथों मारा गया था। किन्तु यश चोपड़ा की 'दीवार' का हीरो आया और टिक गया।

साहित्य और समाज शास्त्र का विद्यार्थी इस शून्यकाल के जन्मे हीरो की प्रसिद्धि की उपेक्षा नहीं कर सकता क्योंकि इसी हीरो से समाज के सुधार में सहायता ली जा सकती है—बल्कि इससे सहायता ली जानी चाहिए।

मेरे विचार से फिल्म, साहित्य की सबसे सशक्त विधा और अभिव्यक्ति का माध्यम है। हमारे विश्वविद्यालय दूसरी और तीसरी श्रेणी की कविताओं और कहानियों पर शोध-प्रबन्ध लिखवाते हैं लेकिन साहित्य के किसी विभाग में फिल्म पर ध्यान देने का कष्ट नहीं उठाया जाता। मेरे विचार से 'सुजाता,' 'वन्दिनी' आदि को तो छोड़िए—'जंजीर,' 'दीवार,' 'शोले' और 'अमर अकबर एन्थोनी' जैसी फिल्में, 'जान साहब', मीर जाहक, इमाम बख्श नासिख, जुर्रात, दाग, अमीर मीनाई तस्लीम, जिगर, असगर और जाफर अली खां 'असर', आदि के साहित्य से महत्वपूर्ण सामाजिक दस्तावेज हैं।

फिल्म चूँकि लिपि से बुलन्द है इसलिए यह अखबारों और पत्रिकाओं की तुलना में कहीं अधिक लोगों तक जा सकती है। इसलिये यह आवश्यक है कि हम फिल्म के सम्बन्ध में गंभीरता से ध्यान देना शुरू करें।

समाज के प्रबुद्ध लोगों की दिलचस्पी न होने के कारण फिल्मों का स्तर दिन-प्रति-दिन गिरता जा रहा है। जब-जब प्रबुद्ध लोगों ने फिल्म के स्तर की ओर ध्यान दिया, तब-तब अच्छी फिल्मों का निर्माण हुआ। अर्थ, अर्द्धसत्य, पार, मोहन जोशी हाजिर हो आदि कई अन्य सार्थक फिल्में इसका उदाहरण हो सकती हैं। इधर एक नया दृष्टिकोण जन्म ले रहा है। धर्म और रूढ़िगत आस्थाओं का।

देवमालाई फिल्में पहले भी बनती थीं। आज भी बन रही हैं—कल भी बनेंगी। मगर जिम्मेदार फिल्मकार इन्हें नहीं बनाते थे। जिम्मेदार फिल्म-निर्देशक इस प्रकार की फिल्मों से अलग रहते थे। प्रसिद्ध और बड़े कलाकार इन फिल्मों को महत्व नहीं देते थे। ये देवमालाई फिल्में भी स्टंट फिल्मों की भाँति तीसरी श्रेणी के लोगों के हाथों में थीं।

मगर आज जिम्मेदार या बड़ी फिल्म कम्पनियाँ स्टंट फिल्में बना रही हैं। जो रोल कल जॉनी काउस, या दारा सिंह या महीपाल किया करते थे आज वही रोल अमिताभ बच्चन (फिल्मी दुनिया छोड़ने की घोषणा करने से पूर्व तक), शशि कपूर, धर्मेंद्र कर रहे हैं। नाडिया के स्थान पर हेमा मालिनी, दूसरी ओर जैसा कि मैंने कहा, तथाकथित सामाजिक फिल्मों में चोर दरवाजे से जादू-टोना और धर्म का प्रवेश हो गया है और यह एक बहुत खतरनाक दृष्टिकोण है। उदारणार्थ 'दीवार' में 786 का बिल्ला, 'बैराग' में शिव के नाग के डस लेने से आजन्म अंधे को आँख मिल जाना, 'कर्म' में डाक्टरों के जवाब दे देने के बाद एक भजन के बाद भगवान शंकर की मूर्ति से एक ज्योति निकलना, यात्रा करना और मरते-धरते हीरो के बदन में प्रवेश हो जाना जिसके परिणामस्वरूप हीरो का बच जाना। 'अमर-अकबर-एन्थोनी' में साईं बाबा का चमत्कार और वह साईं जो निरूपा राय को गुण्डों से बचाता है।

मैं इस दृष्टिकोण को खतरनाक इसलिए कह रहा हूँ कि जनता को जो बच्चों की भाँति अबोध होते हैं, धर्म की बारूद से खिलवाड़ नहीं करने देना चाहिए। मैं इस समय धर्म, चमत्कार या जादू-टोना का विरोध या पक्ष नहीं कर रहा हूँ लेकिन यह बात फिर भी कह देना चाहता हूँ कि धर्म को सामाजिक जीवन में प्रवेश करने की आज्ञा नहीं

मिलनी चाहिए। धर्म अधिक से अधिक अल्लाह और बन्दे के मध्य के सम्बन्ध का नाम है। धर्म की भी एक खुराक होनी चाहिए।धर्म की अतिआत्मा या व्यक्तित्व का पेट खराब भी कर सकती है—बल्कि करती है। ईरान में आयतुल्ला खुमैनी, भारत में बाला-साहब देवरस, पाकिस्तान में जिया-उल-हक... नाम किस-किस के बताऊँ कि जो याद आये हैं।

तंत्र-मंत्र, चमत्कार और धर्म के कारण हमारी फिल्में धीरे-धीरे हिन्दू या मुसलमान होती जा रही हैं—हिंदू और मुसलमानों की पहचान अलग हो रही है। कम से कम हिन्दुस्तान के लिये यह चीज बहुत हानिकारक है और प्रबुद्ध लोगों को इस दृष्टिकोण के खिलाफ आवाज उठानी चाहिए।

मैं इस दृष्टिकोण के खिलाफ आवाज उठा रहा हूँ। इसलिए बाबू भाई मिस्त्री या राधा कांत जी या अशीष कुमार, के. शमशेर नहीं बना रहे हैं बल्कि 'दीवार' बनायी यश चोपड़ा ने, 'कर्म' बनायी बी.आर. चोपड़ा ने, और 'बैराग' के निदेशक हैं असित सेन। 'दीवार' के हीरो हैं अमिताभ बच्चन, 'कर्म' के हीरो हैं राजेश खन्ना और बैराग के हीरो हैं दिलीप कुमार। ये फिल्में तीसरे दर्जे की सतह से ऊपर उठकर प्रथम श्रेणी में आ गयी हैं।

मैं यह भी नहीं कह सकता कि इन फिल्मों के लिखने और बनाने वाले बुद्धिमान या पढ़े-लिखे नहीं हैं। सलीम-जावेद दोनों ही काफी बुद्धिमान और पढ़े-लिखे हैं। यश चोपड़ा और रमेश सिप्पी और असित सेन जैसे लोग भी कम बुद्धिमान नहीं हैं। अमिताभ भी एक पढ़े-लिखे घराने से सम्बन्ध रखते हैं। बी.आर. चोपड़ा अंग्रेजी साहित्य में एम.ए. हैं। यूँ भी वह एक बुद्धिमान व्यक्ति हैं, सुसंस्कृत भी...तो आखिर ये लोग ऐसी फिल्में क्यों बना रहे हैं?

किस्सा यह है कि इन समस्त लोगों के लिये फिल्म एक व्यवसाय भी है और बाजार में वही वस्तु लाएंगे जिसकी खपत होगी यानी बात फिर वहीं आ गयी कि बाजार में, लोगों में, समाज में और समाज के प्रबुद्ध वर्ग ने इस समाज-विरोधी, शिक्षा विरोधी, जन विरोधी व्यवहार के विरोध में आवाज नहीं उठाई तो व्यवसायिक फिल्में जनता के निम्न मानसिक स्तर का लाभ तो उठाएँगी ही। ऐसी ताकतें धर्म और जादू-टोना को नोट की तरह इतना चलाएंगी कि फिर बाजार में कोई सिक्का रह ही नहीं जाएगा।

मैं भी इस सिलसिले में कम गुनहगार नहीं हूँ लेकिन अपनी बातें मैं फिर कभी करूँगा। अब आज्ञा चाहता हूँ...

फेड इन-फेड आउट

मैं सुबह की चाय पी रहा हूँ। घर में सन्नाटा है। बच्चे अलीगढ़ गये हुए हैं और मैं सोच रहा हूँ कि सुबह की चाय अपने हाथ से उंडेल कर पीना बड़ा ही बोर काम है। मैं इस समस्या पर बड़ी गंभीरता से विचार कर रहा हूँ और इस खयाल से घबरा रहा हूँ कि थोड़ी देर में एक कार आयेगी और मद्रास की यात्रा शुरू हो जायेगी।

मैं जब से बंबई आया हूँ, मद्रास जाने से कतरा रहा हूँ। इसलिए नहीं कि मैं तमिलनाडु का विरोधी हूँ, इसलिए भी नहीं कि मैं बंबई पर आशिक हूँ। यह 'लफड़ेबाज' शहर मेरे इश्क का शीश कहाँ संभाल सकता है। इश्क तो मुझे ऊँघती हुई गंगा की गोद में घुस कर सो जाने वाले गाजीपुर से है। परंतु उसे छोड़े तो एक जमाना हो गया। पता नहीं उस शहर की सड़कें और कितनी खराब हो चुकी होंगी और न मालूम कितने पुराने मकान गिर चुके होंगे और न जाने कितने लोग मर चुके होंगे।

कहने का मतलब यह है कि मेरे और मद्रास के बीच में बंबई दीवार बन कर नहीं खड़ी है। दोस्तों ने समझाया कि फिल्मी काम करना है तो मद्रास जाओ, वहाँ पैसा बहुत मिलता है। लेकिन पैसा आदमी क्यों कमाता है? इसीलिए न कि अच्छा खा सके, अच्छा पहन सके और अच्छी तरह रह सके। तो मद्रास में कोई खाये क्या और पहने क्या? इडली, डोसा, रसम... मैं दाल-भात खाने वाला आदमी, ये चीजें कैसे हजम करूँगा?

परंतु जिस आदमी का नाम यूसुफ खाँ है और जो दिलीपकुमार के खोल में हमेशा नहीं रहता, बड़ा अजीब आदमी है। मुझे दिलीपकुमार से कोई शिकायत नहीं। सभी यह कहते चले आ रहे हैं, बरसों से, कि दिलीपकुमार बड़े गजब का आर्टिस्ट है। वह तो है। मैं दिलीपकुमार की कलाकारी के बारे में क्या कह सकता हूँ? परंतु मैं उस आदमी के बारे में अवश्य बातें करना चाहता हूँ, जो दिलीपकुमार के अंदर रहता है और जब दिलीपकुमार काम करते-करते थक जाता है तो वह बाहर आ जाता है। इस यूसुफ खां से मिलना बड़ा मुश्किल काम है और इसकी बात टालना नामुमकिन है। और, मैं इसी

यूसुफ खां के चक्कर में फंस कर मद्रास जा रहा हूँ, अपने आपको कोस रहा हूँ और देख रहा हूँ कि नासिर खां की काली कैडलक मेरे मकान के नीचे रुक रही है।

पता चलता है कि यह गाड़ी केवल मेरा सामान लेने आयी है। जान में जान आ जाती है कि चलो, कुछ क्षण और मिल गये! ड्राईवर बताता है कि फ्लाइट 10.40 की है, तो मैं सवा दस तक आ जाऊँ। गाड़ी मेरा सामान ले कर चली जाती है। मैं वक्त देखता हूँ, साढ़े आठ बज रहे हैं। सवा दस अभी बहुत दूर हैं। मैं आराम से शेव करता हूँ। नहाने जाता हूँ। अभी नहाने के बीच में हूँ कि बाई दरवाजा खटखटाती है। पता चलता है कि गाड़ी मुझे लेने आ गयी है। मैं तौलिया लपेट कर बाहर आ जाता हूँ। ड्राईवर गुसलखाने के दरवाजे पर खड़ा है। पता चलता है कि वक्त बतलाने में उससे एक घंटे की चूक रह गयी थी। फ्लाइट पौने ग्यारह की नहीं है, बल्कि पौने दस की है और सवा नौ बज चुके हैं। बस, भाग-दौड़ शुरू हो जाती है। मैं पाली हिल जाता हूँ। यूसुफ खां निकलते हैं, नंगे पैर। जूते-मोजे पहनने का समय नहीं है। गाड़ी चल पड़ती है। वे रास्ते में मोजे और जूते पहनते हैं और साहब, वह रहा सांताक्रूज एयरपोर्ट।

कार से उतरते ही पहली सूचना यह मिली कि मैं यूसुफ साहब के साथ नहीं जा रहा हूँ, दिलीपकुमार के साथ जा रहा हूँ। और दिलीपकुमार के साथ चलने का मतलब यह है कि हर कदम पर लोगों की निगाहें यह बताती रहेंगी कि आप कांच का पुतला हैं और आपके आर-पार देखा जा सकता है। गजब यह हुआ कि यूसुफ साहब को यह पता है कि हमें देर हो गयी है। 'सांताक्रुज की मेम' अपनी एंग्लोइंडियन हिंदी में आवाज लगा रही है। यह हजरत मेरा हाथ पकड़े चले जा रहे थे कि कहीं मैं आँख बचा कर सरक न जाऊँ और लोग मेरे आर-पार देख रहे हैं और मैं बड़ी बहादुरी से उन निगाहों का मुकाबला कर रहा हूँ। थैंक गाड। लोगों को हम पीछे छोड़ आये। सामने हवाई अड्डे का मैदान है—दूर तक और हमारा जहाज खड़ा है। शायद जहाज के आँखें नहीं होती, वरना वह भी घूरता।

जहाज की 'हिंदी मेमें' भी दिलीपकुमार को पहचानती हैं। यह बात उनकी आँखों और उनकी मुसकान और उनकी साड़ियों के पल्लू से मालूम हो रही है। उन्हीं की चीजें उन्हीं की चुगली खा रही हैं। हमारे बैठते ही दरवाजा बंद हो जाता है। अब मेरे भागने की कोई शक्ल नहीं। मैं बैठ जाता हूँ। बगल में रिटायर्ड जस्टिस बशीर अहमद सईद हैं। मुझे इनसे मिलने का बड़ा शौक है। जिन दिनों नवाब अली यावर जंग अलीगढ़ मुस्लिम यूनिवर्सिटी में पिटे थे, उन दिनों जस्टिस बशीर का नाम बहुत सुनने में आया करता था। बेचारे पकड़े-वकड़े भी गये थे। यूसुफ साहब उन्हें देख कर खड़े हो गये थे। मैंने उन्हें अपनी जगह दे दी है और वे मेरी जगह ले भी लेते हैं। मैं उनकी जगह पर चला जाता हूँ और 'हाउ ग्रीन वाज माई वैली' पढ़ने लगता हूँ, क्योंकि हम लोग जिस कहानी पर काम कर रहे हैं, वह कोयले की खान में काम करने वालों से ताल्लुक रखती है।

तो मैं अपने को दिमागी तौर पर तैयार करने की कोशिश कर रहा हूँ और सोच रहा हूँ कि वह दिन कब आयेगा, जब हम 'हाउ ग्रीन वाज माई वैली' और 'जर्मिनाल' जैसे उपन्यासों को फिल्मायेंगे।

परंतु फिल्माने का प्रश्न तो तब उठेगा न, जब हम वैसे उपन्यास लिखेंगे। मैं एक साहित्यकार होने के नाते अपने आपसे यह सवाल कर रहा हूँ। यह न समझा जाये कि मैं अपने 'मैले आंचलों' का उजलापन नहीं देख सकता। हिंदी-उर्दू में एक से ज्यादा महत्वपूर्ण उपन्यास लिखे गये हैं। फिर भी कहीं न कहीं एक आँच की कसर रह जाती है। कहीं न कहीं ऐसा दिखायी देता है कि हमें अपने तजरबे पर भरोसा नहीं है। तो क्या बहुत खराब और अनगढ़ फिल्मी कहानियों को डिफेंड कर रहा हूँ? क्या मैं यह मान रहा हूँ कि साहित्य की बिसात पर मेरी मात हो चुकी है? शायद नहीं। परंतु यह बात अटल है कि हम साहित्यकार अपना वजूद तसलीम करवाने में अभी तक सफल नहीं हुए हैं। इसका कारण यह है कि आधुनिक भारतीय समाज ने साहित्यकार को वह आदर नहीं दिया है, जो उसका अधिकार है। जो समाज ही के स्टेज पर एक्स्ट्रा हो, उसे बंबई के फिल्मी स्टेज पर कोई महत्वपूर्ण पार्ट क्यों मिले? हम अपने मुल्क में अच्छा और महत्वपूर्ण साहित्य पैदा करके जीवित नहीं रह सकते।

"मासूम साहब!" मैं यह आवाज सुन कर मुड़ता हूँ और जाग जाता हूँ। दिलीपकुमार मेरी तरफ देख कर मुसकरा रहे हैं। जस्टिस साहब उठ कर कहीं और चले गये हैं। इंडियन एयरलाइंस की मेम कह रही है, "पेटियाँ बाँध लीजिये और धूम्रपान न कीजिये..."

नीचे मद्रास है। शिवाजी गणेशन का मद्रास। करीम बीड़ी का मद्रास। इडली, डोसा, और रसम का मद्रास। वह मद्रास जो हिंदी फिल्मों से हर साल लाखों-लाख रुपये कमाता है, परंतु जिसे हिंदी से नफरत है... एक मद्रास में न जाने कितने मद्रास हैं। यही तमिल के महान साहित्य का मद्रास भी है। इस एक शहर के न जाने कितने रूप हैं और इस एक शहर के पास न जाने कितनी आत्माएँ हैं...

जहाज का दरवाजा खुलता है। हम लोग हवाई-अड्डे पर उतर आते हैं। बहुत दिनों के बाद धूप एक पुराने दोस्त की तरह मेरे गले में बांहें डाल देती है। बेगम यूसुफ की पुरानी नौकरानी दिल्ली की धुली-धुलाई इस्त्री की हुई भाषा में फरियाद करती है। मैं मुसकरा देता हूँ। वह इस धूप को बंबई की सीली हुई हवाओं में रह कर भूल गयी है। और मुझे यह धूप स्कूल के सबक की तरह फर-फर याद है, जहाँ से कहिये, वहीं से सुनाना शुरू कर दूँ...

मैं अभी तक यूसुफ साहब के साथ हूँ। परंतु जहाँ धूप खत्म होती है और छांव शुरू होती है, वहाँ बहुत से लोग खड़े हैं। मैं किसी को नहीं जानता। कई लोग हमारी तरफ लपकते हैं। यह लोग दिलीप कुमार को लेने आये हैं। यूसुफ साहब, दिलीपकुमार में

डिजाल्व हो गये। सीन बदल गया। हवाई-अड्डा वही है। लोग वही हैं, परंतु अब मैं अपने आपको अकेला पा रहा हूँ।

शक्ति सामंत और ओमप्रकाश भी इसी जहाज से आये हैं। शक्ति सामंत किसी इस्तगासे के सम्मन पर आये हैं। उनकी फिल्म 'आराधना' की कहानी पर किसी ने अपना हक जतलाया है और परसों बंबई में उनकी फिल्म की जुबली है। वह जमानत देकर मोहलत लेने आये हैं। बहुत बिगड़े हुए हैं और उस आदमी को क्षमा करने के मूड में नहीं हैं, जिसने उनके खिलाफ दावा किया है। ओमप्रकाश उन्हें समझा रहे हैं कि मद्रास में फिल्म राज है। शक्ति सामंत साहब रात का खाना हम लोगों के साथ ही खायेंगे।

यूसुफ साहब भीड़ से निकल कर कार में बैठ जाते हैं। कार चल पड़ती है और 'करीम बंगले' में दाखिल होती है। यह बड़ा रोमांटिक बंगला है। एक लंबे-चौड़े बाग में दुबक कर बैठ गया है, जैसे धूप से आँख-मिचौनी खेल रहा हो और लगता है कि जैसे सारे शहर की छांव धूप से भाग कर यहीं इकट्ठा हो गयी है। यूसुफ साहब को इस बंगले से एक ही शिकायत है कि इसके मालिक न उन्हें कहीं और ठहरने देते हैं और न किराया ही लेते हैं—बंबई में कोई ऐसा मकान मालिक मुझे क्यों नहीं मिलता?

नूरजहाँ ऊपर चली जाती है। हम लोग लाउंज में बैठ जाते हैं। इधर-उधर की बातें होने लगती हैं। साहित्य और फिल्म, राजनीति और फिल्म। वे चुटकुले सुनाने लगते हैं। कहते हैं, 'दीदार' में अशोक भैया का रोल कमजोर था। सारी इमोशनल सिचुएशनें मेरे पास थीं। मैंने नौशाद साहब वगैरह से कहा कि साहब यह क्या ज्यादती है? वे लोग टाल गये। तो मैंने अशोक भैया से कहा। उन्होंने एक दिन मेरे सामने ही नौशाद साहब ने कहा—"साहब, यह यूसुफ कहता है कि मेरा रोल कमजोर है।" नौशाद साहब ने मुझे घूरा और अशोक भैया के उठते ही वे लोग मुझ पर टूट पड़े। बोले—तुमने जो जो कहा, हमने किया, फिर यह आग लगाने की क्या जरूरत थी? बड़ी मुश्किल से जान बची। तो मैंने अशोक भैया को पकड़ा कि साहब, यह क्या हरकत की आपने? मेरा नाम लेने की क्या जरूरत थी? यह सुन कर वे बच्चों की तरह हंसे और बोले, 'क्यों, क्या तुमने नहीं कहा था?' मगर, मासूम साहब, ईमान की बात यह है कि 'दीदार' में परफार्मेंस तो उन्हीं का है।"

मैं हैरान हूँ कि यह आदमी कह क्या रहा है। अभी थोड़े दिनों पहले की बात है कि लफंगों का रोल अदा करने वाले एक अच्छे-खासे आर्टिस्ट को एक बंद पड़ी हुई फिल्म में हीरो का रोल मिल गया तो उसने यह मांग की कि उसका नाम पब्लिसिटी में अशोक कुमार से पहले आये, क्योंकि अशोक कुमार का सूरज डूब चुका है। उस गरीब को यह नहीं मालूम कि सूरज कभी नहीं डूबता।

साहब, यकीन कीजिये कि यह शख्स, जिसका नाम दिलीपकुमार उर्फ यूसुफ खां है,

बड़े कैंडे और जीवट का आदमी है। वरना दिखावे के इस कारोबार में कौन किसी की तारीफ करता है! यदि मैं यह मान लूं कि कृष्णचंद्र और बेदी मुझ से अच्छा लिखते हैं तो फिर कोई मुझ से लिखवायेगा ही क्यों? इसलिए यहाँ तो यह चलता है कि वह भी गनीमत लिखते हैं, परंतु मेरा क्या जवाब है? मैंने दिलीपकुमार से कभी अपनी तारीफ नहीं सुनी। लगता है कि इस फिल्मी दुनिया में अपने मुँह मियाँ मिट्ठू बनने की कहावत केवल इस आदमी को मालूम है। वरना साहब हीरो तो वह है, जिसे ऐक्टिंग के सिवा बाकी तमाम गुर आते हों।

यह बात यूसुफ साहब के सिवा शायद ही कोई और कह सके कि उन्हें संगीत का रस मीठा लगता है, परंतु वह संगीत के मामले में बोलते नहीं, क्योंकि जो गाने उन्हें पसंद आते हैं, वे फ्लाप हो जाते हैं, और जिन गानों को वे बंडल समझते हैं, वे हिट हो जाते हैं। उन्होंने 'आन' के तमाम गाने गुनगुना डाले, जो उनके हिस्से में आये थे। कहने लगे, मैंने महबूब साहब से फरियाद की कि नौशाद साहब सारे अच्छे गाने लता से गंवा रहे हैं और सारी तह करके रखी हुई धुनें रफी, यानी मेरे हिस्से में डाल रहे हैं। उन्होंने नौशाद साहब से कहा, लेकिन नौशाद साहब को अपने आप पर और अपनी धुनों पर बड़ा भरोसा था और वही सही निकले। धुनें हिट हो गयीं। कुछ ऐसी ही बात 'बरसात' के गानों के साथ हुई। राज ने मुझे वह फिल्म दिखलायी। मैंने तीन गानों की बड़ी बुराई की। 'मेरा लाल दुपट्टा मलमल का...।' यह भी कोई गाना हुआ! राज बचपन का दोस्त है। घबरा गया। मगर खुदा का शुक्र है कि उन दिनों कड़की के दिन थे और वह दूसरे गाने रेकार्ड न करवा सका। साहब, वे तीनों गाने ऐसे हिट हुए कि मेरा मुँह फिर गया।

मैं चाहता हूँ कि यह दोपहर शाम न हो। मैं तो बहुत दिनों से इस दिन की राह देख रहा था। जब हम लोगों के साथ केवल सन्नाटा हो। सन्नाटे में आदमी अपने चारों ओर उठायी हुई दीवारें गिरा देता है। मुझे यही पढ़ाया गया है कि साहित्य को समझने के लिए साहित्यकार को जानना जरूरी होता है। मैं लगभग तीन बरस से इस दिलीपकुमार का पीछा कर रहा हूँ, कभी तो यह यूसुफ खां को मेरे साथ अकेला छोड़ेगा और अपने आपको यूसुफ खां के साथ अकेला पा कर मैं यह भी भूल गया हूँ कि मैं इडली-डोसे के शहर मद्रास में हूँ।

मैंने कहा, "आइये देर से शादी करने के बारे में अपने नोट कंपेयर करें।" युसूफ साहब हंसे और बोले, "अगर आपकी बेगम आपसे लड़ती हैं तो मेरे नोट आपसे नहीं मिलेंगे। यहाँ से एक फ्लैशबैक शुरू होता है। न दिन दिन है और न रात रात। प्रोग्राम बनता है पूना जाने का और खत्म होता है लंदन में... शादी हुई तो मैंने महसूस किया कि उसी जिंदगी को कायम रखना सायरा के साथ बड़ी बेइमानी होगी। और साहब, अब तो उस आदमी को रात के दस बजते-बजते नींद आने लगती है, जिसको यह मालूम नहीं था कि रात के दस और सबेरे के तीन में क्या फर्क होता है।" फिर हम दोनों में

मुकाबला होने लगता है, क्योंकि खुद मेरी बीवी भी कम काबिले-तारीफ नहीं है। जोड़ बराबर पर छूट जाती है।

उमेश शर्मा आ जाते हैं जो कल के हीरो और आज के डायलाग डायरेक्टर हैं। बड़े दिलचस्प आदमी हैं और बात बीवियों से हट जाती हैं। मैं यह देख कर मुसकराये बिना कैसे रहूँ कि हम लोग पहलवानों की बातें कर रहे हैं। दारा सिंह की शराफत से बात शुरू होती है और फिर बीच में अजीब नाम आ जाते हैं। मामा, क्रेमर, मूँगा, इमाम बक्श, हमीदा, भोला, अकरम... परंतु अब मैं रेफरी हूँ। कुश्ती दिलीपकुमार और उमेश शर्मा में हो रही है। मगर जोड़ बराबर की नहीं है। उमेश शर्मा चित्त हो जाते हैं।

तो एक भीमसिंह खबर लाते हैं कि हिंदुस्तान ने आस्ट्रेलिया को हरा दिया। चलिए, टेनिस शुरू हो जाती है। बिंबिलडन की बात हो रही है। डाब्नी और गुंजा लेज का मैच हो रहा है। रोड लेवर एश्ले में ठनी हुई है। रोजावेल और ओक लोहा आजमा रहे हैं...

यह बात मेरी समझ में आ जाती है कि इस आदमी ने महबूब खां के विरोध के बावजूद 'गंगा जमुना' में कबड्डी क्यों रखी और रखी तो इतनी अच्छी पिक्चराइज कैसे की। यूसुफ साहब एक बच्चे की तरह खुश हो हो कर खेल-कूद की बात कर रहे हैं और मैं इन तमाम खेलों से बेखबर हूँ, परंतु चंदा बराबर दे रहा हूँ, क्योंकि मैंने इन्हीं अवसरों के लिए कई नाम और कई लतीफे याद कर रखे हैं। हिपोक्रेसी इस युग की सबसे बड़ी लानत है। कोई यह मानने पर तैयार नहीं कि उसे कोई बात नहीं मालूम है। मैं भी हिप्पोक्रेट हूँ। मुझे बड़ा मजा आ रहा है। बात हो रही है लेवर के बैक हैंड की और मैं उसमें अलीगढ़ युनिवर्सिटी के बीच नबाबुद्दीन के बैक हैंड का टुकड़ा लगा रहा हूँ। हाय कितना मजा आये, जो यूँ ही गप्प लड़ती रहे और हिंदू-मुस्लिम फसाद, बंबई बंद, कलकत्ता बंद, वियतनाम और कंबोदिया की बात न करनी पड़े, परंतु यह होगा नहीं तो जो लमहे मिलें हंसने के लिए, उसमें आदमी क्यों न हँस ले!

और ओमप्रकाश होंगे, तब तो यूँ भी हँसना पड़ेगा। ओमप्रकाश से मिलकर बड़ी खुशी होती है। इस बड़ी खुशी पर एक लतीफा याद आ रहा है, साहबजादा खुर्शीद अहमद सन '47 में दिल्ली के चीफ कमिश्नर हुआ करते थे। एक दिन गाँधीजी के पास जाने लगे तो अपनी बेगम से बोले—देखो, खुदा के वास्ते वहाँ कोई ऐसी-वैसी बात न कह देना। चुनाचें चची दुल्हन बड़ी तैयारी में वहाँ गयी और जब गाँधीजी से उनका परिचय करवाया गया तो बड़ी संजीदगी से बोलीं—आपसे मिलकर बड़ी खुशी हुई।

यह छोटा मुँह और बड़ी बात है कि ओमप्रकाश से मिल कर बड़ी खुशी हुई। बड़ी से छोटी खुशी हो भी कैसे सकती है ? बड़ा मजा आ रहा है उनके बचकाने कहकहों की आवाज सुनने में। मैं बिल्कुल खो गया हूँ। दिलीपकुमार और ओमप्रकाश, मैं रात का पहला पहर है। ए.एल.एस. की राह देखी जा रही है। मैं हैरान हूँ कि यह कौन साहब हैं। मैं चौंकता हूँ तो पता चलता है कि ओमप्रकाश अपनी प्रोड्यूस की हुई फिल्म

'जहाँआरा' की बात कर रहे हैं। सेंसर बोर्ड में बड़ा हंगामा था। नामी साहब चिराग पा हो रहे थे कि उसमें जहांआरा जैसी पाकबाज को इश्क करते दिखलाया गया है। (जैसे इश्क-बदचलनी का दूसरा नाम हो) ओमप्रकाश दूसरे दिन इतिहास की खब्बिया भर किताबें ले गये। नामी साहब फिर भी नहीं माने। बोले—ये किताबें बकवास हैं। ओमप्रकाश ने कहा—"किबला, तो वे किताबें लाइए, जो बकवास न हों। यह सुनकर नामी साहब बिखर गये। बोले—यह इल्मे सीना है। मैंने अपने बुजुर्गों से सुना है कि जहांआरा ने इश्क नहीं किया था और वे झूठ क्यों बोलेंगे? यह सुनकर ओमप्रकाश ने कहा—मगर मैंने अपने बाप और उन्होंने अपने बाप और उन्होंने अपने बाप से सुना है कि मेरे लकड़दादा से जहांआरा का इश्क चला था। साहब, मैं आपके बापों की बात क्यों मानूं ?

इन्हीं लतीफों में जब रात आधी खिसक जाती है तो हमें खयाल आता है और हम उठ कर कमरों की तरफ भागते हैं कि बाकी रात को न जाने दें।

सो जाता हूँ। इडली, डोसे और रसम के ख्वाब देखता हूँ। घबरा कर आँख खुल जाती है। देखता हूँ कि सबेरा खिड़की के शीशों से मुँह चिपकाये झाँक रहा है।

अपने कमरे में नाश्ता करता हूँ। 'हिंदू' पढ़ता हूँ। यह देखकर इतमिनान की सांस लेता हूँ कि कहीं गोली नहीं चली। कहीं हिंदू-मुसलमान दंगा नहीं हुआ... 'हिंदू' खत्म हो जाता है। अब क्या करूँ? यूसुफ साहब तो उमेश शर्मा के साथ 'गोपी' में लगे हुए हैं। ख्याल आता है कि कोई 5-6 महीनों से पढ़ने में तकलीफ हो रही है तो ऐनक क्यों न लाऊँ! यह सोच कर बाहर निकलता हूँ। ड्राईवर से कहता हूँ, मुझे किसी ऐनक वाले की दुकान पर ले चलो। वह तैयार हो जाता है। परंतु थोड़ी दूर जा कर पछताता है। लोग इन स्टारों की कारों तक को पहचानते हैं। ये कारें भी अपने मालिकों की बड़ाई में शरीक हैं।

"दिलीपकुमार!"

"दिलीपकुमार!"

"दिलीपकुमार!"

भागते हुए पैरों की आवाज।

कार भीड़ की वजह से आहिस्ता चल रही है। निगाहें मेरे चेहरे पर शौक से आती हैं, परंतु मेरे चेहरे तक आते ही उनकी चमक खत्म हो जाती है। देखने वाले तमिल में कुछ कहते हैं, आवाज में गाली का जोर नहीं। वे शायद एक निगाह की फिजूलखर्ची पर अफसोस कर रहे हैं और मैं अपने आपको मुजरिम महसूस कर रहा हूँ और सोच रहा हूँ कि यदि 'स्टारों' का दिमाग चल जाता है तो इसमें आश्चर्य की क्या बात है?

मैं इन आवाजों से पिंड छुड़ाने के लिए साइन बोर्ड पढ़ने लगता हूँ। सारे साइन बोर्ड या तो तमिल में हैं या अंग्रेजी में। उर्दू लिपि में कुल एक बोर्ड मिला। देवनागरी में एक

भी नहीं। यह कैसे लोग हैं, जो अंग्रेजी से प्यार करते हैं और हिंदी से नफरत! पहली बार मुझे डर लगा। क्या हिंदुस्तान के नक्शे में फिर कोई तबदीली होने वाली है? हम कब तक चुपचाप देखते रहेंगे अपने देश के बंटवारे को। पाकिस्तान बना था, तब हमने विरोध नहीं किया था। हम प्रगतिशील थे। मुसलमानों को हक दे रहे थे और यह सोचने पर तैयार नहीं थे कि जो एक बार हक को हिंदू-मुसलमान मान लिया गया तो उसका अंजाम क्या होगा!

क्या हम फिर वही गलती करने जा रहे हैं? क्या हम हक को बंगाली, पंजाबी, तमिलनाडु, मलयाली और कश्मीरी मान लेंगे? क्या हममें से कोई यह कहने की हिम्मत नहीं करेगा कि हक केवल हिंदुस्तानी है। यह पेड़, वह गाँव, वह नदी और भाषा... यह तमाम चीजें हिंदुस्तान में हैं। तमिल केवल तमिलनाडु की भाषा नहीं है। मेरी माँ चौदह भाषाएँ बोलती हैं। ये सब भाषाएँ मेरी मातृ भाषाएँ हैं। मैं इडली नहीं खाऊँगा, बड़ी बदमजा होती है, परंतु तमिल से मुझे प्यार है। यह न कहिये कि जानते नहीं तो प्यार कैसे हो सकता है? बच्चा माँ की आवाज पहचानता है। वह शब्दों का अर्थ नहीं जानता, परंतु आवाज का अर्थ जानता है। मैं भी एक बच्चा हूँ। आवाज पहचानता हूँ। शब्दों का अर्थ नहीं जानता। और इसीलिए कह रहा हूँ कि यह ए.एल. श्रीनिवास बड़ा मासम आदमी है।

मद्रास में यह मेरी तीसरी रात है। यह इडली-डोसे की रात है। मेरे हिसाब से यह खाने बिल्कुल चौपट हैं। परंतु मैं खा रहा हूँ कि मैं ए.एल. एस. के घर हूँ। इस काले भुजंग, परंतु बड़ी गोरी मुसकान वाले ए.एल.एस. से मिल कर मैंने जाना कि मद्रास बड़ी अच्छी जगह है। पता नहीं, यह आदमी शायरी क्यों नहीं करता? सामने कृष्णामूर्ति हैं। अपनी उजली मुस्कान में सोडा मिला-मिला कर पी रहे हैं। परंतु मुझे उनकी तरफ देखने की फुरसत नहीं है। मैं तो श्रीनिवासन में गुम हूँ। आदमी नये कपड़े के थान की तरह इतना कोरा और सादा कैसे हो सकता है। जो मैं ए.एल.एस. से न मिलता, तो यह बात कभी न मानता।

"मुझे फिल्मों में आने का बड़ा शौक है।" यह आवाज मेरे कंधे पकड़कर झूम जाती है। मैं मुड़ता हूँ। एक बुजुर्ग मुस्करा रहे हैं। "वहीदा मेरी बीवी की भतीजी है।" उनकी मुस्कुराहट और फैल जाती है।

यह मद्रास में आखिरी रात है। मैंने शहर नहीं देखा। गाजीपुर से अच्छा तो हो नहीं सकता। मैंने स्टूडियो भी नहीं देखे। रंजीत स्टूडियो से साफ और बड़े तो हो नहीं सकते। परंतु मैंने ए.एल.एस. को देखा। मद्रास को याद रखने के लिए यही काफी है। तो आइए एयरपोर्ट चलें।

एयरपोर्ट पर फिर वही भीड़ है। यह वीरअप्पा साहब हैं। वह करिअप्पा साहब हैं। मैं युसूफ साहब से कहता हूँ—"चलिए आपको चाय पिलवाऊँ।"

वे तैयार हो जाते हैं।

परंतु हम लोग जैसे ही रेस्तरां में प्रवेश करते हैं, वैसे ही सामने वाली मेज के लोग खड़े हो जाते हैं। एक को पहचानता हूँ। शिवाजी गणेशन हैं। मैं आगे बढ़ जाता हूँ। यूसुफ साहब वहीं रुक जाते हैं। मैं वेटर से दो आदमियों के लिए चाय लाने को कहता हूँ। चाय आ जाती है तो मैं वेटर से कहता हूँ कि उस मेज पर जा कर दिलीपकुमार साहब से कहो कि चाय आ गयी। वह कह आता है। यूसुफ साहब आ जाते हैं। अभी आधी प्याली चाय बाकी है कि एयरपोर्ट की मेम शोर करने लगती है और हमलोग भाग खड़े होते हैं। जहाज का दरवाजा बंद होता है।

‘‘मासूम साहब, तो करमा के खात्मे के बाद, ऐसा लगता है कि रात का मौन लेना ही पड़ेगा...’’

मैं एक लंबा सांस लेता हूँ। यही मौन डिस्कस करने के लिए मैं मद्रास गया था। यही सीन डिस्कस करने के लिए मैं वहाँ चार दिन रहा था और यह सीन अब शुरू हो रहा है, जब हम बंबई वापस जा रहे हैं।

बदन का व्यापार

फिल्म कला है या केवल व्यापार? मैं फिल्म को साहित्य का अंग मानता हूँ। आज के मानव की आत्मा की पेचीदगी को अभिव्यक्त करने के लिए साहित्य के पास उपन्यास और फिल्म के सिवा कोई और साधन नहीं है। मैं यहाँ यह बहस छेड़ना नहीं चाहता कि कविता का क्या बनेगा।

काव्य को साहित्य मानता हूँ, और मैं उपन्यास और फिल्म को भी काव्य ही का एक रूप मानता हूँ। जैसे जैसे जीवन पेचीदा होता गया वैसे ही वैसे काव्य बरन बदलता गया। महाकाव्य उपन्यास बन गया और नाटक फिल्म। कुछ लोग यह कहते हैं कि अच्छी फिल्म केवल वही हो सकती है जो असाहित्यिक हो। मैं यह बात नहीं मानता। आप कह सकते हैं कि फिल्म दृष्टि की कला है इसलिए वह साहित्य नहीं हो सकती। साहित्य भी अब दृष्टि ही की कला है। हमने जिस दिन लिखना सीखा था साहित्य ने तो उसी दिन बोलना बंद कर दिया था। फिल्म भी एक किताब है जिसे डाइरेक्टर हमारे सामने खोलता भी जाता है और पढ़े लिखे हैं तो उसके सुनाये बिना भी हम इस किताब को पढ़ सकते हैं।

अंतर की बात

शायद अब भी बात साफ न हुई। आप कहेंगे साहित्य तो वह है जिससे भाषा का प्रयोग किया जाता है। भाषा ही साहित्य को संगीत, नृत्य और चित्रकला से अलग करती हैं और ऐसी फिल्में भी बनती हैं जिनमें भाषा का प्रयोग तो दूर रहा साउंड ट्रैक भी नहीं होता। तो क्या उन फिल्मों को भी साहित्य कहूँगा? मैं उसे फिल्म नहीं कहूँगा। फोटोग्राफ कहूँगा।

फोटोग्राफी की गिनती मैं कला में नहीं करता। हुसैन की इनाम पाने वाली तस्वीर के बाद भी फोटोग्राफी कला नहीं बन सकती, क्योंकि फोटोग्राफर चीजों को जैसे का तैसा दिखलाने पर मजबूर है। वह चीजों को बदल नहीं सकता। जबकि चीजों को बदलना ही कलाकार का कर्तव्य है! फोटोग्राफी कला नहीं है, क्रैफ्ट है। तो आप कहेंगे कि फिर फिल्म का नाता चित्रकारी से क्यों न जोड़ा जाये?

मैं फिल्म को चित्रकला भी नहीं मानता क्योंकि वह चित्र कला नहीं है। चित्रकला रेखाओं का प्रयोग करती है। फिल्म का आधार रेखा नहीं है।

साहित्य के सिवा किसी और कला ने अपना बुनियादी औजार नहीं बदला है। संगीत केवल आवाज कला है। चित्रकारी रेखा की उंगली नहीं छोड़ सकती। बदन ठहर जाए तो नृत्य कला ठंडी पड़ जाए। परंतु साहित्य ने अपनी बुनियाद बदली है। पहले साहित्य भी संगीत की तरह आवाज की कला थी। साहित्य सुना जाता था – बल्कि साहित्य ही गाया जाता था। परंतु अब साहित्य पढ़ा जाता है। आवाज की जगह लिपि ने ले ली है। यानी साहित्य अब कान की कला नहीं है। बल्कि आँख की कला है! फिल्म भी एक लिपि है जिस में साहित्य लिखा जा रहा है! प्रोड्यूसर आज पब्लिशर है जो यह किताब छापता है – हिंदी फिल्मों की दुनिया में घपला यह है कि यह प्रोड्यूसर अपने आपको लेखक समझने लगा है!

अब अगर फिल्म किसी और लिपि में लिखा हुआ उपन्यास ही है तो साउंड ट्रैक की जरूरत नहीं रह जाती। परंतु अगर साउंड ट्रैक हो तो किताब समझने में मदद मिल सकती है। शायद अपने 'प्लेज अनप्लैंजेंट' की भूमिका में बर्नार्ड शा ने लिखा है कि नहीं लिखने का केवल एक तरीका है परन्तु नहीं कहने के हजारों तरीके हैं" और यही ड्रामे का आधार है कि वह हम तक बातों को उसी लहजे में पहुँचाता है जिस लहजे में लेखक ने उसे सोचा था। इसलिए फिल्म उपन्यास और ड्रामे का संगम है। फर्क केवल इतना है कि यह राज कपूर का संगम नहीं है बल्कि साहित्य की दो शैलियों का संगम है। जिस तरह अच्छी किताब कभी कभार ही लिखी जाती है उसी तरह अच्छी फिल्म भी कभी कभार ही बन पाती है। यहीं से व्यापार की सीमा शुरू होती है। समाचार पत्रों को रोज खबर नहीं मिलती। परंतु समाचार पत्र समाचारों से भरे दिखायी देते हैं। पन्ना तो दूर कभी एक कालम भी कम नहीं होता। वह समाचार बनाते हैं उसी तरह फिल्में भी बनायी जाती हैं। यानी वह कला की सीढ़ी से उतर कर क्रैफ्ट बन जाती है। हर लेखक भी सदा अच्छा नहीं लिख सकता। परंतु अपना पेट पालने के लिए उसे बराबर लिखना पड़ता है। (यह और बात है कि फिर भी उसका पेट नहीं भरता) उसी तरह चालू फिल्में भी बनानी पड़ती हैं। मैं बुरे साहित्य का वकील नहीं। इसीलिए मैं बुरी फिल्मों का डिफेंस भी नहीं करूँगा। परंतु मैं यह कहना चाहता हूँ कि हमें इन बातों पर सोचना चाहिये।

कालेज में फिल्म

मैं साहित्य के आलोचकों पर यह आरोप लगाना चाहता हूँ कि उन्होंने अपने कर्तव्य का पालन नहीं किया। फिल्म जो साहित्य का सबसे प्रगतिशील फार्म है, वह हमारे आलोचकों की स्नाबरी का शिकार होकर रह गयी है। हमारी यूनिवर्सिटियों में केवल कविता और उपन्यासों का 'पाठ' क्यों करवाया जाता है। फिल्में क्यों नहीं दिखायी जातीं। हमारे प्रोफेसर फिल्म देखने को घटिया बात क्यों समझते हैं? जब तक हम समाज

में फिल्म को उसकी अपनी जगह नहीं देते तब तक हमें उनसे कोई मांग करने का हक नहीं है। सवाल यह है कि किसी राज कपूर की उतनी भी इज्जत क्यों न की जाए जिनती इज्जत (मिसाल के तौर पर) आले अहमद सुरूर जैसे मामूली शायरों और काजी अब्दुलसत्तार जैसे घटिया उपन्यासकारों की जाती है? 'जागते रहो,' 'साहिब, बीवी और गुलाम,' 'दो बीघा जमीन,' 'हम लोग,' 'अनुपमा' वगैरा जैसी किताबें लिखने वाले लेखकों की तस्वीरें यूनिवर्सिटिश्ज़ के साहित्य विभागों में प्रेमचंद, यशपाल, किशन चंदर और बेदी की तस्वीरों के साथ क्यों नहीं लटकायी जातीं। हम अपने इन साहित्यकारों का अपमान करते चले आ रहे हैं।

भारत जैसे अनपढ़ देश में लोगों तक केवल फिल्में ही बातें पहुँचा सकती हैं और हमने उन्हीं फिल्मों को अनपढ़ साहूकारों की गद्दी के नीचे रख दिया है। इस साहूकार को बातों का पता ही नहीं है। वह बात की जगह हम तक हीरोइन का बदन पहुँचाने में लग जाता है। परंतु बदन का यह व्यापार उस वक्त तक बंद नहीं हो सकता जब तक फिल्म साहूकार की गद्दी के नीचे से निकाली नहीं जाती और यह तभी हो सकता है जब हम फिल्मों की इज्जत करना शुरू करें।

हम गरीब देश के लोग हैं। हम न महंगी किताबें पढ़ सकते हैं और नहीं महंगी फिल्में देख सकते हैं। अनाज की तरह मनोरंजन भी जीवन के लिए बहुत जरूरी है। सरकार अनाज के दाम को ऊपर जाने से रोकने की बात करती है (यह और बात है कि वह सफल नहीं होती) परंतु सरकार फिल्मों का दाम घटाने की बात नहीं करती। हमारे फिल्मी सितारे चाहे बहुत पढ़े लिखे हों या नहीं परंतु वह मांग और दाम के रिश्ते को खूब जानते हैं। लोग दिलीप कुमारों, राज कपूरों और देव आनंदों को देखना चाहते हैं इसलिए यह लोग 'ब्लैक' में मिलने लगते हैं। हमें अपने जीवन में थोड़ा सा रस घोलने के लिए उन्हें चीनी की तरह ब्लैक से खरीदना पड़ता है। अभी तो मैं आपसे केवल यह पूछना चाहता हूँ कि आप फिल्म को साहित्य ही का एक रूप मानते हैं या नहीं! अगर नहीं तो कृपया यह बताइये कि आप फिल्म को साहित्य का अंग क्यों नहीं मानते? और यदि फिल्म साहित्य नहीं है तो फिर यह कला के किस परिवार से ताल्लुक रखती है? जब तक हम यह बात साफ नहीं कर लेते तब हम किताब की आलोचना के नियम नहीं बना सकते और जब तक आलोचना के नियम नहीं बनेंगे तब तक हम फिल्म की इकाई को नहीं देख सकते। अब तक तो हम स्क्रीन प्ले, संगीत, फोटोग्राफी, वगैरा पर अलग-अलग बात करते हैं। फिल्म तो अच्छी है मगर फोटोग्राफी या संगीत बुरे हैं। अगर फोटोग्राफी या संगीत बुरे हैं या संवाद खराब हैं या निर्देशन कमजोर है या फलां का अभिनय बोरिंग है तो फिल्म अच्छी हो नहीं सकती। परंतु हमने अब तक यह सोचने का कष्ट नहीं उठाया है। हम फिल्मों को अलग-अलग खानों में देखते हैं।

❑❑

खजुराहों से खोसला रिपोर्ट तक

खजुराहों से खोसला रिपोर्ट तक लाखों-लाख बल्कि करोड़ों-करोड़ चुम्बनों की दूरी है और इन चुम्बनों की पहाड़ी पर बैठा हुआ यह प्रश्न हमें घूर रहा है कि हम अपनी प्रेमिका का चुम्बन ले या न लें। बल्कि इतनी सीधी है कि आप हमें पर्दे पर चुम्बन दिखाने से रोक नहीं सकते और हम आप को देखने पर मजबूर नहीं कर सकते। फिल्में आप के घरों में तो आती नहीं हैं। आप चुम्बन के 'खिलाफ हैं' तो ऐसी फिल्में देखने मत जाइए। आप देखने नहीं जाएंगे तो जैसे दिलीप कुमार और राज कपूर के बावजूद फिल्में फ्लाप हो जाती हैं। वैसे ही चुम्वनों के बावजूद फ्लाप होगी और खोसला रिपोर्ट यों ही खत्म हो जायेगी। लेकिन इस चीख पुकार के बाद होगा यह कि आप जैसे छिप-छिप के 'गुनाह की रातें' पढ़ते हैं, वैसे ही ब्लैक में टिकट लेकर ऐसी फिल्में भी देखेंगे। आप कहते तो यह हैं कि चुम्बन नहीं होना चाहिए और लतीफा यह बनता है कि एक साहब एक ही फिल्म को लगातार इसलिए देख रहे थे कि ट्रेन कभी तो लेट होगी।

दूसरी मजे की बात यह है कि चुम्बन की वजह से आज तक किसी विदेशी फिल्म को ए–सर्टिफिकेट नहीं दिया गया। तो क्या सत्य यह है कि हमारे बच्चे जीना लूलू ब्रेंजिडो का चुम्बन देख सकते हैं और भारतीय अभिनेत्रियों का नहीं? क्या अच्छाई और बुराई के दो आधार हैं।

मैं यह नहीं कह रहा हूँ कि फिल्मों में चुम्बन की आजादी होनी चाहिए या नहीं! क्योंकि मेरे ख्याल से ये बातें कमीशनों के तय करने की नहीं हैं। मुझे तो हँसी इसी बात पर आती है कि प्रो–चुम्बन और ऐन्टी–चुम्बन, मतलब कि दोनों ही कैम्प परम्पराओं की दुहाई दे रहे हैं और दोनों यह बात भूल गए हैं कि परम्परा जड़ नहीं होती है।

यह कोई जरूरी नहीं कि जो बात कल ठीक थी, वही बात आज भी ठीक हो। परन्तु यह भी आवश्यक नहीं कि जो बात कल ठीक नहीं थी, वह बात आज भी ठीक न हो। समय सेंसर–बोर्ड की तरह जड़ नहीं होता। सच पूछिए तो मुझे यह सोच कर हँसी आती है कि सेंसर–बोर्ड को हम परम्पराओं पर 'एथारिटी' मान बैठे हैं।

'चार शहरों की कहानी' बना कर ख्वाजा अहमद अब्बास सुप्रीम–कोर्ट में खड़े हैं। सेंसर बोर्ड का ख्याल है कि चार शहरों की कहानी सिर्फ बालिग देख सकते हैं। कोई सेंसर–बोर्ड के लोगों का यह हक नहीं छीन सकता कि उन्हीं की राय ठीक है और हम लोग जो फिल्मों के लिए कहानियाँ लिखते हैं या फिल्मों में ऐक्टिंग करते हैं या फिल्मों को डायरेक्ट करते हैं – घास खोदते हैं।

हर शहर में एक बाजार ऐसा है जिस में नीचे की दुकानों में बदन के सिवा कुछ नहीं मिलता। इन बाजारों को अब तक किसी सेंसर–बोर्ड ने ए सर्टिफिकेट नहीं दिया। उन रास्तों से हमारे बच्चे स्कूल जाते हैं। उन बाजारों में हमारी माँ-बहनें खरीदारी करने जाती हैं। उन्हीं दुकानों से मिले हुए धार्मिक स्थानों में हम लोग जाते हैं। तो चार शहरों की कहानी सुनने या सुनाने में क्या हर्ज है।

सीधी बात यह है कि यदि कोई फिल्म गन्दी है तो उस पर मुकदमा चलाना चाहिए। परन्तु जब तक फिल्म रिलीज न हो जाए तब तक किसी को कुछ करने का हक नहीं है। सेंसर बोर्ड के काजी को शहर के अन्देशे में दुबला होने का कोई हक नहीं है। फर्ज कीजिए कि हम एक धार्मिक चित्र बना रहे हैं – अहिल्या! फर्ज कीजिए कि हम लेडी चैटरलीज लवर को फिल्मा रहे हैं। फर्ज कीजिए कि हम खजुराहों पर एक डाक्युमेंट्री बना रहे हैं। तो इन फिल्मों के बारे में सेंसर-बोर्ड हमें क्या राय देगा। यदि वीनस की मूर्ति नग्न नहीं है तो हम यह क्यों नहीं दिखला सकते कि एक पेन्टर एक न्यूड को पेन्ट कर रहा है। फिल्म कपड़े का थान नहीं है कि उसे सेंसर-बोर्ड के बजाज जहाँ से चाहे काट दें। परन्तु यदि सेंसर-बोर्ड की राय के बिना काम चल ही न सकता हो तो पहले यह साबित किया जाए कि इस बोर्ड में बैठने वाले कला की सीमाओं से परिचित हैं।

किताबें बिना किसी सेंसर-बोर्ड के छपती हैं। परन्तु जब उन्हीं किताबों पर कोई फिल्म बनने लगती है तो सेंसर बोर्ड से सर्टिफिकेट लेना पड़ता है। यदि प्रेमचन्द का होरी अपनी धनिया को मारता है तो 'गोदान' पर जो फिल्म बनेगी, उसमें भी होरी धनिया को मारेगा। सजा देनी हो तो प्रेमचन्द को दो।

सेंसर-बोर्ड उन दिनों की यादगार है जब हम गुलाम हुआ करते थे। आज हमारा संविधान हमें अपने विचार प्रकट करने का अधिकार देता है और देश में हमारे बनाए हुए कानून लागू हैं। यदि कोई फिल्म कोई कानून तोड़ती हो तो उसे बनाने वालों और उस में काम करने वालों में मुकदमा चलाया जाए जैसे लेखकों, प्रकाशकों या पत्रकारों और पत्रों पर मुकदमें चलाए जाते हैं। यदि बच्चे वे उपन्यास पढ़ सकते हैं, जिनमें हर पन्ने पर चुम्बन की मुहर होती है तो वे ऐसी फिल्में देख क्यों नहीं सकते! या तो फिर गैरकानूनी शराब बनाने की तरह चुम्बन को भी गैरकानूनी करार दे दिया जाए।

अब सुनिए एक लतीफा। एक बेचारी नई हीरोइन ने पहले यह बयान दिया कि वह चुम्बन के खिलाफ नहीं है। नतीजे के तौर पर उसकी एक तस्वीर छपी जिसमें हीरो उसका मुँह चूम रहा है। फिर तड़ातड़ सीनियर हीरोइनों के बयान आने लगे कि वे चुम्बन

के खिलाफ हैं तो इस बेचारी ने भी अपनी राय बदल दी। यह है भेड़ियाधसान! लेकिन मैं यहाँ यह कहने की आज्ञा चाहता हूँ कि खोसला साहब ने भी कोई तीर नहीं मारा है। यदि कहानी चुम्बन की मांग करती हो तो चुम्बन दिखाया जा सकता है। सवाल सारे जहाँ का तहाँ रहा। यह फैसला कौन करेगा कि कहानी चुम्बन की मांग कर रही है या नहीं। क्या यह फैसला वही लोग करेंगे जो चार शहरों की कहानी को ए-सर्टिफिकेट देना चाहते हैं।

सवाल चूमने या न चूमने का नहीं है। सवाल यह है कि हमें कहानियाँ लिखने और उन पर फिल्में बनाने का हक है या नहीं।

खोसला रिपोर्ट कोई प्रगतिशील रिपोर्ट नहीं है बल्कि लीपा-पोती की एक कोशिश है। अगर हम चाहते हैं कि हमारी फिल्में बम्बई फार्मूले या मद्रास फार्मूले के चंगुल से निकल आएँ ताकि हमारी फिल्में देश के निर्माण के कार्य में लग सकें तो सेंसर-बोर्ड ही को खत्म करना या बदलना पड़ेगा। इस ढर्रे में तो ऐसी ही फिल्में बन सकती हैं जैसी कि आम तौर पर बन रही हैं।

❑❑

आजाद हिन्दुस्तान की गुलाम फिल्म

पहले मैं अक्सर सोचा करता था कि यदि चोरी एक ऐसा जुर्म है कि चोर को भरी अदालत में सजा दी जाती है तो कहानी के चोरों को सजा क्यों नहीं दी जाती? परंतु अब जब मैं इस फिल्मी शहर में आकर बस गया हूँ यह सवाल पहले से ज्यादा परेशान करने लगा है ताले स्ताई की अना करेनिना पर फिल्म बनाने में कोई नुकसान नहीं है परंतु अना करेनिना को किसी शोभा और प्रकाश की कहानी बनाने की क्या जरूरत है? हर कहानी की एक आत्मा होती है और वस्त्र बदल देने से आत्मा नहीं बदलती – हाँ वस्त्र बदल जाने से आत्मा 'कामिकी' दिखाई देने लगती है।

पहले मुझे यह नहीं मालूम था कि ऐसा क्यों होता है "हंच बैक आफ नात्रे देम" हमारे यहाँ 'बादशाह' क्यों हो जाता है? या 'वुदरिंग हाइट्स', 'दिल दिया दर्द लिया' क्यों बन जाती है? जब कि इस फिल्मी शहर में हमारे कई अच्छे लिखने वाले मौजूद हैं। इसका कारण यह है कि इस शहर में फिल्म का आधार कहानी नहीं है बल्कि किसी प्रोड्यूसर का आईडिया है, कच्चे माल की तरह लेखक के सामने समाज नहीं होता बल्कि एक व्यापारी का आईडिया होता है और व्यापारी के पास केवल एक आईडिया होता है – नफा! यही नफा हमारी हर फिल्म का सेंट्रल आईडिया होता है। चुनांचे किसी तालेस्ताई, किसी दोस्तोविसकी, किसी बालजक और किसी वाल्मीकि, कालिदास और तुलसी की कहानी में पैबंद लगवाये जाते हैं। नतीजा जाहिर है जो फिल्में बनती हैं उनके बदन में आत्मा नहीं होती – और खुद बदन भी अधूरा होता है – यानी रीढ़ की हड्डी नहीं होती।

प्रेमचंद असफल?

तो क्या हिंदी उर्दू क्षेत्र में कहानियों का अकाल है? ऐसा भी नहीं है क्योंकि हम देखते हैं कि पिछले बीस बरस में हमारी कहानी कला बहुत आगे बढ़ गयी है। फिर हमारी फिल्मों को कहानी क्यों नहीं मिलती? इसकी क्या वजह है कि प्रेमचंद नाकामयाब होते हैं और ऐरे गैरे कामियाब?

इसकी वजह यह है कि हमारे प्रोड्यूसर कहानी के महत्व से वाकिफ नहीं है। वह अब तक मक्खी पर मक्खी मारते चले जा रहे हैं। जाहिर है कि कोई अच्छा लेखक मक्खी पर मक्खी मारने पर तैयार नहीं होगा। इस घपले में तीसरे दर्जे के लिखने वालों की बन आयी है। इन बेचारों पर इल्जाम लगाना भी ठीक नहीं क्योंकि उन्हें तो यह भी नहीं मालूम की कहानी चीज क्या होती है। हमारे यहाँ कहानी में सिचुएशन नहीं होती। सिचुएशनों के गिर्द कहानियाँ बुनी जाती हैं और खुद यह सिचुएशन भी आजाद नहीं होती। इनके पैरों में साइन किए हुए स्टारों की जंजीर होती है और स्टार को पहले से साइन करना इसलिए जरूरी है कि उनके आटोग्राफ देखे बिना महाजन और डिस्ट्रीब्यूटर से पैसा नहीं मिलता। फिल्म तैयार हो जाये तो देखने वाले नान-स्टार-कास्ट फिल्में भी देख लेते हैं और यह नान-स्टार-कास्ट फिल्में जुबलियाँ भी करती हैं। मगर यह फिल्में आम तौर से बन नहीं पाती।

संगम–इलाहाबाद में नहीं!

चुनांचे होता यह है कि पहले कास्टिंग की जाती है फिर प्रोड्यूसर को बाहरी फिल्मों की कुछ सिचुएशन याद आती है और वह स्टार के आटोग्राफ और यह सिचुएशन लेखक के मुँह पर खेंच मारता है और कहता है कि कहानी गढ़ो। हमारी फिल्मी दुनिया में कहानियाँ लिखी नहीं जाती बल्कि गढ़ी जाती हैं। कहानी के इसी खोखलेपन को छिपाने के लिए विदेश यात्रा की जाती है। लव इन टोकियो होता है। कोई ईवनिंग पेरिस में और कहीं प्यार मुहब्बत के लिए रोम और मिस्र का लंबा सफर करना पड़ता है। कहानी इन यात्राओं की मांग नहीं करती। जो लव इन टोकियो जाकर हुआ वह अपनी इस बंबई में भी हो सकता था। जिस संगम के लिए स्विट्जरलैंड जाना पड़ा वह अपने इलाहाबाद में भी मुमकिन था। जिस प्यार के लिए 'एराउंड द वर्ल्ड' जाना पड़ा। उसके लिए अपना यह विशाल देश काफी था।

कहानी की इस हद तक का नतीजा यह होता है कि अगर कोई हमारी फिल्मों के जरिये हमारे देश को देखना और पहचानना चाहे तो यह मुमकिन नहीं है। मैं दारासिंह मार्का फिल्मों की बात नहीं कर रहा हूँ। लव इन टोकियो, प्यार मुहब्बंत, अराउंड दी वर्ल्ड जैसी फिल्मों को भी गोली मारिए। आइए अच्छी फिल्मों की बात करें। मेरे लाल और अनुपमा की बात कीजिए। क्या कोई यह बतला सकता है कि अनुपमा का हिंदुस्तान कब का है? अनुपमा आजाद हिंदुस्तान की कहानी है या गुलाम हिंदुस्तान की। देवदास और गंगा जमुना की कहानियाँ एक ही जमाने की हैं या दो जमानों की—संगम कब का वाकया है? इसका मतलब यह है कि कहानी के पात्र किसी युग में नहीं रहते। हमारी फिल्मों में हिंदुस्तान अभी तक आजाद ही नहीं हुआ है। यह बड़ी भयानक बात है क्योंकि भारत जैसे अनपढ़ देश में फिल्म कमुनिकेशन का सबसे बड़ा माध्यम है।

मैं अपने आप से यह सवाल करता हूँ कि क्या आजाद और गुलाम भारत में कोई

फर्क नहीं है? अगर है तो हमारी फिल्मों में यह फर्क क्यों नहीं दिखायी देता? 'नयी उमर की नयी फसल' जैसी टापिकल फिल्म ही को लीजिए। उसमें यह बात डंके की चोट पर कही गयी है कि भारत आजाद हो चुका है। उसका हीरो आधुनिक चेतना की बात भी करता है। परंतु क्या वह बात उतनी ही सीधी है जितनी सीधी वह उस फिल्म में मालूम होती है। क्या हमारी युनिवर्सिटियों में इश्क और एलकशन लड़ाने के सिवा कोई और काम नहीं होता? यानी आधुनिक प्रश्न भी फारमूले का शिकार हो जाते हैं। जो हंगामा नयी उमर की नयी फसल में दिखाया गया है वह सन पैंतालीस के चुनाव में भी हो सकता था और हीरो की मेज पर रखी हुई नेहरू की तस्वीर पर कोई फर्क नहीं पड़ता।

देश का सपना

परंतु अब स्टार कास्ट की दीवार में दरारें पड़ चुकी हैं। लोगों ने केवल दिलीप और राजेन्द्रकुमार और राजकपूर के दर्शन करने से इंकार करना शुरू कर दिया है। पालकी, दिल दिया दर्द लिया, अमन, अराउंड द वर्ल्ड, और झुक गया आसमान के खंडहर पर शायद नयी फिल्म की इमारत बने। नयी फिल्म जो आधुनिक हो और हिंदुस्तानी हो। इस नयी फिल्म का आधार स्टार और ज्योतिष पर नहीं होगा बल्कि हिन्दुस्तान की कहानी पर होगा और उन कहानियों में हम अपने देश, उसकी परंपराओं और उसके सपनों को देख सकेंगे। अब तक तो हमारी फिल्मों के मुहल्ले शहर और गलियाँ तक अभारतीय हैं। हम सोशल फिल्में नहीं बनाते बल्कि हिंदू सोशल और मुस्लिम सोशल फिल्में बनाते हैं। हिंदू सोशल फिल्मों में हिंदुओं के सिवा कोई और दिखायी नहीं देता और देखने वाला सवाल कर सकता है कि क्या भारत में केवल हिंदू रहते हैं। यही हाल मुसलिम सोशल फिल्मों का है। उन्हें देखने से पता चलता है कि पाकिस्तान बनने की खबर दुश्मनों ने उड़ा दी है। पाकिस्तान बनने की जरूरत क्या है क्योंकि हमारी मुस्लिम फिल्में अगर सच्ची हैं तो हिंदुस्तान में सिर्फ मुसलमान रहते हैं सिख, ईसाई, पारसी तो खैर हमारे फिल्मी हिंदुस्तान में रहते ही नहीं। यह झूठी फिल्में हमारी देश की आत्मा के माथे पर कलंक हैं। परंतु इस कलंक को लेखक अकेला नहीं मिटा सकता। महाजन, डिस्ट्रीब्यूटर प्रोड्यूसर और स्टार ने कलम का टेंटवा दबा दखा है। भारत अवश्य आजाद हो गया है। परंतु फिल्मी लेखक अब भी उतना ही गुलाम और बेआवाज है और इसीलिए वह आजाद भारत की कहानियाँ नहीं लिख पाता। फिल्म की अच्छाई में केवल अच्छी ऐक्टिंग या अच्छे डाइरेक्शन और अच्छे संगीत ही का हाथ नहीं होता। अच्छी फिल्म की बुनियाद लेखक ही रखता है – आपने कितनी फिल्मों की पब्लिसिटी में लेखक का नाम देखा है? क्या कोई बेदी या कृष्णचंदर किसी दिलीपकुमार या राजकपूर से घटिया कलाकार है?

मैं एक मामूली सा लेखक हूँ, इसीलिए यह आवाज उठा रहा हूँ।

कहानी – लेखक से प्रोड्यूसर तक

पिछली बार मैंने यह बात उठायी थी कि फिल्म भी साहित्य का ही एक अंग है। इसलिए उसी आधार पर फिल्म की आलोचना के नियम बनाने होंगे।

अब मैं यह सवाल करना चाहता हूँ कि अच्छी फिल्म क्या है? इसका एक परंतु अधूरा जवाब जो यह है कि अच्छी फिल्म वही है जो अच्छा साहित्य हो। इस बात को मैंने अधूरा इसलिए कहा है कि वह अच्छा साहित्य की तरतीब ही में छपता है। आलोचना सदा फार्म के आधार पर होती है। उपन्यास को ड्रामे की कसौटी पर नहीं परखा जा सकता। हर फार्म की अपनी मांगें और अपनी सीमायें होती हैं। इसलिए अच्छी साहित्य वाली बात हमारे साथ दूर तक नहीं चल सकती। पहले साहित्य आलोचक (अरस्तू से आज तक) किसी ने अच्छे साहित्य की बात नहीं की है। बात होती है ट्रेजडी और इपिक की। बात होती है ड्रामे और उपन्यास की। बात होती है नयी और पुरानी कविता की।

हमारी आलोचना की सबसे बड़ी कमजोरी यही रही है कि हमने आलोचना के नाम पर साहित्य का कपड़ा बरतने की कोशिश की है। साहित्य को पढ़ कर आलोचना के नियम बनाने के काम को हम टाल जाते हैं। बात यह है कि यह काम मेहनत का है।

इस भूमिका की जरूरत इसलिए पड़ी कि मुझे डर है कि फिल्म को साहित्य मानकर लोग कहीं फिल्म को नयी या पुरानी कविता की कसौटी पर न कसने लगें।

फिल्म, ड्रामा, उपन्यास

फिल्म क्योंकि बुनियादी तौर पर ड्रामा है इसलिए इसकी आलोचना के नियम बनाते वक्त इस बात को ध्यान में रखना होगा। परंतु इस बात को भी भूलना नहीं होगा कि फिल्म केवल ड्रामा नहीं है बल्कि उसमें उपन्यास का पुट भी है। उपन्यास के इस पुट ने ड्रामे के पैरों में पड़ी हुई तमाम जंजीरें काट दी हैं। ड्रामा अब आजाद हो गया है। अब वह आदमी के ख्यालों के साथ कहीं भी जा सकता है। अब तक ड्रामा सेट या स्टेज की

सलीब में संवाद की कीलों से ठुका हुआ था। अब यह मजबूरी नहीं है। इस आजाद ड्रामे ने वास्तव में लेखक को आजाद कर दिया है (यह और बात है कि हिंदी फिल्मों के निर्माता लेखक की इस आजादी से फायदा नहीं उठाते, वह 'लव इन टोकियो' और 'ईवनिंग इन पेरिस' लिखाने में जुटे हुए हैं, ऐसा क्यों है? इसके बारे में कभी फिर बातें करूँगा।)

तो फिल्म की तारीफ यह हुई कि वह आजाद 'ड्रामा' है। मैं 'आजाद' पर जोर दे रहा हूँ, क्योंकि फिल्म को ड्रामे की कसौटी पर परखना नहीं चाहता। क्योंक फिल्म एक ऐसा उपन्यास–ड्रामा है जिसे कई लोग मिल कर लिखते हैं। एक्टिंग करने वालों को मैं इस उपन्यास–ड्रामे के लेखकों में नहीं गिनता। एक्टिंग करने वाले तो फिल्म-लिपि के शब्द हैं और कोई शब्द अपनी जगह अच्छा या बुरा नहीं होता। शब्द का महत्व तो उसके प्रयोग में है। शब्द के जौहर तो तभी खुलते हैं जब उसका सही प्रयोग होता है। यह कह कर मैं एक्टिंग का महत्व कम नहीं कर रहा हूँ क्योंकि ड्रामा नक्काली की कला ही है। एक्टिंग की बात बाद में करूँगा। मैं केवल यह कहना चाहता हूँ कि एक्टिंग करने वाले (और करने वालियाँ) उस आजाद या उपन्यास–ड्रामे के लेखक नहीं हैं। इस उपन्यास–ड्रामे के एक्टर के दिल के खून की रोशनाई में कैमरे का कलम भिगो कर लिखने वाले हैं। उसकी कहानी बनाने वाले उसका बैक-ग्राउंड म्युजिक देने वाले और डाइरेक्ट करने वाले।

कैमरामैन है कातिब या कम्पोजर. किताब की लिखायी छपायी अच्छी हो तो उससे किताब का हुस्न बढ़ जाता है और उसे पढ़ने में ज्यादा जी लगता है। इसलिए वह किताब ज्यादा कम्युनिकेट करती है। किताब की अच्छाई या बुराई का फैसला अच्छी छपायी से नहीं होती। बेहद घटिया किताबें बहुत खूबसूरत तरीके से छापी जा सकती हैं (और छपती भी हैं) और इसी तरह अच्छी किताबों की छपायी बहुत बुरी भी हो सकती है। लेकिन मैं खुद ही अपनी बात को काटना चाहता हूँ। फिल्म में फोटोग्राफी केवल 'टाइप' नहीं है!

फोटोग्राफर भी लगभग लेखक है यदि वह ड्रामे को अच्छी तरह समझ नहीं पाता तो वह उसे उतारने में चूक सकता है और उसकी जरा सी भूल इस पूरे ड्रामे को तबाह कर सकती है। उस बात को बिल्कुल उलट सकती है जो बात लेखकों की त्रिमुर्ति कहना चाहती है। ड्रामे में जो जगह एक्टर की है उस जगह पर उपन्यास ड्रामे या फिल्म में एक्टर के साथ उसका कैमरा-मैन भी है। क्योंकि वास्तव में एक्टर और कैमरामैन मिल कर कहानी को नरेट करते हैं।

यूँ अब हमारे हाथ यह हकीकतें आती हैं कि फिल्म को लेखक के बाद दो नरेटर्ज की जरूरत पड़ती है। आलोचना के नियम बनाते वक्त यह बात काम आयेगी।

अरस्तू के सामने यह सवाल नहीं थे। परंतु ईलियट और डाक्टर हजारी प्रसाद और इहतिशाम हुसैन के सामने यह सवाल है (यह न कहिये कि इस आदमी को तो वह भी

नहीं मालूम कि इलियट मर चुके हैं) लेकिन यह लोग इस उपन्यास ड्रामे के विकास को नहीं देख सके (या इन लोगों ने इसे देखना न चाहा)।

अरस्तू नक्काली और ट्रेजिक प्लेजर की बात कर के चुप हो गये थे और ट्रेजिक प्लेजर और नक्काली या ऐक्टिंग की बात आज भी सही है! हर आर्ट-फार्म की तरह कला का मकसद 'एस्थेटिक प्लेजर' देना है। चूँकि फिल्म भी एक आर्ट-फार्म है इसलिए हम उससे भी एस्थेटिक प्लेजर की मांग करेंगे। लेकिन क्योंकि एक फिल्मी-ड्रामा है इसलिए एक्टिंग कैमरे के माध्यम से हमारे सामने आती है यानी तीन सीढ़ियाँ चढ़ कर (या उतर कर) ऐस्थेटिक प्लेजर आता है, लेखक से एक्टर तक, एक्टर से कैमरामैन तक और कैमरामैन से हम तक। हम कोई सीढ़ी फलांग नहीं सकते।

इस उपन्यास--ड्रामे का नरेशन तीन बार होता है। पहला डाइरेक्टर करता है एक्टर्ज के लिये। दूसरा नरेशन एक्टर करता है ? कैमरामैन के लिये और तीसरा नरेशन कैमरामैन करता है हमारे लिये। इन तीनों में से कोई नरेशन कमजोर होगा तो कहानी हमें कोई एस्थेटिक प्लेजन नहीं दे पायेगी और अगर हमें कोई एस्थेटिक प्लेजन नहीं मिलेगा तो कहानी कुछ कमुनिकेट नहीं कर पायेगी। कला में कमुनिकेशन का आधार यही प्लेजर है वरना कमुनिकेट तो समाचार-पत्र भी कर लेते हैं।

लेकिन मजे की बात यह है कि हम यह तीनों नरेशन साथ ही साथ सुनते हैं (देखते हैं)। चुनांचे अगर यह नरेटर्ज आपस में टकराते हैं तो फिल्म की इकाई टूट जाती है। यानी अच्छी फिल्म की पहली शर्त यह है कि तीनों नरेटर्ज एक ही आवाज और एक ही लहजे में नरेट करें क्योंकि अगर ऐसा न होगा तो आवाजों का टकराव शोर पैदा करेगा और देखने वाले उस टेंशन की भूलभुलैया में पड़ जायेंगे और एस्थेटिक प्लेजर का रास्ता भूल जायेंगे। अरस्तू ने इसी कमुनिकेशन को कथारसिस कहा है।

यह बात कला की सीमा से बाहर है कि जो बात कमुनिकेट की जा रही है। वह अच्छी है या बुरी। हर कला की तरह इस उपन्यास--ड्रामे का काम भी बस इतना है कि एस्थेटिक प्लेजर के जरिये जो बात कही जा रही है, उसे वह कमुनिकेट कर दे। अगर कोई फिल्म हमें एस्थेटिक प्लेजर देती है तो वह अच्छी फिल्म है क्योंकि कमुनिकेट फिल्म का मकसद नहीं है बल्कि उस प्लेजर का नतीजा है। बात की अच्छाई या बुराई का संबंध कला से नहीं है बल्कि हमारी सामाजिक चेतना से है। मैं यह नहीं मानता कि अश्लीलता ऐस्थेटिक प्लेजर दे सकती है क्योंकि कलाकार समाज का एक अंग है इसलिए अगर वह कोई सामाजिक कानून तोड़ता है तो उसकी पूछताछ अलग से होगी। कला के नियम मॉरैलिटी नहीं बताते, परंतु कलाकार चूँकि समाज का एक अंग होता है इसलिये कला मॉरैलिटी के नियमों की पाबंद न होने के बाद भी मॉरैलिटी से दामन नहीं बचा सकती। कला की अच्छाई या बुराई का फैसला तो ऐस्थेटिक प्लेजर के आधार पर होगा।

स्टैंडर्ड बनाइये

परंतु इस एस्थेटिक प्लेजर के खुद बंधे टंके नियम नहीं हैं, इसलिए हमें एक स्टैंडर्ड बनाना होगा और यह स्टैंडर्ड उस वक्त तक नहीं बन सकता जब तक यह बात तय न हो जाये कि हम किसके लिए फिल्म बना रहे हैं, बच्चों की कहानी को हम बड़ों के लिये लिखी जाने वाली कहानियों के गज से नहीं नापते। हमारा समाज वर्गों में बँटा हुआ है। इसलिए जब तक यह न मालूम हो कि फिल्म का लेखक अपनी कहानी किसे सुना रहा है। उस वक्त तक हम एस्थेटिक प्लेजर के नियम नहीं बना सकते।

हमारी फिल्मों की बुनियादी खराबी यह है कि फिल्म बनाने वालों के दिमाग में यह बात या तो आती नहीं या साफ तरीके से नहीं आती कि वह कहानी सुना किसे रहे हैं और शायद यही वजह है कि कभी 'अनुपमा' हिट हो जाती है और कभी 'मेहरबान' जब कि फिल्मी आलोचकों ने एक को तीन 'स्टार' दिये और दूसरी को। एक 'मिलन' और 'अनुपमा' के देखने वाले अलग-अलग हैं। अगर यह दोनों फिल्में किसी छोटे देश में बनी होती तो इन में से एक ही 'हिट' होती, परंतु हमारा देश बहुत बड़ा है और इसकी बड़ाई से फिल्म बनाने वाले धोखा खा जाते हैं।

उभरते हुए नये अपने भारत में हम फिल्मों को टाल नहीं सकते और यदि हम वाकई अपने देश से दिलचस्पी रखते हैं तो फिल्मों पर संजीदगी से सोंचना पड़ेगा — क्योंकि केवल फिल्म ही एक ऐसा आर्ट-फार्म है जो भाषाओं की सीमा से जीवित गुजर सकता है।

□□

फैजाबाद के धोबी

चमचों के इस शहर बम्बई में किसी हीरो या हीरोइन के बारे में कुछ लिखना जान जोखिम का काम है। क्या पता मैं क्या लिखूँ और यार लोग क्या मतलब निकाल लें। दिलीपकुमार इस फिल्मी बस्ती का सबसे बड़ा नाम है। कई बड़े प्रोड्यूसर इस अरमान में बूढ़े हो गए कि वह दिलीपकुमार को लेकर एक फिल्म बना ले। ख्वाजा अहमद अब्बास जैसा आदमी यह सवाल किसी और से नहीं करता कि वह खराब फिल्मों में काम क्यों करता है। खराब फिल्मों में सभी ने काम किया है। कुछ तो ऐसे हैं जो खराब फिल्मों ही में काम करते हैं और उन्हीं लोगों से बोर होकर मुझ जैसे ने मालूम कितने पागल दारा सिंह के फैन हो गए हैं। इसलिए आज कहानी की बात करने दीजिए।

साहब, मैं तो दारा सिंह का फैन हूँ। कभी लिखूँगा उन पर एक लेख बहुत जी लगा कर और वह लेख सेवेन्टी एम.एम. का होगा। जब से बम्बई आया हूँ फिल्म देखना ही छूट गया है। जब तक अलीगढ़ में था साहित्य पढ़ता और पढ़ाता था और दारा सिंह की फिल्में देखा करता था। हम लोग गोल बना कर जाया करते थे। हमारे गोल में तीन लेक्चरार और आठ-दस पी.एच.डी. करने वाले हुआ करते थे। हम लोग खूब शोर मचाया करते थे और फिल्म के खत्म होने के बाद हम लोग खुशखुश लौट आया करते थे और अपने थीसिस या कल के लेक्चर की तैयारी में लग जाया करते थे। इस बेमुरव्वत शहर ने वह साधारण खुशी भी छीन ली है।

यहाँ के स्टैण्डर्ड भी अजीब है। यदि मैं कोई कहानी लेकर पैदल जाऊँ तो वह कहानी इस काबिल भी नहीं कि सुनी जाए। यदि मैं बस से जाऊँ तो वह कहानी हजार-दो-हजार की है। टैक्सी से जाऊँ तो बीस पच्चीस हजार की और यदि अपनी कार से जाऊँ तो पचास-साठ हजार की। यहाँ दाम कहानी का नहीं होता बल्कि सवारी का होता है और किसी कमलेश्वर, किसी राजेन्द्र यादव, किसी मोहन राकेश के पास कार है ही नहीं। हमारे शानी बेरोजगार हैं, और जिनके पास गाड़ियाँ हैं उनके पास कहानियाँ नहीं।

नतीजा है कि फिल्मी दुनिया में कहानियों का क्राइसिस है।

यदि न्यू थिएटर्स और बम्बई टाकीज के युग को भूल जाइए तो आप देखेंगे कि हमारे प्रोड्यूसर बरसों से एक ही कहानी फिल्माते चले आ रहे हैं। एक हीरो एक से चार तक हीरोइन, एक विलेन, एक बाप, एक माँ जो यदि सौतेली हो तो क्या कहना – चलिए यह तो हुए लोग। अब इन्हें सस्पेन्स के पानी में गूँथिए। परन्तु सस्पेंस कहानी में नहीं होता बल्कि बैक ग्राउण्ड म्यूजिक में होता है। ऐन वक्त पर पुलिस को फोन कीजिए। लाइन मिल जाए तो फिल्म हैपी एण्डिंग की हो जाएगी और लाइन न मिले तो ट्रैजिडी तो कहीं गई ही नहीं है।

सच पूछिए तो लेखक एक खूँटी है, जिस पर कहानी टांग दी जाती है। यहाँ कहानियाँ लिखी नहीं जाती बल्कि गढ़ी जाती हैं और इस गढ़ाव में भी कहानी से ज्यादा हीरो, हीरोइन और म्यूजिक डाइरेक्टर का खयाल रखना पड़ता है और यह सड़ी हुई कहानियाँ लिखने के लिए गोल के गोल लुनावला, खण्डाला, पंचजनी, ऊटी या कश्मीर जाते हैं। इन लोगों का खयाल है कि सेबों की तरह कहानियों के भी पेड़ होते हैं।

फिल्मी कहानी की कहानी बड़ी विचित्र है। इस कहानी में लेखक एक्स्ट्रा का रोल अदा करता है। वह भीड़ में खड़ा हुआ एक आदमी है। उसे कोई डायलाग नहीं बोलना है, क्योंकि वह कहानी नहीं बेचता बल्कि अपना नाम बेचता है। जैसा नाम या जैसी गाड़ी हो वैसा दाम मिल जाता है। राइटर अपने घर खुश कि दाल रोटी या भात का काम चल गया। प्रोड्यूसर अपनी जगह खुश कि उसने एक 'धाँसू सब्जेक्ट' तैयार कर लिया। हीरो अपने आप में मगन कि हर फ्रेम में वही है। फिल्म फ्लाप हुई तो इसका पता तो चार साल के बाद चलने वाला है न! चार साल तक तो रावी चैन से लिखता है न। 'धाँसू' पब्लिसिटी होती है और फिल्म की रिलीज से पहले ऐसी हवा बंधती है कि फिल्म एक-एक हाल में कम-से-कम पचीस साल तो चलेगी ही। इसी झटके में हीरो, हीरोइन दस-बीस फिल्में और साइन कर लेते हैं। प्रोड्यूसर एक और फिल्म शुरू कर देता है। फिल्म फ्लाप होती है तो सारे सड़े हुए अण्डे लेखक पर लाद दिए जाते हैं कि साला 'सब्जेक्ट' ही बण्डल था। डायलाग में जान नहीं थी। एक बावैला मच जाता है कि अच्छी कहानी तलाश करो। सुनिए एक लतीफा–

एक डाइरेक्टर-प्रोड्यूसर की पाँच फिल्में ताबड़तोड़ फ्लाप हुई। एक दिन वह डाक्टर सफदर आह के पास गए और बोले – "डाक्टर साहब, पाँच फिल्में फ्लाप हो गईं हैं। कोई अच्छी कहानी सुनाइए कि एक धाँसू फिल्म बना डालूँ।"

डाक्टर साहब खफा हो गए। बोले–"पाँच फ्लाप फिल्में बनाने के बाद भी तुम खुद ही यह फैसला करना चाहते हो कि कौन कहानी अच्छी है और कौन बुरी।"

यह तो हुआ तस्वीर का एक रुख। दूसरा रुख यह है कि जहाँ मैं रहता हूँ वहाँ एक अमेरिकन एक्सप्रेस लाण्ड्री है। उसमें फैजाबाद का एक धोबी इस्त्री करता है। मेरे नौकर

से उसकी दोस्ती हो गई तो एक दिन वह मुझ से मिलने आया। उसके पास एक धार्मिक और एक सोशल सब्जेक्ट तैयार रखा है, और डायलाग और गानों के साथ तैयार रखा है। जी! सोशल कहानी मैंने कहीं-कहीं से सुनी। (न सुनता तो मेरा नौकर मुझे छोड़ देता।) बहुत खराब कहानी थी। इसीलिए यकीन है कि एक न एक दिन वह अपनी शिवरले-इम्पाला पर मेरे घर के सामने से जरूर गुजरेगा और मुझे पहचानेगा भी नहीं। यह भी हो सकता है कि वह अपनी भाषा ठीक करने के लिए मुझे दो-चार सौ की नौकरी दे दे और यह भी हो सकता है मैं वह नौकरी कर लूँ क्योंकि मुझे अपने फ्लैट का किराया देना है और मिस्टर लोबो का बिल चुकाना है क्योंकि उन्होंने उधार देना बन्द कर दिया है। एक बहुत चले हुए फिल्मी राइटर ने एक बेचारे लेखक को अपने यहाँ इसीलिए रख छोड़ा है। यहाँ आइए तो पता चलेगा कि वह कल तक ऐनक बेचा करता था। आज एक कहानी के पचास हजार लेता है। कल तक वह भीड़ लगा कर मन्जन बेचा करता था, और आज एक कहानी का दस हजार लेता है। फिल्मी राइटर बनने के लिए आपका पढ़ा-लिखा होना बिल्कुल जरूरी नहीं है। यदि आप पढ़े-लिखे हैं तो आप कभी अच्छे फिल्मी राइटर नहीं हो सकते, क्योंकि आप यह सवाल करेंगे कि यदि हीरोइन को पेड़ से उतरना नहीं आता तो वह पेड़ पर चढ़ी कैसे थी। आपने यह सवाल किया नहीं कि मारे गए क्योंकि आपको जवाब मिलेगा कि यह गाने की सिचुएशन बनाई जा रही है। हीरो उसे अपनी बाँहों में लेकर उतारेगा नहीं तो लव सीक्वेन्स कैसे बनेगा? यदि आपके पास इस सवाल का जवाब हो तो फौरन बम्बई आ जाइए। आप फिल्मी राइटर बन जाएंगे और साल दो साल के अन्दर आपके पास अपना फ्लैट भी होगा और अपनी कार भी।

यही तो कारण है कि फिल्म के बड़े लेखकों को साहित्य जगत जानता भी नहीं। कौन है यह मुखराम शर्मा? यह अख्तर मिरजा कौन बुजुर्ग है आखिर? सवाल करते चले जाइए। यहाँ किसी प्रेमचन्द, किसी रेणु, किसी कमलेश्वर, किसी बेदी, किसी राकेश के लिए जीना बहुत मुश्किल है।

परन्तु आप यह मतलब न निकालें कि चारों ओर अन्धेरा ही अन्धेरा है। यह ठीक है कि लगभग हर डाइरेक्टर और छोटा-बड़ा हीरो अपने आपको चोटी का कथाकार समझता है। (और यही कारण है कि कुछ लेखक यहाँ केवल कहानियों की मरम्मत का काम करते हैं। एक फ्लाप हीरो ने, जो अब प्रोड्यूसर हो गया और डाइरेक्टर भी, मुझे बुलाया था अपनी आधी से ज्यादा बनी हुई फिल्म की कहानी की मरम्मत करवाने के लिए। मैंने कहा भाई जिस तरह आधी फिल्म बना ली है वैसे ही अल्लाह या भगवान का नाम लेकर बाकी आधी भी बना डालो। जाहिर है कि किसी और ने वह कहानी ठीक कर दी होगी क्योंकि वह फिल्म अब रिलीज होने वाली है। कहानी का मतलब यह है कि यहाँ दो तरह के लेखक हैं। एक तरह के लोग कहानी लिखते हैं और दूसरे वह हैं

जो उन कहानियों की मरम्मत करते हैं और चूँकि हर छोटा-बड़ा हीरो गजब का लेखक भी है इसलिए कहानियों की मरम्मत का काम दिन दूनी रात चौगुनी तरक्की कर रहा है। परन्तु कुछ लोग ऐसे भी हैं जो कथाकार का आदर करना जानते हैं। मुझे दिलीप कुमार का नाम जड़ से ले-लेने में कोई तकल्लुफ नहीं है। सुना था कि यह लिखने वालों का नाक में दम कर देते हैं। मगर मैं जब कोई एक बरस पहले दिलीप कुमार से एक कहानी के सिलसिले में मिला था तो बहुत डरते-डरते मिला था। मगर साहब दिलीपकुमार मेरी ही तरह एक आदमी निकले – अकेलें और उदास।

❑❑

माध्यम की तलाश

जरूरतों के अंधेरे में डूब जाती है।
न जाने कितनी जमीनें जो आस्मां होतीं।

बहुत दिनों के बाद अपना एक शेर याद आया। नहीं तो सच्ची बात यह है कि बम्बई आने के बाद तो मैं यह भूल गया हूँ कि मैं कभी शायर भी हुआ करता था। तो क्या इस भूल जाने का अर्थ यह निकला कि शायरी अब मेरे अनुभव की भाषा नहीं समझती? नहीं। तो फिर क्या इसका अर्थ यह निकला कि फिल्म में शायरी की खपत नहीं है और इसलिए मैंने शायरी छोड़ दी है? यह भी नहीं। हालांकि मैं यह मानता हूँ कि अपनी हिन्दी फिल्मों में शायरी की खपत नहीं है। आनन्द बख्शी, हसरत जयपुरी, वर्मा मलिक, खुदा बेहारी, गुलशन बावरा, राजेन्द्र कृष्ण—नाम लेते चले जाइए। इन नामों का जादू बेशक चल रहा है। गाने हिट भी हो रहे हैं पर क्या साहित्य जगत इन नामों से परिचित है? कविता की बात करते समय क्या इन नामों की तरफ ध्यान जाता है? परन्तु यही वे लोग हैं जो हिन्दी फिल्मों के गाने के बाजार में नए नोट की तरह चल रहे हैं। तो क्या यह नतीजा निकालना गलत होगा कि फिल्मी गानों का साहित्य से कोई ताल्लुक नहीं? मेरा खयाल यही है।

कब्र में पड़े-पड़े मजार देखते रहें।

एक हजारों में मेरी बहना है
सारी उमर हमें संग रहना है...

रिमझिम बरसता सावन होगा
झिलमिल सितारों का आँगन होगा...

जीने का दिन मरने का मौसम है इन नजारों में।

ये मिसालें खोज-खोज के नहीं निकाली गईं हैं, यों ही याद आ गईं और लिख दीं।

इन गानों में न भाषा का सौन्दर्य होता है और न काव्य का रस। कभी कभार तो हमारे गाने तुकबन्दी के आधार पर कच्चे दिखाई देते हैं और शायद हमारे गानों का तकाजा भी यही हो। और शायद इसीलिए आर्जू, मजरूह, साहिर, कैफी आजमी और जानिसार अख्तर के सिवा हमारे अच्छे शायरों ने गाने लिखने से कत्री कटाई या लोगों ने हमारे अच्छे शायरों से गाने लिखवाना पसन्द नहीं किया। जोश आए और ठण्डे-ठण्डे चले गए। अख्तरुल-ईमान सम्वाद लिख रहे हैं। मजाज की यहाँ दाल नहीं गली। मैं केवल उर्दू कवियों के नाम इसलिए ले रहा हूँ कि फिल्मी गानों पर उर्दू का रंग अब भी बड़ा तेज है। पर हिन्दी कवियों का हाल भी लगभग यही है। मजरूह, साहिर और कैफी के बारे में फिर कभी लिखूँगा क्योंकि उनकी सफलता का अवश्य कोई भेद होगा। मैं साहित्य से अपना नाता नहीं तोड़ना चाहता और शायद यही कारण है कि शायरी लगभग छूट गई है।

कुलजीतपाल एक दिन सवेरे-सवेरे मेरे घर आए। उन दिनों मैं उनकी फिल्म 'अनजाना सफर' लिख रहा था। बोले—"यार, मुझे पता ही नहीं था कि तुम बड़े अच्छे शायर हो। साले 'अनजाने सफर' के गाने भी तुम्हीं लिखो!' मैंने कहा—लिख दूँगा। बात आई-गई हो गई। मैंने तीन या शायद चार गाने लिखे भी। ये गाने रेकार्ड भी हुए। तब एक दिन मुझे एक रेकार्ड दिया गया कि चौथी 'धुन' यह है। समस्या यहीं से शुरू होती है। मैं वेस्टर्न म्यूजिक का विरोधी नहीं हूँ, पर उस संगीत का मिजाज हमारी भाषाओं से मेल नहीं खाता इसलिए मैं इसे उस संगीत और इस भाषा दोनों ही के साथ अन्याय समझता हूँ। म्यूजिक-डायरेक्टरों की इसी सीनाजोरी ने गाने को शायरी के स्थान से गिरा कर तुकबन्दी बना दिया है और इसीलिए तुकबन्दी का बोलबाला है। मजे की बात यह है कि यह उठाई या उड़ाई हुई म्यूजिक हाथोंहाथ बिकती है। चोरी का माल खुले बाजार में बिक रहा है और सरकार इस स्मगलिंग को रोकने की कोई कोशिश भी नहीं कर रही है। एल.एस.डी., होराइन, चरस, गांजा और हमारा फिल्मी संगीत। यह सब एक ही थैली के चट्टे-बट्टे हैं। जैसे चोरी का सोना हर सुनार नहीं पिघलाता इसी तरह चोरी के संगीत पर हर कवि से गाना भी नहीं लिखवाया जा सकता और इसीलिए टीमें बन गई हैं और इन किलों के फाटकों पर 'अन्दर आना मना है' के बोर्ड लगे हुए हैं।

देखिए न, इस गमले में काव्य का पौधा तो फूल नहीं सकता।

लेकिन मैं गाने लिखने वाले साथियों की इज्जत करता हूँ। इन दोस्तों में कहीं-न-कहीं एक कवि जरूर छिपा बैठा होगा। वह कभी-कभार बगावत भी करता होगा। उसकी आवाज पर लगातार कान बन्द रखना बड़ी हिम्मत का काम है। जीना तो हर आदमी को है। यह भी जीने का एक तरीका है। एक लतीफा याद आया।

एक दिन दिलीपकुमार बड़े मूड में थे। किसी अमेरिकी स्क्रीन-प्ले राइटर की तारीफ कर रहे थे और बार-बार पूछ रहे थे कि हम लोग ऐसा स्क्रीन-प्ले क्यों नहीं लिख पाते! उनका मतलब यह था कि राही मासूम रजा ऐसा स्क्रीन-प्ले क्यों नहीं लिखता? बेदी

साहब को क्या हो गया है? इस्मत क्यों गायब है? कृष्णचन्द्र के कलम को सांप क्यों सूंघ गया है? देखिए, मैं फिर विजाहत मिर्जा, अख्तर मिर्जा, अली रजा, गुलशन नन्दा के नाम नहीं ले रहा हूँ। मैंने केवल वे नाम लिए हैं जो गलत या सही मगर साहित्यकार गिने जाते हैं। दिलीपकुमार का सवाल सही था। यह बात मैं अक्सर अपने आप से भी पूछता रहता हूँ कि मुझे जानबूझ कर बुरा लिखने का हक किसने दिया? क्या मुझे शर्म नहीं आती? बड़ी शर्म आती है। मैं इसे कैसे स्वीकारता हूँ कि असाहित्यकार मेरे लिखे को काट के 'ठीक' कर रहे हैं? यह एक कड़वी कहानी है। अभी तो राजकमल के फ्लोर नम्बर 2 पर 'बैराग' के यूनिट की भीड़ में दिलीपकुमार मुझ से यह पूछ रहे हैं कि हम लोग अमेरिकनों जैसे अच्छे स्क्रीन-प्ले क्यों नहीं लिख पाते! मेरा जवाब यह था कि जरा इस अमेरिकन से कहिए कि छह गानों, तीन मारधाड़ के सीन, एक-आध रैप, दो-चार कामेडी और एक सौतेली माँ और एक-आध प्राण या प्रेम चोपड़ा डालकर एक अच्छा सा स्क्रीन-प्ले लिख दें। युसूफ साहब हँसते हुए उठ गए क्योंकि शाट तैयार था। बात अधूरी रह गई।

मुझे इस समय अख्तर रुमानी की एक तकरीर याद आ रही है। यह तकरीर फिल्म राइटर्ज असोसियेशन की एक सभा में हुई थी। रूमानी ने कहा था कि हम दूसरे दर्जे के शहरी होने से इन्कार करते हैं। इस सभा में इन्द्र गुजराल भी थे। शरीफ आदमी हैं, सिर झुकाए बैठे रह गए।

फिल्म हमारा माध्यम है और हमीं से कोई इस माध्यम की खैरियत नहीं पूछता। कहानी हम सुनाते हैं। कहानी हमारी पर उस पर हमारा ही कोई हक नहीं है। गाने की सिचुएशन ज्यादा महत्वपूर्ण है। उसके लिए कहानी तोड़ी-फोड़ी जा सकती है। कहानी हमारी, पर स्टार को यह हक है कि वह उसे 'ठीक' कर दे। कहानी हमारी पर असिस्टैंट-डायरेक्टर को यह हक कि जो सीन चाहे 'लिख डाले'।

कथाकार की हैसियत उस जूनियर आर्टिस्ट की है जिसके हिस्से में कोई डायलाग नहीं आता और जब फिल्म पिटती है तब दूध की मक्खी की तरह सब से पहले वही निकाल कर दूर फेंक दिया जाता है।

फिल्म साहित्य का एक रूप है और जब तक लोग साहित्यकार की इज्जत करना नहीं सीखेंगे इस महत्वपूर्ण माध्यम का यही हाल रहेगा। पहले 'राम-श्याम' बनेगी, फिर 'सीता और गीता' और फिर 'राम और श्याम'।

□□

हम हुए, तुम हुए कि मीर हुए–I

सोता है संसार, जागता है पाक परवरदिगार। कानों की सुनी नहीं कहता, आँखों की देखी कहता हूँ कि जुहू की एक तीन मंजिलों वाली बिल्डिंग के एक उजले फ्लैट में रहते हैं, श्री जे. मलिक। यह बड़ा अजीब नाम है। अधूरा-अधूरा सा लगता है। किस के मलिक? सब के मलिक। कब के मलिक। मेरी समझ में तो कब के मलिक आता है। मलिक साहब हैं तो डायरेक्टर परन्तु हैं पुरानी कहानियों के हीरो की तरह कि जब उन्हें कोई धुन लग जाती है तब वह किसी म्यूजिक डायरेक्टर के काबू में नहीं आते। सुनता हूँ कि 'प्यार' में जन्नत का एक सीन है। जन्नत हममें से किसी की देखी हुई नहीं है। परन्तु मलिक साहब एक ऐसी जन्नत का सेट लगाने की फिक्र में हैं कि उसके बन जाने के बाद अल्लाह मियाँ अपने सर्टिफिकेट को सस्पेण्ड कर दें। यहाँ तक तो कोई परेशानी नहीं परन्तु हमें मलिक साहब के आर्ट डाइरेक्टर सज्जाद साहब के जीने की दुआ मांगनी पड़ेगी। परन्तु अभी यह सेट लगा नहीं है, इसलिए हम अभी से क्यों परेशान हों। अभी तो मलिक साहब की बातें हो रही हैं। मलिक साहब जो ब्रूट्स के तरफदारों में हों तो ऐन्टनी के लिए जीना दूभर हो गया होता। उन्हें तकलीफ को आराम बता देने की कला आती है। चुनांचे 10 मार्च को मैं उसी का शिकार हो गया। वह बोले "क्या हो रहा है आजकल?"

"बाल बच्चेदार हूँ साहब, खैरियत क्यों होने लगी?';

यह सुनकर मुस्करा दिए। जिसने उनकी देखी मुस्कराहट देखी न हो, उसके लिए उनकी मुस्कराहट समझना सम्भव नहीं है। आँखें तो सब की मुस्कराती हैं, परन्तु चुटकियों में दबी हुई सिगरेट उनकी मुस्कराहट है। मैं ही क्या – इस मुस्कराहट का जवाब किसी के पास नहीं है। मेरे गले में भी उस मुस्कराहट का फन्दा पड़ गया और मैंने 16 मार्च को अपने आपको सान्ताक्रूज हवाई अड्डे पर पाया।

फिल्म के सिलसिले में यह मेरी पहली आउटिंग थी। मैं तो बड़ा काहिल हूँ और ईमान की बात भी यही है कि जो मजा घर बैठ कर गप्प लड़ाने में है वह बाहर निकलने

में कहाँ। मेरे ब्रीफकेस में बेगम अख्तर आफिस की लिखी हुई हिदायतें थीं कि जयपुर में मैं श्री सिन्हा डायरेक्टर टूरिज्म से मिलूं। जयपुर से जोधपुर वे भेजेंगे। फिर वहाँ श्री शुक्ल टूरिस्ट अफसर से मिलूँ। वह मुझे जैसलमेर भेजेंगे। वहाँ मैं मलिक-प्रोडक्शन के श्री चोपड़ा से मिलूँ। वह मुझे मलिक साहब के पास पहुँचाने का प्रबन्ध करेंगे। अब आपको समझ में आया कि मुझे मलिक साहब का नाम अधूरा क्यों लग रहा था। मुझे यह नहीं मालूम था कि मैं किसके मलिक के पास जा रहा था।

परन्तु जब हवाई जहाज उड़ा तब मलिक साहब या 'प्यार' के बारे में नहीं सोच रहा था। मैं रेगिस्तान और मृगतृष्णा के बारे में सोच रहा था। रेगिस्तान को मैंने केवल भूगोल की किताबों, उपन्यासों, उर्दू गजल में पढ़ा था और यह बात तो किसी तरह समझ में आने वाली नहीं कि बालू पानी दिखाई दे सकती है। परन्तु मेरा विमान मुझे उसी तरफ ले जा रहा था। मैं रेगिस्तान से परिचित होने के लिए बड़ा उत्सुक था।

परन्तु मेरा विमान मुझे एक और रेगिस्तान की ओर भी ले जा रहा था। मुझे इस रेगिस्तान का ख्याल भी न था। यह ग्लैमर का रेगिस्तान है जिसमें लोग पचास-पचास साल से भटक रहे हैं। फिल्मी दुनिया भी बड़ी ऊँचाई-निचाई की होती है। यह दूरी इतनी होती है कि खड्ड वालों को चोटी पर प्रकाश के बिन्दुओं के सिवा कुछ दिखाई ही नहीं देता और पहाड़ की चोटी वाले नीचे झाँकते ही नहीं, हालांकि लोग चोटी से टपकते रहते हैं और इस खड्ड की अथाह गहराई और बेदर्द अंधकार में गुम होते रहते हैं। शायद यही कारण है कि ये लोग सितारे कहे जाते हैं। सितारे तो टूटते ही रहते हैं। इस आकाश में सूर्यों, चन्द्रमाओं को ऐसे ग्रहण लगते हैं कि फिर पब्लिसिटी के डोमों की चीख पुकार के बाद भी नहीं कटते।

फिर भी सितारों की इस अंधेरी और सहमी हुई दुनिया में कोई तो बात होगी कि लोग अब देवता बनने के सपने नहीं देखते बल्कि दिलीपकुमार बनने के लिए बनवास लेते हैं। यह बम्बई एक बहुत बड़ा जंगल है और वहाँ के बनवास के समाप्त होने का कोई दिन निश्चित नहीं है। जिन्दगी जैसी लम्बी अंधेरी रात के उस सिरे पर रोशनी का एक बिन्दु है लोग उसकी तरफ भागते रहते हैं, भागते ही रहते हैं......

दूर अहमदाबाद दिखाई देने लगा था। मैं उदास हो गया। घरों का एक जंगल था। मिलों की चिमनियाँ सिर उठाये हमारी ओर देख रही थीं। जहाज जैसे जैसे नीचा हो रहा था, वैसे वैसे अहमदाबाद का कद निकल रहा था। देखते ही देखते एक बेजान माडल एक जीता जागता शहर बन गया। परन्तु अब भी जहाज काफी ऊँचाई पर था और अहमदाबाद लिलीपुट शहर दिखाई दे रहा था। खिलौना जैसी बसें और रेलें। खिलौने जैसे आदमी। खिलौने जैसी साईकिलों पर उड़े जा रहे थे। मुझे यह दृश्य हमेशा बड़ा अच्छा लगता है और मैं किसी शहर को धीरे-धीरे उगता हुआ देखने के लिए ही हमेशा खिड़की के पास बैठने की कोशिश करता हूँ। मैं अभी अभी यह भूल गया कि अहमदाबाद के ख्याल ने मुझे उदास कर दिया था। परन्तु जब विमान उतर गया तो

सपना टूट गया। मैं फिर उदास हो गया। मैंने अहमदाबाद की तरफ बड़ी शिकायत भरी नजरों से देखा। आठ-नौ बरस पहले एक मुशायरे में अहमदाबाद गया था तो वह मुझे बड़ा जीता जागता शहर दिखाई दिया था। मजदूरों का शहर। झूलती मीनारों का शहर। साबरमती का शहर। यह उन दिनों की बात है जब मुझमें देश के भविष्य का सपना देखने की हिम्मत थी। परन्तु अब सपने देखने में थकान होने लगी है। अंग्रेजों के जमाने में केवल चाय हिन्दू मुसलमान हुई थी। मुस्लिम टी-स्टाल पर एक तुर्की टोपी वाले की तस्वीर बनी होती थी। हिन्दू टी-स्टाल पर एक लम्बी चोटी वाले की और केतली लटका कर चाय बेचने वाले चिल्लाया करते थे – हिन्दू चाह... मुस्लिम चाह...। परन्तु स्वतन्त्र भारत की जनता भी हिन्दू-मुसलमान हो गई है। क्या जनता भी चाय की पत्ती की तरह बेबस है?

सारे मुसाफिर नाश्ता करने चले गये। मैं अकेला बैठा खिड़की के बाहर खड़े हुए अहमदाबाद की तरफ देखता रहा।

मैं जानता हूँ मुझे जैसलमेर जाने की जल्दी है। मैं यह भी मानता हूँ कि आप को शायद इन बातों में कोई दिलचस्पी नहीं होगी, परन्तु मैं अहमदाबाद हवाई अड्डे पर जानबूझ कर रूका हूँ। इस जहाज में कुछ वी.आई.पी. आने वाले हैं और मैं चाहता हूँ कि आप उन्हें जहाज में सवार होता देख लें।

मैं अखबार के पन्ने उलट रहा हूँ। नाश्ता कर के लोग लौट रहे हैं। फिर एक दम से चहल-पहल बढ़ जाती है। मैं मुड़ता हूँ। एक केन्द्रीय मंत्री प्रवेश कर रहे हैं। वह मुस्करा रहे हैं। बड़ी पेट भरी मुस्कराहट है। उनके आगे पीछे काफी लोग हैं। मैं परेशान हो रहा हूँ कि इण्डियन एयर लाइन्स के जहाजों और इण्डियन रेल्वेज के डिब्बों में कोई फर्क है या नहीं। क्या अब हवाई जहाजों में भी 'स्टैण्डिग' जगह होने लगी है। यदि नहीं तो इतने लोग कहाँ समायेंगे। परन्तु बाद में पता चला कि यात्री केवल एक है – वही मंत्री महोदय, बाकी लोग उन्हें पहुँचाने आये हैं। वी.आई.पी. की परछाइयाँ भी वी.आई.पी. होती हैं। अभी वह मंत्री बैठ भी न पाये कि एक और रेला आता है। मैं अपनी लगह से देख रहा हूँ। यह एक और केन्द्रीय मंत्री हैं। वही सफेद कुर्ता, सफेद धोती, वही सफेद टोपी – वही सफेद खून। इन दिनों ये दोनों अलग-अलग गुटों में हैं। मैं यह सोच रहा हूँ कि ये दोनों पुराने साथी हैं। राजनीति के मैदान में अलग हो जाने से क्या होता है। कम से कम दोनों एक दसूरे की तरफ देखकर मुस्कराएंगे जरूर। परन्तु यह दोनों बूढ़े साथी तो बच्चों की तरह फूले हुए हैं एक दूसरे से। एक दूसरे की तरफ देखते भी नहीं। दोनों अपनी अपनी जगह पर अकड़े बैठे हैं जैसे तस्वीर खिचवाने वाले हों। मेरी फिल्मी दुनिया में यह नहीं हो सकता। दिलों में चाहे दस बीस बाल पड़े हुए हों परन्तु मिलेंगे तो यों जैसे दाँत काटी दोस्ती हो। जबतक जहाज उडे-उड़े, तब तक एक लतीफा सुन लीजिए। एक प्रसिद्ध 'स्टार' से सामना हो गया। स्टार ने कहा – "अरे साहब सुन रहा हूँ कि आप को मद्रास की फिल्म मिल गई।" यह सुनकर वह मुस्कराये और बोले –

"यह और अच्छा हुआ 'एक नहीं दो।' " स्टार मुस्करा दिये और बोले – "यह और अच्छा हुआ अब पता चलेगा सालों को बड़ी जुबलियाँ मनवा चुके हैं..."

जहाज जयपुर हवाई-अड्डे पर उतरा। पता नहीं किस टूरिस्ट सर्विस के नामालूम कौन साहब मुझे लेने आये थे। "आप राही मासूम रजा हैं?" उन्होंने पूछा। "हूँ तो।" मैंने डरते-डरते कहा।

वह मुस्कराये और बोले "रात मलिक साहब का फोन आया था कि आप इस जहाज से आ रहे हैं। अब आप आज तो जोधपुर नहीं जा सकते क्योंकि जोधपुर की एक ही फ्लाइट है। इसलिए आज आप राज्स्थान स्टेट होटल में रुकिए।"

जाहिर है मैंने इन्कार नहीं किया। परन्तु यह देख कर खुशी अवश्य हुई कि लेखक बिल्कुल फालिज आदमी नहीं होता।

"आप के साथ कुछ और सामान है।"

मैं यह सवाल सुनकर चौंक पड़ा। क्योंकि मेरे हाथ में मेरे ब्रीफकेस के अलावा कुछ और नहीं था। अमेरिकी टूरिस्टों का स्वागत करने वाले आदमी को क्या मैं इतना घटिया दिखाई दे रहा हूँ कि मेरे पास ब्रीफकेस के सिवा कुछ और हो ही नहीं सकता।

मैंने उसकी तरफ देखा। वह अपने विजिटिंग कार्ड के टीले पर खड़ा मेरी ओर देख रहा था। लाउंज विदेशी टूरिस्टों और उन की रंग-बिरंगी औरतों और ट्रैवलिंग बैगों से भरा हुआ था। फिर मैंने अपने चप्पल, अलीगढ़ी पाजामें और सूती अचकन की तरफ देखा।

"जी हाँ, एक सूटकेस है।"

'तो आइए।"

उसके ड्राईवर को बैगेज टिकिट देकर मैं उसके साथ बाहर निकल आया। उसने मेरे लिए एक काली एम्बेसडर कार का दरवाजा खोला। मैं बैठ गया। मेरा पहरेदार लगातार बातें कर रहा था। परन्तु उसने मुझसे साहित्य या साहित्यकारों की बात नहीं की, बस वह स्यारों की बातें करता रहा। पहली बार मुझे पता चला कि फिल्मी दुनिया में सितारों के बाद जो है वह पब्लिक रिलेशन-आफीसर हैं। जो नौजवान मुझसे बातें कर रहा था, वह शेक्सपीयर नहीं बनना चाहता था, वह लारेन्स ऑलीवर बनना चाहता था। लारेन्स ऑलीवर न बन सके तो उनका सेक्रेटरी ही बनकर भी खुश रह सकता था। यह भी सम्भव न हो तो उनका पड़ोसी ही बनकर भी जी सकता था। अब लोग कितने छोटे-छोटे सपने देखने लगे हैं। उसने मेरे उपन्यास नहीं पढ़े थे। उसने मेरा काव्य भी नहीं पढ़ा था। परन्तु उसने वे लेखक पढ़े थे जो मैंने राजकुमार और दिलीप कुमार पर लिखे हैं।

वह तो खैरियत हुई कि होटल आ गया और मैं उस से जान बचाकर अपने कमरे में भाग गया। इस होटल का जिक्र इसलिए है कि मैंने पहली बार मोर की आवाज यहीं सुनी। परन्तु यह तो कल सुबह की बात है। अभी तो नहा धो कर मैं सिन्हा साहब को फोन करूँगा क्योंकि मुझसे यही कहा गया था कि मैं पहले सिन्हा साहब को फोन करूँ।

चुनांचे मैं उन्हें फोन करता हूँ। बड़ी सभ्य आवाज है, बड़ी पढ़ी-लिखी शब्दावली है। सिन्हा साहब चार बजे आने का वायदा करते हैं। आज मुहर्रम की सातवीं तारीख है। मुझे मरियम के लिए गुड़िया खरीदनी और नैयर के लिए चूड़ियाँ और चुनरियाँ खरीदनी हैं। कहीं पास ही से मोहर्रम के बाजे की आवाज आ रही है। मैं लेट जाता हूँ जिन रास्तों पर यह उदास बाजा बज रहा है, उन रास्तों पर कोई अपनी बेटी के लिए गुड़िया और बीवी के लिए चुंदरी खरीदने कैसे निकले, तो मैं लेट गया। यह धर्म का किस्सा नहीं है। परम्परा की बात है, मैं लेट गया। बाजा बजता ही चला जा रहा था। यह बाजा धीरे-धीरे मेरी आत्मा की परत-परत में उतर गया। मैं जयपुर से गाजीपुर पहुँच गया। चौथी का धोड़ वहल उठ रहा है। यह एक धोबी का जुलूस है। वहाबियों के मुहल्ले से उठता है। हिन्दू मुसलमान चन्दे से उठता है। समय बड़ा बेदर्द होता है। यादों का आदर नहीं करता। याद करने का मौका नहीं देता। बस गुजरता चला जाता है। गुजरता चला जाता है। जो समय पल भर के लिए रुक जाता तो मैं गाजीपुर हो आता। वशीर मंजिल की दीवारों को छू आता जिन्हें मैंने पाँच बरस से नहीं देखा है। उन सड़कों पर चल फिर आता जिन पर बरसों से नहीं चला हूँ। परन्तु समय रुकता ही नहीं।

यह दोपहर है। मरियम शायद जाग रही होगी और नैयर से पूछ रही होगी – "पप्पा पिंकी को फोन करके कब आयेगा!" जब मैं घर से बाहर निकलता हूँ तो वह यही समझती है कि मैं किसी को फोन करने जा रहा हूँ। वही साहब का नाम उसे याद हो गया है। चार बज गये हैं। मेरे पपोटे नींद से बोझिल हो रहे हैं। यही मेरे सोने का समय है। परन्तु मैं सो नहीं सकता क्योंकि उस सभ्य आवाज वाले सिन्हा साहब आते होंगे। मैंने रूम सर्विस को चाय के लिए फोन किया। यादों के कमरे से निकालकर मैं अकेला हो गया और सिन्हा साहब की राह देखने लगा।

□□

हम हुए, तुम हुए कि मीर हुए–II

यह सिन्हा साहब बड़े दिलचस्प आदमी निकले। बड़ा मजा आया। उनसे बातें करने में। साढ़े छः बजे तक वही बोलते रहें और मैं सुनता रहा। फिल्मों से लेकर टंकू अब्दुर्रहमान तक, हर चीज पर बातें हुईं। यह बात मुझे सिन्हा साहब से मालूम हुई कि "जब मलाया में (तब तक मलेशिया नहीं बना था) टंकू के कम्युनिस्टों ने बहुत सताया और उन्हें यकीन हो गया कि अब उनकी सरकार नहीं चल सकती तो एक दिन उन्हें एक फकीर मिला। उसने टंकू से कहा – "अजमेर क्यों नहीं जाता।" वह फकीर यह कह कर चला गया। वह कई दिनों तक सोचते रहे। आखिर उन्होंने अजमेर जाने का फैसला कर लिया। वह दिल्ली से सीधे जयपुर आये। फिर उन्हें सिन्हा साहब अजमेर ले गए और यों अजमेरी ख्वाजा के दरबार में सलाम करके जब मलाया वापस गए तब वहाँ उन्होंने कम्युनिस्टों का सफाया कर दिया... सिन्हा साहब जैसे बुजुर्गों से मिलने में एक फायदा तो यही होता है कि आपको बोलना नहीं पड़ता। मैं राजस्थान के डायरेक्टर टूरिज्म को शायद कभी न भूल पाऊँ। इतनी सभ्य आवाज में इतनी पढ़ी-लिखी शब्दावली के साथ टंकू अब्दुर्रहमान की बात करने वाला शायद कोई और हो इस दुनिया में।

सिन्हा साहब मेरी फ्लाइट का बन्दोबस्त करके चले गए। बाहर बिल्कुल शाम हो चुकी थी। मैं कमरे से निकल आया। नीचे होटल का खूबसूरत लान था। कुछ लोग शायद बीयर पी रहे थे। ऊपर मार्च का धुला हुआ आसमान था और इन दोनों के बीच में मैं था, बिल्कुल अकेला। मुझे लगा कि कोई मेरे दिमाग के दरवाजे पर दस्तक दे रहा है। मैंने किवाड़ खोल दिए। चौखट पर जो खड़ी थी, उसे मैं इतने दिनों बाद देख रहा था कि पहली नजर में मैं उसे पहचान भी न पाया। वह एक गजल थी। "क्या वे दिन भी दिन हैं जिनमें दिन भर जी घबराए। क्या वे रातें भी रातें हैं जिनमें नींद न आये।"

मैं कमरे में वापस चला गया। बोड हाउस की 'फुल मून' के कवर के चिकने फर्श पर वह गजल बैठ गई और मेरी तरफ शिकायत भरी नजरों से देखने लगी। उस गजल के मानने में रात कट गई। बाहर गदली गदली रोशनी फैल गई और कहीं पास ही मोर

बोलने लगा।

मैं बाहर निकल आया। चार-पाँच मोरनियाँ थीं, तीन मोर थे। मैं मोरों की भाषा नहीं समझता, फिर भी उनकी बातें सुनता रहा और तब सिंह साहब आ गए। (या शायद वह भी सिन्हा ही थे) वह मुझे लेने आये थे।

रास्ते में पता चला कि वह एक गीतकार के दोस्त और समधी हैं। बड़े दिलचस्प आदमी निकले। उनकी शराफत का सबसे बड़ा सुबूत यह है कि पान में तम्बाकू डाल कर खाते थे।

हवाई अड्डे पर आकर मुझे पता चला कि जयपुर से जोधपुर तक मुझे एक प्राईवेट कम्पनी के विमान पर सफर करना है। मुझे यह नहीं मालूम था कि प्राईवेट सेक्टर की कोई एयर लाइन्स अब भी है। जो मुझे यह मालूम होता तो शायद मैंने मलिक साहब से कह दिया होता कि सजाए मौत का कोई आसान तरीका सोचिए।

जो चीज हवाई अड्डे पर खड़ी थी, वह कभी न कभी डकोटा अवश्य रही होगी। परन्तु मरता क्या न करता। मैं सवार हो गया और यह देखकर मेरी जान में जान आयी कि मेरे सिवा भी और कुछ लोग उस विमान जैसी चीज में फंसे हैं। रमेश खन्ना कम्बल ताने सो रहे थे। रामकुमार और जट्टी किसी सवाल पर बहस कर रहे थे। बहुत गौर से सुना तो पता चला कि लोग इस बात पर बहस कर रहे हैं कि उन लोगों ने सुबह का नाश्ता किया है या नहीं। ये लोग भी जैसलमेर ही जा रहे थे।

यह डकोटा बड़ा अजीब है। ऐसा लगता है कि किसी म्यूजियम में सोते एकदम से उठा है और आँखें मलता हुआ वहाँ तक आ गया है।

एक अजीब से स्टूवर्ड ने हमारे टिकिट चैक किये। खैर! साहब खुदा खुदा करके जहाज चलने लगा और आप सच जानिए वह एयर वार्म नहीं हुआ तब तक मुझे यकीन न आया कि जहाज उड़ भी सकता है। मुझे आश्चर्य न होता यदि इस जहाज को सवारियों समेत किसी ट्रक पर लाद दिया जाता और वह ट्रक हम लोगों को कोटा ले जाकर छोड़ता।

जी हाँ! यह अभी कोटा जायेगा। वहाँ वकीलों और मुवक्किलों को उतारने के बाद जोधपुर जायेगा। जहाँ मुझे श्री शर्मा टूरिस्ट आफीसर को फोन करना है। लगता है कि यह यात्रा मैं केवल इसलिए कर रहा हूँ कि जगह जगह से अलग अलग लोगों को फोन कर सकूँ। अब पता नहीं यह शर्मा साहब क्या चीज निकलेंगे। शोर इतना था कि कान पड़ी आवाज तो दूर रही दिल की आवाज और ख्यालों की आहट सुनना भी मुमकिन नहीं था। चूँकि खाने के लिए पान साथ नहीं थे इसलिए मैं यह सोच सोच कर हौल खाने लगा कि इसी जहाज से वापस भी होना है। इस जहाज की तारीफ यह है कि इसके यात्रियों के जीवन का बीमा नहीं हो सकता और मैं इसी से अन्दाजा लगाता हूँ कि अपने देश में जीवन का बाजार कितना मंदा है।

कोटा से उड़ने में कुछ देर लगी क्योंकि कोटा के लिए दिल्ली से समाचार पत्रों का

जो पैकेट आया वह नहीं मिल रहा था। कई बार खोज हुई। फिर यह सोचा गया कि शायद वह पैकेट गलती से जयपुर उतर गया और जब वह पैकेट खन्ना की सीट के नीचे से निकला। खन्ना को इस बात का पता नहीं क्योंकि वह कम्बल ताने सो रहा था।

साहब यह खन्ना बड़े कैंडे का आदमी मालूम होता है। जिस आदमी को इस एयरवेज के हवाई जहाज पर नींद आ जाय वह बड़ा बहादुर है। कभी मौका मिला तो इस नौजवान लड़के के बारे में कुछ लिखूँगा। जो बी.कॉम. करके अपने पिता के बिजनेस में लग जाने वाला था। यदि इसे फिल्म वाले न ले उड़े होते।

बातों बातों में पता चला कि "रेशमा और शेरा" में अमिताभ को शेरा के गूँगे भाई का रोल मिला है। यह हमारी दुनिया बड़ी अजीब है। जिनके पास आवाज नहीं वह हीरो बने फिर रहे हैं और अमिताभ जैसी आवाज वाले लड़के को गूँगे का रोल दिया जा रहा है। सच पूछिये तो इस वक्त फिल्मी दुनिया में केवल तीन आवाजें हैं। आप कहेंगे लता, आशा और रफी। पर मैं कहूँगा दिलीप कुमार, राजकुमार और अमिताभ। इस छोटे बच्चन की आवाज में बड़े बच्चन के काव्य की हल्की फुल्की खनक नहीं है। इस आवाज में तो इस गम्भीर युग की गम्भीरता है और वह गूँगे का रोल कर रहा है। लेकिन यहाँ तो सभी गूँगे हैं। शुरू में फाइनेंसर बोलता है, आखिर में एक्जिीवीटर और बीच में यहाँ से वहाँ तक सन्नाटा है।

जहाज उतरने लगा है। यह हवाई अड्डा बड़ा अजीब है। न कहीं कोई दीवार है। न कोई रोक टोक। टीन का एक शेड है। उससे जरा हट कर एक गहरे नीले रंग की बस खड़ी है। यह बस उन बसों के खानदान की मालूम होती है जो सरकारी रोडवेज से पहले देहाती मुवक्किलों और बारातों को शहर लाया करती थी।

मुझे मलिक साहब पर बड़ा ताव आया। कहाँ लाकर फंसाया है इस आदमी ने। परन्तु जहाज से उतरते ही गुस्सा ठंडा हो गया। ठीक जहाज के दरवाजे पर एक गोरा चिट्टा सा आदमी मिला।

"आप राही मासूम रजा हैं?"

"जी हाँ, हूँ तो।"

"तो आइए, चलिए।"

और मैंने अब उस सफेद मरसिडीज को देखा जो दो दिन पहले बम्बई से चली थी। पता चला कि मलिक साहब ने फोन कर रखा था कि यह गाड़ी जोधपुर में रुकी रहे और मुझे लेकर जैसलमेर जाये। अरे हाँ यह बताना तो भूल ही गया कि जिस गोरे चिट्टे आदमी ने मुझे जहाज के दरवाजे पर आ धरा वह आदमी दरअसल बी.एल.शर्मा निकला। बेगम मलिक ने चलते चलते मुझे जोधपुर के लिए इन्हीं का फोन नं. दिया था। इस राजस्थानी टूरिस्ट अफसर के लहजे पर यू.पी. के लहजे का भ्रम होता है और "पहले आप" की दौड़ में कोई खानदानी लखनवी भी इसे मात नहीं कर सकता।

वह बोले – "आप के ठहरने का बन्दोबस्त मैंने सर्किट हाऊस में नहीं किया है।"

पता चला कि शर्मा जी बहुत उखड़े हुए हैं। सर्किट हाऊस में हनी ईरानी और मधुमती ठहरी हुई हैं और शहर के स्कूल और कालेज 'घेराओ' करते रहते हैं। लाल शहर के किसी होटल में शाम को मुगल बादशाहों की तरह झरोखे पर आकर दर्शन देते हैं। नीचे उनके 'फैन' जमा होते हैं। पुराने शहरों का दिल बहुत बड़ा होता है। परन्तु सड़कें बहुत छोटी होती हैं। लाल के आशिकों की भीड़ से भी सड़क बंद हो जाती है और पुलिस को लाठी चार्ज करना पड़ता है और लाल वहीं झरोखे से फरियाद करते हैं – "अरे, मेरी पब्लिक को मत मारो!"

साहब यह पब्लिक का नशा बड़ा कातिल होता है। शराब, अफीम, कोकीन वगैरा को तो सरकार ने बेकार ही बदनाम कर रखा है। ये तमाम नशे उतर जाते हैं, परन्तु जिसे एक बार पब्लिक का नशा चढ़ जाए, वह फिर किसी काम का नहीं रह जाता।

जिस हवेली में हम लोग ठहरे हैं, वह महाराज के भाई या चच्चा की हवेली है। हम लोगों ने खाना खाया। कुँवर मानसिंह राठौर और कुँवर नरपत सिंह से गप्प लड़ाई। ये दोनों कुँवर मुझे बड़े अच्छे लगे – हँसमुख। आजकल कुँवर लोगों का हँसमुख होना बड़ी बात है। परन्तु मुझे ऐसा लगा कि यह कुँवर अपने इतिहास के बड़े प्यासे हैं।

जिस कमरे में हम हैं, उसमें सफारी सफारी की कुछ तस्वीरें टंगी हुई हैं। उन्हीं तस्वीरों के नीचे बैठा मैं मेवाड़ और मारवाड़ की कहानियाँ सुना रहा हूँ और मुझे ऐसा लगा जैसे हवेली की दीवारों पर हजारों हजार कान उग आये हैं। एकएक लब्ज सुन रही हैं ये दीवारें और जैसे उसके लाल बदन पर हजारों हजार आँखें उग आई हैं। नफरत से नहीं हैरत से। मुझे नींद आ रही है परन्तु मैं सोना नहीं चाहता। मैं इस भवन में बैठकर वीर गाथा सुनना चाहता हूँ। हमारी फिल्मों ने इस हसीन रुहों वाले राजपूतों की कैसी मिट्टी खराब की है। सामने ही उम्मीद भवन है। महाराज का महल। परन्तु अब इसका नाम उम्मीद भवन होटल है। पहले भी मेहमान उतरते थे, आज भी मेहमान उतरते हैं। लगता है कि मेरी आत्मा से फ्यूडलइड्म का मैल पूरी तरह साफ नहीं हुआ है। शायद यही कारण है कि कभी कभी मैं इन लोगों के लिए उदास हो जाता हूँ।

कोई पाँच बजे हम लोग जैसलमेर पहुँचे। पता चला कि मलिक साहब, कुमार, आजिमा और बानों जैन साहब के क्वाटर में ठहरे हैं और बाकी लोग पी.डब्ल्यू.डी. के गेस्ट हाऊस में।

मैं जो घर के आँगन में पहुँचा तो क्या नजर आया। मलिक साहब एक मूढ़े पर बैठे हैं। सामने एक अंगीठी है जिस पर एक डेगची चढ़ी है और मलिक साहब मुर्गा पका रहे हैं। बाकी खाना सामने रासोई में पक रहा है।

अली और कुमार व्हिस्की और सिगरेट पी रहे हैं। मलिक साहब अपना शर्बत छान कर पीते हैं। इसलिए उनके गिलास पर सफेद रूमाल पड़ा है। मुझे देखकर वह अपनी मनहूस हँसी हँसे। बड़े से बड़ा संगीत निर्देशक भी इस हँसी के स्वर को नहीं पकड़ सकता। अली बड़ी मुहब्बत से मिले। कुमार अपनी सिल्कन लुंगी पर एक सिल्कन

मुस्कुराहट पहने बैठे रहे चुपचाप। उन्होंने मुझे नहीं पहचाना और मैंने भी उन्हें याद नहीं दिलाया। कुमार से पहली मुलाकात भारत भूषण के घर हुई थी। तब वह 'मेघमल्हार' बनाने वाले थे। कुमार उसमें मुगल शहजादे का रोल करने वाले थे और मैं उसे लिखने वाला था। "था" फिल्मी दुनिया में सबसे ज्यादा बलवान और अटल और पूरी तरह समझा जाने वाला यही शब्द है। इस "था", 'थी' के चुंगल से न हीरो बचते हैं। न हीरोइनें बचती हैं। अभी हाल ही में मीना कुमारी जैसी हीरोइन ऐसे 'थी' बनी हैं। इसीलिए मैंने कुमार के तरफ से दिल बुरा नहीं किया। बाद में तो वह बड़े दिलचस्प आदमी साबित हुए।

हम हुए, तुम हुए कि मीर हुए–III

संजीव कुमार में फिल्मी सितारों की लटक नहीं है। दूसरे दिन शाम को मैंने उन्हें क्रिकेट खेलते देखा। सूरज डूबने से पहले का वक्त था। सामने जैसलमेर का किला था। मुझपर इस किले की अजीबो-गरीब बुर्जियों ने जादू सा कर दिया था। इन पत्थरों पर धूप ने अपना रंग चढ़ा दिया है और यह किला किसी सूरमा राजपूत की तरह सूरज की आँखों में आँखें डाले खड़ा हुआ है। न जाने कब से। सूरज की आँखें झुक जाती हैं। वह डूब जाता है। दूसरे दिन निकलता है तो इस किले को जहाँ का तहाँ पाता है। मैं इस किले के अन्दर नहीं गया क्योंकि जितनी दुनिया मैंने, नय्यर के बिना देखी है, उस पर पछता रहा हूँ और अब उनके बिना कुछ और देखना नहीं चाहता। नय्यर के सिवा दुनिया में है ही क्या। चाहे जितना कहें कि है, पर नहीं है। परन्तु कहते हैं कि इस किले में पाँच सौ घर हैं।

तो पीछे यह किला खड़ा था। मैं गेस्ट हाऊस के आँगन में था। चोपड़ा साहब हरी सिंह से उलझे हुए थे किसी बात पर।

यह हरी सिंह बड़े अजीब आदमी हैं। इस आउटडोर यूनिट के कांट्रेक्टर हैं। जब तक मैं रहा, उन्होंने मुझे राही साहब या रजा साहब कहकर न दिया। वह मुझे मुसाफिर साहब ही कहते रहे।

तो वह चोपड़ा साहब को समझा रहे थे कि खुजूर के सौ दो सौ पेड़ बम्बई से मंगवा लेना सस्ता पड़ेगा और चोपड़ा साहब अपनी खरखराती हुई ऊँची आवाज में कह रहे थे कि यह सैयद साहब कभी सामान की सही लिस्ट नहीं बताते और सैयद साहब सुल्तान मियाँ को हुस्न बानो और महबूब खाँ के अफैयर की कहानी सुना रहे थे। तब हुस्न बानो हिरोइन हुआ करती थी और महबूब खाँ महबूब खाँ नहीं बने थे। इन्होंने उनका कोई खास नोटिस नहीं लिया, जो लिया होता तो सरदार अख्तर ताकती रह गयी होती।

'था' 'थी' 'थे' ही की तरह यह 'होती' 'होता' और 'होते' भी एक पुराने ताबीज या गण्डे की तरह फिल्म इन्डस्ट्री के गले में पड़ा रहता है। जो म्यूजिक अच्छा होता तो फिल्म

जुब्ली मनाती, साले राइटर ने अच्छी कहानी लिखी होती तो फिल्म फ्लोप क्यों होती।

एक प्रोड्यूसर जो ताबड़तोड़ पाँच फ्लोप फिल्में बना चुके थे। एक दिन डाक्टर सफदर आह से बोले कि वे पाँच फ्लोप फिल्में बना चुके हैं और अब कोई हिट बनाना चाहते हैं तो डाक्टर साहब कोई अच्छी कहानी हमें दें। डाक्टर साहब ने पूछा पाँच फ्लोप फिल्में बनाने के बाद भी यह फैसला तुम ही करोगे कि कौन सी कहानी अच्छी है।

'हाऊस दैट' के सामने से आवाज आई। कुमार साहब ने मलिक साहब को लैंग विकेट उड़ा दिया था।

जब कुमार वैटिंग के लिये निकले, अमजद खाँ ने बैटिंग शुरू की। मुझे यह लड़का बड़ा अच्छा लगा। अपने पिता की तरह ज्वाइंट है। इसे फिलासफी में एम.ए. का इम्तहान देना है और मलिक साहब उसे केस का वफादार हबसी गुलाम बनाने के लिये पकड़ लाये हैं। इसकी सारी किताबें और नोट्स साथ आये हैं। परन्तु इसे पढ़ने का मौका नहीं मिलता। अव्वल तो यह अकेला ही नहीं हो पाता और अकेला होता है तो फैज के उदास शेर गुनगुनाता रहता है। न मालूम क्यों एक दिन शाम को किसी फिल्मी पत्रिका में नूतन की एक तस्वीर दिखाई दी। सुल्तान मियाँ और अमजद ने उस तस्वीर को बड़ी मेहनत से काटा और उसे एक लिफाफे में बन्द करके कुमार के पास भेज दिया।

"राही साहब पान खाइये !"

मैं मुड़ा। पंडित जी पान की पुड़िया लिए मुस्करा रहे थे। यह पंडित जी टैक्सी हाँकते थे। हुजूर-ए-आज़म के ज़माने से इनका और मलिक साहब का साथ है। यूनिट में मैं हीं एक पान खाने वाला था इसलिए पण्डित जी मुझ से बहुत खुश रहते थे और मुझे राजपूतों की कहानियाँ सुनाया करते थे और कहानी सुनाते सुनाते उदास हो जाया करते थे कि उनकी होली उन की डाक्टरनी के बिना होने वाली थी। यह डाक्टरनी उनकी पत्नी है और जयपुर में प्रैक्टिस क़रती हैं।

'हाऊज दैट!" सामने से फिर आवाज आई। अमज़द एल.बी.डब्ल्यू. के लिए अपील कर रहे थे। जो मलिक साहब की जगह मैं एम्पायर होता तो अमजद के कद-बदन की धौंस खा गया होता। परन्तु मलिक साहब कहाँ धौंस खाने वाले हैं। गेंद फिर अमज़द के पास आ गई। इस बार कुमार ने लेट कट मारा और फिर बैट टूट गया और खेल खत्म हो गया और इसी शाम को यूनिट के लोग भी 'सम' के लिए रवाना हो गये। यह 'सम' संगीत नहीं है और जो है तो राग जैसलमेर से तीस मील दूर है और यह तीस मील एक सौ तीस मील के बराबर है।

जहाँ हम हैं वहाँ सात आठ साल से पानी नहीं बरसा है। यानी सात आठ साल तक के बच्चों को यह मालूम नहीं है कि बादल किसे कहते हैं और पहला पानी पड़ता है तो जमीन किसी हद तक किसी गंधी की तरह खुशबूओं का पिटारा खोलकर बैठ जाती है जिन तीस मिलों की मैं बात कर रहा हूँ वह ऐसे हैं।

अब मैं गेस्ट हाऊस में अकेला हूँ।

दूसरा दिन यह खबर लाया कि हुस्न बानो खिचड़ी बना रही हैं। यह सुनकर याद आया कि आज तो मोहर्रम की दसवीं है। नैयर ने दूध का शर्बत बनाया होगा। मैं कैस के 'आँसू' की एक बूंद की सीन लिख रहा था। रात के साढ़े दस बजे होंगे कि मिनी बस आकर रुकी और उसमें से उतरे काबुली खाँ। खिचड़ी का देग और अपना बिस्तर सम्हाले। पता चला कि वहाँ 'सम' में सारी यूनिट ने मोहर्रम की खिचड़ी खाई है और पता चला कि काबुली खाँ रूठ कर चले आये हैं।

काबुली खाँ बूढ़े आदमी हैं। इन्हें शायद अपना काबुल याद भी न होगा। तीस या पैंतीस साल से एक्स्ट्रा हैं। इनके सामने न जाने कितने सितारे निकल कर डूब चुके हैं। इनका दिल दुखता होगा। हाँ! शायद यह जलते भी होंगे। कुमार की तो शायद उम्र भी पैंतीस साल की नहीं होगी। वह हीरो बन गया और यह वहीं खड़े हैं, जहाँ से इनकी यात्रा शुरू हुई थी।

एक लड़का हुआ करता था। उसका नाम यूसुफ था। घर वालों से छिपछिपा कर एक फिल्म में एक्स्ट्रा बन गया। अब उसका नाम दिलीपकुमार है। एक लड़का था जिसका नाम महमूद है। स्टूडियोज का चक्कर लगाया करता था। उसका नाम आज भी महमूद है। परन्तु अब स्टूडियो उसके घर चक्कर लगाते हैं। यूँ ही एक लड़का धर्मेन्द्र है, एक लड़का महबूब खाँ हुआ करता था। एक पिक्चर हाऊस में गेटकीपर हुआ करता था। वह लड़का बूढ़ा होकर मरा तो महबूब खाँ बन चुका था। न जाने कितने नाम हैं इसी तरह के। परन्तु मेरे सामने जो काबुली खाँ हैं, वह काबुली खाँ ही रह गये। जिस आग में काबुली खाँ जल रहे थे मैंने उसकी आँच महसूस की। फिल्म की इस छोटी सी दुनिया में दूरियों की कोई हद नहीं है।

काबुली खाँ बिगड़े हुए थे। परन्तु चाहते भी थे कि उन्हें कोई समझा बुझा कर लौटा लें। तो मैंने समझाया और वह मान गये। बोले – "आप सैयद जादे हैं। मैं आपकी बात नहीं टाल सकता।"

मैंने सवेरे ही उन्हें पानी ले जाने वाली गाड़ी से चलता कर दिया। सामने फिर वही धूप भरा दिन खड़ा मुझे घूर रहा था। नैयर का पहला तार मिला कि उनकी तबियत खराब है। परन्तु घबराने की कोई बात नहीं। परन्तु मैं कैसे न घबराता। आधी जिन्दगी तो गँवा कर तो पाया है। मैंने इस नय्यर को। मेरा दिल उचाट हो गया। परन्तु काम छोड़कर नहीं जा सकता था। मेरी परेशानी कुमार ने भाँप ली–"क्या बात है राही साहब ?"

"कुछ नहीं !"

"आप परेशान क्यों हैं?"

"बीवी की तबियत खराब है !"

"अरे क्या हुआ उन्हें?"

"कुछ नहीं कभी कभी उनके हार्ट के रीजन में एक अजीब सा दर्द होने लगता है।"

"तो आप लौट जाइए।"

"काम खत्म किए बिना कैसे लौट जाऊँ!"

मैंने यह तय कर लिया कि अब काम में फुर्ती करनी पड़ेगी। लौटकर अपने कमरे में आया तो हरी सिंह होली की चीजों की लिस्ट बना रहे थे और दत्त के मेले की बातें भी करते जा रहे थे कि उसमें कोल्ड ड्रिंक तक बिक रहा है। गुलाल पाँच किलो, ठंडाई चार किलो, भंग एक पाव, मिठाई डेढ़ मन...... इस लिस्ट को अधूरा छोड़ना पड़ा क्योंकि मलिक साहब ने 'सम' जाने का फैसला कर लिया।

थोड़ी देर तक तो यह धोखा रहा कि हम सड़क पर चल रहे हैं। फिर यह धोखा भी खत्म हो गया। अब बालू के सिवा कुछ नहीं था। ऊपर पीली धूप थी, नीचे पीली मिट्टी। कुछ दूर तक झुलसी हुई झाड़ियाँ साथ चली। फिर वह भी पीछे रह गईं।

मैं प्यासा नहीं था। हमारी गाड़ी में पानी की मस्कें थीं। एक मसक मेरे पैरों में पड़ी हुई थी जिसकी ठंडक मेरे पैरों को चाट रही थी।

बाईं तरफ सामने कोई दो फल्लांग पर दुधिया पानी का एक ताल दिखाई दिया। मैंने आज तक इतने सफेद रंग का पानी नहीं देखा था। यह ताल हमारे साथ चल रहा था। कभी चीलों में छिप जाता और कभी फिर सामने आ जाता – यह वह जान लेवा ताल था जो कभी नहीं मिलता। जो इतना तेज भागता है कि हिरन भी इसे नहीं पकड़ पाता। मैंने सोचा कि यदि यह मुझे दिखाई दे रहा है तो इसे फोटोग्राफ क्यों नहीं कर सकते। जो मैं प्यासा होता तो मैं समझ लेता कि यह मेरा वहम है। परन्तु मैं प्यासा नहीं था। बर्फ की तरह ठंडा पानी मेरे साथ था। फिर भी मैं उसे देख रहा था। तो मैं उसे वहम कैसे मानूं, और यदि वह केवल वहम था तो एक जगह खत्म क्यों हो गया? और किसी और जगह दिखाई क्यों नहीं दिया। ख्याल था कि लौटते समय फिर देखूँगा। परन्तु लौटते समय रात थी और ड्राईवर किसी और तरफ से जा रहा था। पता नहीं रात में यह दूधिया ताल दिखाई देता है या नहीं – शायद काबुल खाँ भी इसी दुधिया ताल के पीछे भाग रहे हैं तीस साल से।

'सम' थोड़े से घरों का एक गाँव है। हम लोग सरकारी क्वाटरों में ठहरे हैं। एक तरफ बावर्ची खाने का तम्बू गड़ा है। एक तरफ सैयद साहब के बढ़ई लैला की महफिल गाह रहे हैं। मैं उधर ठहरा जिधर काबुली खाँ वगैरह थे।

वहीं एक कमरे में मुराद थे। शराब पी रहे थे और फारसी के शेर पढ़ रहे थे। मुराद साहब ने मुर्ग पकवाया था। उधर सुल्तान मियाँ, अमजद और माथुर साहब के कमरों में भी मुर्ग पका था।

मलिक साहब को पता चला तो वह बहुत बिगड़े। बोले – "मेरे बावर्ची खाने में सिर्फ वही पकेगा जो सब खायेंगे। यह अलग अलग हँडिया नहीं चढ़ेंगी।" वह वाकई वही खाते थे जो सबके लिए पकता था।

परन्तु मैंने छुटभय्यों के कैम्प में एक तनाव सा महसूस किया। एक हकीम साहब भी

आये हुए थे एक्स्ट्राओं में। रामपुर के थे। चाहते थे कि मैं उनके लिए एक अच्छा सा रोल बना दूँ। कहते थे कि रमल के उस्ताद हैं और कई जरूरी नुस्खे उन्हें जुबानी याद हैं। "हकीकत" की यूनिट के साथ लद्दाख गये थे। उन्होंने जनरल दौलत सिंह की मौत की पेशगोई भी की थी। मैंने कहा कि हिसाब किताब करके मलिक साहब को बतलाइये कि यह फिल्म कितने हफ्ते चलेगी। वह बहुत खुश हुए। हिसाब किताब करने चले गये। बारह बज गये। जैनरेटर बंद हो गया। मैंने लालटेन की बत्ती बढ़ाई। मुझे कैस के "आँसू की एक बूँद" वाला सीन लिखना था। चौदह पन्द्रह बरस के बाद लालटेन की रोशनी से मिला था। वह मुझ से लिपट कर रोने लगी और कैस के आँसू की बूँद उसके आँसुओं में मिल गई। मैं नैयर के बारे में सोच रहा हूँ और खिड़की के बाहर सोये हुए वार्डर सिक्योरिटी फोर्स के दो ऊँट खर्राटे ले रहे हैं और उनसे जरा अलग हटकर एक कब्र है जिस पर नियाज़ देने की राय हरी सिंह दे चुके हैं मलिक साहब को। उस कब्र से मिली हुई रात बैठी है। जो शाम ही से सुबह की राह देख रही है।

होली का सामान रात को ही आ गया था। यारों ने पानी के मटकों में भंग घोल दी थी। गुलाल उड़ाता होली का स्वांगां आया। सौ रुपये ले कर चला गया। मलिक साहब अमजद को लेकर उस कब्र की तरफ चले गए फातेहा पढ़ने। फिर कनीज के मेकअप में नाजिमा निकलीं और हुस्न बानो के साथ उसी कब्र की तरफ चली गईं।

मैं अपने कमरे से यह तमाशा देख रहा हूँ कि वह अजनबी कब क्या अमजद को इम्तेहान से पहले बम्बई भेज देगी और क्या वह कब्र महबूब साहब को जिन्दा कर देगी कि हुस्न बानो फिर गलती न करे और क्या वह नाजिमा को आकाश की उस ऊँचाई तक ले जा सकती है कि वह सितारा दिखाई देने लगे। जो ऐसा है तो काबुली खाँ, श्याम सुहैल, राही मासूम रजा, तुम लोग कमरों में क्यों सड़ रहे हो। जाओ उस कब्र के पास जो खुशनसीबी बाँट रही है।

मेरे छोटे भाई अहमद रजा का तार आया कि नय्यर की तबियत बहुत खराब है। मलिक साहब साइट पर जा चुके हैं। अब क्या करूँ। काम भी खत्म नहीं हुआ है। काम तो शुरू भी नहीं हुआ है।

कुमार ने कहा कि आप ही लौट जाइए। मैं एक गाड़ी लेकर साइट की तरफ भागा। यह साइट तक का छोटा सा सफर हमेशा याद रहेगा। मलिक साहब वगैरा रेत के एक टीले पर थे जिस पोपली रेत पर पाँव धँसते हों; उस पर ड्राईवर जीप चला रहा था। मुझे बहुत दिनों के बाद अल्लाह याद आया। रेत नर्म थी। पहिए धँस रहे थे। चटाई सीधी थी। गाड़ी की रफ्तार बहुत तेज थी, क्योंकि रफ्तार कम हो तो गाड़ी फँस जायेगी। परन्तु वहाँ पहुँचा तो पता चला कि मलिक साहब नहीं हैं। लंच के लिए लौट चुके हैं।

मैं उसी रास्ते से लौटा तो पता चला कि वह फिर साइट पर जा चुके हैं। दुबारा जाने की हिम्मत न हुई। परन्तु कैम्प में यह खबर फैल गई कि मेरी बीवी की तबियत खराब है। लोग मेरे पास आने लगे और मुझे ऐसा लगा कि जैसे सब यह चाह रहे हों कि उनके

घर से भी किसी की बीमारी का तार आ जाये ताकि वे फिर आबाद दुनिया की तरफ जा सकें। कैस होना और बात है और कैस बनना बिल्कुल दूसरी बात है।

मलिक साहब शाम को आये। मेरे जाने से पहले ही कुमार उनसे बातें कर चुके थे। मैं पहुँचा तो वह मुझे देखते ही बोले – "आप इसी वक्त चले जाइये और चोपड़ा साहब से कहिए कि वह आपको बम्बई भिजवाएँ।" मैं उनका मुँह देखता रह गया। उनके साथ कोई लेखक नहीं था। मुझे जो कुछ लिखना था उसका चौथाई भी नहीं लिखा था। मैंने और वह सिगरेट की राख चुटकियों पर झाड़ रहे थे कि मैं फौरन चला जाऊँ। नैयर तुम क्यों बीमार पड़ गयीं आखिर!

मैं वहाँ से निकला तो यह खबर फैल चुकी थी कि मैं जा रहा हूँ। अब लोग टेलीफोन नम्बर और खत लेकर आने लगे। एक बड़ा तन्दरुस्त कुमार ने दिया। सुल्तान मियां ने वसीयत की। नौशाद साहब के लड़के बाबा ने कहा – "देखिये, अम्मा को फोन कर दीजिएगा और कह दीजियेगा कि मैं अच्छा हूँ।"

दस बजे रात को मैं फिर एक जीप में जा बैठा। तभी एक नौकर दौड़ा-दौड़ा आया कि मलिक साहब बुला रहे हैं। मैं गया तो वे कुछ सारे चैकों पर दस्तखत करते मिले। बहुत ही जी जान से लगे हुए थे अपने काम में। जवान की नौंक दाँतों में फँसी हुई थी। अपने काम से निपटकर उन्होंने चैकों को गिना। नौ चैक थे। वह चैक मेरी तरफ बढ़ा कर बोले, "यह ब्लैंक चैक हैं, अख्तर को दे दीजियेगा।"

"नौ ब्लैंक चैक!"

मैं उन चैकों को ब्रीफकेस में रखकर जीप की ओर चल पड़ा। चुपचाप!

मलिक यह नाम वाकई अधूरा है। किसके मलिक। सबके मलिक। कबके मलिक। बाँके मलिक!

□□

संस्कृति

जन्नत की तरफ जाने वाली जीती-जागती सड़क

पिछले दिनों 'खुदा की बस्ती' पाकिस्तान में बड़ा जश्न रहा। महाजिर जन्नती बड़ी धूमधाम से मारे गए। वैसे यह बात साफ करता चलूँ कि पाकिस्तान को 'खुदा की बस्ती' जैसा नया नाम मैंने नहीं दिया है। पाकिस्तान को यह नाम दिया था—आदमजी अवार्ड विजेता, एक पाकिस्तानी उपन्यासकार शौकत सिद्दकी ने। उनके उपन्यास का नाम ही 'खुदा की बस्ती' था और जहाँ तक याद आता है, उपन्यास भी अच्छा-खासा था।

भारतीय मुसलमानों की एक अच्छी-खासी तादाद ने खुदा की इस बस्ती पाकिस्तान के शहर कराँची को जन्नत मानकर घर बना लिया था कि वह कुफ्फार के, यानी हिन्दुओं के जुल्मों से सुरक्षित रहेंगे पर वतन से इस नई जन्नत के लिए कूच करते समय उन साहिबे ईमान मुसलमानों ने यह न सोचा कि यहाँ के कुफ्फार ऋषियों ने तो मरे बिना ही स्वर्ग जाने का रास्ता बना लिया था और उनका वहाँ बराबर आना-जाना लगा रहता था। परन्तु साधारण मुसलमान तो दूर, इस्लाम के बुजुर्गों ने दीन तक को जन्नत की तरफ जाने वाली जीती-जागती सड़क निकालने का अधिकार नहीं दिया, क्योंकि अगर ऐसा होता तो मैं जेड.आर.अंसारी, बशत वाला, सुलेमान सेठ, सैयद शहाबुद्दीन जैसे मुसलमानों को कब का जन्नत भिजवा चुका होता, क्योंकि ये लोग इस्लाम के पैगम्बर और पहली खेप के बुजुर्गों के दीन से भी ज्यादा अच्छे मुसलमान हैं। कुरान भी शायद उनसे ज्यादा समझते हैं, क्योंकि पैगम्बर इस्लाम और बुजुर्गानदीन तो 'अब्दहू' थे। अल्लाह के बंदे साधारण आदमी जिन्हें कुरान की तहजीब ने असाधारण बना दिया था। यह लोग अल्लाह से डरते थे। विरोधियों का आदर करते थे। रूखा-सूखा खाते थे—वह भी बाँट के मोटा-झोटा पहनते थे। यहूदियों के बागों में मालीगीरी का काम करते थे। सड़क पर बैठकर जूते टाँकते थे और शायद इसीलिए अच्छे मुसलमान, अच्छे नागरिक और अच्छे आदमी थे। मुसलमान होने की पहली शर्त यह है कि उसे अच्छा आदमी होना चाहिए और अच्छा आदमी होने की शर्त यह है कि उसे अच्छा नागरिक होना चाहिए और अच्छे नागरिक की पहचान यह है कि वह कानून और दूसरों के अधिकारों का आदर करे।

अब इन शहाबुद्दीनों को देखिए। तलाक पा जाने वाली औरत भी हमारे समाज का हिस्सा है। इन लोगों को उसकी फिक्र नहीं। वह मरती है तो उनकी बला से। यह तो शौहर के उन अधिकारों की सुरक्षा के लिए भी लड़ रहे हैं जो कुरान और हदीस ने उन्हें दिए भी नहीं हैं। यह इसी पर टिके हुए हैं कि हमें दो-दो,तीन-तीन, चार शादियाँ करने और अपनी बीवियों को तलाक देने का अधिकार है। अरे भई, पूरा कुरान पढ़िए और यह भी तो देखिए कि किन हालात में दो-दो, तीन-तीन, चार-चार शादियाँ करने और तलाक देने का हक दिया गया है।

मैंने आमतौर से मुसलमानों को यह कहते सुना है कि वह हिसाब में कमजोर होते हैं... पर शादियों की गिनती में तो वह बड़े पक्के हैं।

यह जो मुसलमानों के अन्दर की लड़ाई है वह ज्यादा गंभीर, ज्यादा खतरनाक और ज्यादा मुसलमान दुश्मन है। मिसिल के तौर पर 'शाहबानो केस' के हंगामे ने हिन्दुस्तानी मुसलमानों को आज वहाँ ला खड़ा किया है, जहाँ वह 15 अगस्त सन 47 को खड़े थे। अकेले घबराए हुए, डरे हुए।

मैं और मुझ जैसे लोग आर.एस.एस. से नहीं डरते क्योंकि आर.एस.एस. से लड़ने के लिए तो भारत का पूरा सेकुलर समुदाय हमारे साथ है। मैं शिव सेना से नहीं डरता क्योंकि पूरा सेकुलर मराठी समुदाय मेरे साथ है... पर इन शहाबुद्दीनों, जेड.आर. अंसारियों, मौलाना बुखारियों से तो हमें अकेले ही लड़ना है। इस लड़ाई में राजनीति हमारे साथ नहीं है। क्योंकि वोट तो बुखारियों और शहाबुद्दीनों के पास हैं और इसीलिए मुझ जैसे सौ-पचास मुसलमानों के वोट पाने के लिए किसी हाथ या पक्ष की राजनीति 16-17 करोड़ मुसलमानों के वोट नहीं छोड़ सकती। यही तो लोकतंत्र का दुर्भाग्य है कि यहाँ इंसान को गिना करते हैं, तोला नहीं करते। शायद हिन्दुस्तान जैसे बेपढ़े-लिखे धर्मों, जातियों और क्षेत्रों में जकड़े हुए मजबूर देश के लिए क्लासिकल लोकतंत्र का रास्ता ठीक रास्ता नहीं है, क्योंकि हम निरपेक्षता की बातें चाहे कितनी ही तौर से क्यों न करें, चुनाव के दिनों में हम पाकिस्तान, खालिस्तान, हरिजनिस्तान, ब्रह्मणीस्तान, बंगालिस्तान, तमिलिस्तान वगैरह-वगैरह में बँट ही जाते हैं, क्योंकि हिन्दुस्तान में हिन्दुस्तानी के पास तो एक वोट भी नहीं है। वोटों का सारा खजाना तो धर्मों और जातियों और क्षेत्रों के सांपों की केंचुल में भरा हुआ है।... और इसीलिए शहाबुद्दीनों और जेड.आर. अंसारियों के खिलाफ लड़ी जाने वाली लड़ाई में कोई पार्टी उन मुसलमानों का साथ नहीं देगी जो भारतीय मुसलमानों से यह कहना चाहते हैं कि शहाबुद्दीनों की जन्नत का रास्ता कराँची की जन्नत की तरफ तो जाता है, पर अल्लाह की जन्नत की तरफ नहीं जाता। मुझे शहीद होने का शौक नहीं। लेकिन लगता है कि शहादत की तरफ जाने वाले रास्ते की मरम्मत शुरू हो गई है। लेकिन साहब चुप रहने की भी कोई हद होती है।

खतरनाक बात यह है कि हमारा सेकुलरइज्म भी धर्मवाद और क्षेत्रवाद से आजाद नहीं है जैसे ज्योति बसु एक बंगाली सेकुलर आदमी हैं। सरदार जाफरी एक उर्दू सेकुलर आदमी है। शेख अब्दुल्ला एक सेकुलर कश्मीरी थे... हारी सरकार सेकुलर होते हुए भी

हिन्दू है। वह भूमि-पूजा करती है। वह काम आरम्भ करने से पहले नारियल तोड़ती है। आकाशवाणी की उर्दू मजलिस मुसलमान सेकुलर है।

यह सारे चक्कर देख रहे हैं न आप। कोई धर्म कभी सेकुलर नहीं हो सकता। वह अपने को सही और दूसरे तमाम धर्मों को गलत कहने पर मजबूर है। इसलिए यदि हम भारत की तरक्की वाकई चाहते हैं तो हमें धर्मों को घरों, मंदिरों, मस्जिदों, चर्चों और गुरुद्वारों में नजरबंद करना पड़ेगा।

यदि आप किसी धर्म को मानते हैं और उसका कोई त्यौहार है तो सरकार उस दिन सारे देश में छुट्टी सिर्फ एक होनी चाहिए—स्वतंत्रता दिवस की। सड़कों पर बारातों और जनाजों के सिवा कोई जुलूस नहीं निकलना चाहिए, क्योंकि सड़क निर्माण में उन लोगों के टैक्स का पैसा भी लगा है जो किसी धर्म को नहीं मानते। या फिर मुसलमानों का जुलूस इस इलाके के हिन्दुओं की इजाजत से और हिन्दुओं का जुलूस उस इलाके के मुसलमानों या ईसाइयों या सिखों और नास्तिकों की इजाजत से निकले और यदि जुलूस निकालना जरूरी है तो नास्तिकों को भी जुलूस निकालने की ओर माइक्रोफोन लगाकर अपने 'धर्म' का प्रचार का अधिकार मिलना चाहिए और जब वह ऐसा करें तो पुलिस को उनकी रक्षा करनी चाहिए।

मुझे धीरे-धीरे धर्म से नफरत होती जा रही है। क्या सरकार मेरी रक्षा की जिम्मेदारी लेगी। मैं एक झल्लाया हुआ आदमी हूँ। क्योंकि मुझे अपना पता नहीं मिल रहा है। सर्वश्री बाल ठाकरे कहते हैं कि मैं महाराष्ट्रीयन नहीं हूँ, क्योंकि मराठी मेरी मातृभाषा नहीं है। वोटरों की सरकारी लिस्ट कहती है कि मैं महाराष्ट्रीयन हूँ, क्योंकि महाराष्ट्र की वोटर-लिस्ट में मेरा नाम है। आर.एस.एस. कहती है कि मैं हिन्दुस्तानी ही नहीं हूँ। मुझे भारतीय बनाना पड़ेगा। अरब देश मुझे हिन्दू कहते हैं।

फिर आखिर मेरा डाक का पता क्या है? हिन्दू-मुसलमान दंगों में फँस जाऊँ तो मारा जाऊँगा। लेकिन शहाबुद्दीन और मौलाना बुखांरी शाही इमाम जैसे मुसलमानों के साथ कत्ल होने को मैं अपना अपमान समझता हूँ। लेकिन यदि मेरी तकदीर यही है कि मैं दंगों में मारा जाऊँ तो तमिल, हिन्दी, मराठी-अमराठी हिन्दू-मुसलमान दंगों में मारा जाना कुबूल है। पर मुझे खुदा की बस्ती पाकिस्तान के शहर कराँची में महाजिर कहला कर मुसलमान अफगानी तस्करों के हाथों मारा जाना कुबूल नहीं है।

यह पाकिस्तान कैसा इस्लामी मुल्क है जो मुसलमानों तक की रक्षा नहीं करवाता? जहाँ, सुना है कि उस इस्लाम का राज है जो रंग, जात, मुल्क और जशन के फर्क को नहीं मानता ... जो दुनिया के मुसलमानों को एक मानता है।

इन दंगों में मरने वाले मुसलमानों की रूहों ने वहाँ अगर कायदे आजम मुहम्मद अली जिन्नाह, लियाकत अली खान, चौधरी खलीकज्जमां, सरार अर्ब्दुथ नश्तर वगैरह की रूहों को घेर कर यह पूछना शुरू किया हो कि जनाब, क्या आप लोगों ने हमसे इसी जन्नत का वादा किया था तो वह रूहें क्या जवाब देंगी?

□□

कारखाना वनस्पति सत्य का

एक सरकारी प्रवक्ता ने दिल्ली में पत्रकारों को बताया कि आटा, चावल, दाल, दवाओं और चीनी की तरह देश में सत्य भी बहुत महंगा हो गया है। निचले और मध्यम वर्ग के लोग तो कोई बासी-तिबासी और टूटा-फूटा सत्य लेना भी एफोर्ड नहीं कर सकते। खुद सरकार के पास भी देशी या विदेशी सत्य का इतना स्टाक नहीं है कि वह जनता को राशनकार्ड पर सत्य देने का प्रबन्ध कर सके।

समस्या यह है कि जो सत्य देश में बन रहा है, वह तो हम मजबूरन फारेन एक्सचेंज कमाने के लिए एक्सपोर्ट करना पड़ता है और जो सत्य हम इम्पोर्ट करते हैं या जो सत्य स्मगल होकर देश में आता है, उसमें मिलावट इतनी होती है कि उसका प्रयोग जनता के स्वास्थ्य पर बुरा असर डाल सकता है। इसलिए जनता में सत्य की खपत को ध्यान में रखते हुए, सरकार पब्लिक और प्राइवेट दोनों ही सेक्टरों में वनस्पति सत्य के कारखाने खोलने और खुलवाने की योजना पर विचार कर रही है।

सरकारी प्रवक्ता ने कहा कि वनस्पति घी की तरह जनता वनस्पति सत्य की भी आदी हो जाएगी।

इस वनस्पति सत्य की पैदावार, खपत, लागत और आमदनी की समस्याओं पर विचार करने के लिए सरकार शीघ्र ही एक कमीशन बैठाने वाली है। आशा की जाती है कि यह कमीशन दस बरस के अन्दर-अन्दर अपनी रिपोर्ट तैयार कर लेगा। साल भर रिपोर्ट के टाइप होने में लग सकता है, यानी 11 बरस में रिपोर्ट तैयार हो जाएगी।

वनस्पति सत्य उद्योग की बारीकियाँ देखने और समझने के लिए कमीशन विदेश-यात्राएँ करेगा, जिस पर दस बरस में लगभग साढ़े नौ करोड़ रुपए खर्च होंगे (इसमें पाँच करोड़ का फारेन एक्सचेंज भी शामिल है)।

नई दिल्ली में इस कमीशन को एक कार्यालय भी दिया जाएगा। इस कार्यालय में लगभग 250 लोग काम करेंगे। ये लोग देश के अन्दर यात्राएँ करके आँकड़े जमा करेंगे।

यह अलग क्षेत्रों के अलग वर्गों, जातियों और धर्मों के लोगों से बातचीत करके वनस्पति सत्य के बारे में उनके टेस्ट की जाँच-पड़ताल करेंगे, ताकि कम-से-कम जो वनस्पति सत्य पब्लिक सेक्टर में बने, उसमें हर क्षेत्र, हर वर्ग, हर जाति और हर धर्म के लोगों के टेस्ट की वस्तुएँ मिलाई जा सकें और विरोधी पक्ष वाले सरकार पर यह आरोप न लगा सकें कि वनस्पति सत्य बनाने में उसने किसी खास वर्ग, जाति, धर्म या क्षेत्र को ध्यान में रखा है। पब्लिक सेक्टर में तो केवल अखिल भारतीय खपत का वनस्पति सत्य बनेगा, परन्तु प्राइवेट सेक्टर को क्षेत्रीय टेस्ट के अनुसार वनस्पति सत्य के क्षेत्रीय कारखाने खोलने का लाइसेंस दिया जाएगा।

वनस्पति सत्य कमीशन के कार्यालय पर कुल मिलाकर लगभग साढ़े सात करोड़ खर्च होंगे।

राजधानी में इस बात को लेकर बड़ी रस्साकशी चल रही है कि पहला कारखाना किस प्रदेश में खोला जाए। तमिलनाडू सरकार ने यह स्टेण्ड लिया है कि यदि यह कारखाना हिन्दी क्षेत्र में खुला तो तमिलभाषी इस वनस्पति सत्य के खिलाफ आन्दोलन करेंगे। असम की विद्यार्थी परिषद ने कहा है कि यदि यह कारखाना असम में न खुला तो आन्दोलन और तेज कर दिया जाएगा। परिषद का कहना है कि यह कारखाना गोहाटी में खुले और इसमें केवल वहीं के मूल लोग काम करें। कश्मीर के मुख्यमन्त्री ने एक प्रेस कांफ्रेंस में यह मांग की कि कश्मीर की स्पेशल पोजीशन को ध्यान में रखते हुए यह आवश्यक है कि यह कारखाना श्रीनगर में खुले। इसको लेकर भूतपूर्व मन्त्री श्री कर्णसिंह ने टिप्पणी लगाई कि यह कारखाना कश्मीर के जम्मू क्षेत्र में खुलना चाहिए। किस्सा कोताह यह कि हमारी राजनीति के जितने मुँह हैं, उतनी ही बातें हो रही हैं। हमारी राजनीति का आधार तो यों भी बातों ही पर है। हमारी राजनीति में तो यह भी जरूरी नहीं कि बातों का कोई सिर-पैर हो। मिसाल के तौर पर प्रेमचन्द जन्मशताब्दी का उद्घाटन करते हुए एक राजप्रमुख ने कहा कि उन्होंने प्रेमचन्द का नाम 1926 में सुना था पहली बार।

ऐसे बहुत-से लतीफे हैं जो आए-दिन होते रहते हैं। वह तो खैरियत यह है कि रोजी-रोटी की दलदल में धँसी हुई जनता अब नेताओं की बात सुनती ही नहीं।

खैर! खैर क्या? मैं वनस्पति सत्य का प्रयोग नहीं कर रहा हूँ।

सरकारी प्रवक्ता ने यह भी कहा कि अखिल भारतीय वनस्पति कमीशन के दो सौ पचास सीनियर और जूनियर और सब-जूनियर रिसर्च-अफसरों पर कुल मिला कर लगभग तीन हजार रिम कागज खर्च होगा। 5,000 बाल-प्वाइण्ट। साढ़े सात सौ लीटर रोशनाई। ये खर्चे और फोन का खर्च मिला कर आशा की जाती है कि साढ़े सात लाख रु. खर्च होंगे। कन्वेन्स पर चार लाख अस्सी हजार। यात्रा भत्ता दो करोड़ चौरासी लाख। मिसिलेनियस तीन करोड़। यानी इस कमीशन पर कुल मिला कर 24,21,50,000 रुपए

खर्च होंगे। जबकि इस कमीशन के मेम्बर तनख्वाह नहीं लेंगे। सरकार ने तय किया है कि मेम्बरों को दिल्ली और शिमला में एक-एक मकान, एक-एक कार, दो-दो चपरासी, टेलीफोन, ड्राईवर और इस प्रकार की दूसरी चीजें मुफ्त मिलेंगी। परन्तु यह खर्च कमीशन के खर्च में शामिल नहीं किया जाएगा।

भारतीय जनसंघ, क्षमा कीजिएगा, भारतीय जनता पार्टी के अध्यक्ष श्री अटल बिहारी वाजपेयी ने और कांग्रेस, क्षमा कीजिए, कांग्रेस आई, क्षमा कीजिए, कांग्रेस फार डेमोक्रेसी, क्षमा कीजिए, जनता पार्टी, क्षमा कीजिए, लोकदल, क्षमा कीजिए, कांग्रेस-यू के बाबू जगजीवनराम का कहना यह है कि यदि इस वनस्पति सत्य से अल्पसंख्यकों के मुँह का मजा न बदला तो ये दोनों महान नेता भूख-हड़ताल पर बैठ जाएंगे। इनके बैठने के लिए इनकी पार्टी ने कुर्सी बनवाने के लिए चन्दा जमा करना शुरू कर दिया है और उन नेताओं के बुत की सूचना पाते ही एक वरिष्ठ मन्त्री ने कहा कि विरोधी दल के नेता किसी चीज को राष्ट्रीयता की ऐनक लगा कर देखते ही नहीं। वे हर चीज में सम्प्रदायवाद ले आते हैं और इस कारण हर चीज छोटी हो जाती है। इसलिए यह हमारा कर्तव्य है कि देश को सम्प्रदायवाद की छुरी से बचाएं और इसके लिए आवश्यक है कि हम जी-जान से वनस्पति सत्य योजना को अपना सहयोग प्रदान करें। मुसलमान हमारे भाई हैं। हरिजन हमारे अपने हैं। सारे देश की समस्या उनकी समस्या है और उनकी समस्या सारे देश की समस्या है। यह बतलाते-बतलाते सरकारी प्रवक्ता घबरा कर तालियाँ बजाने लगा।

सरकारी प्रवक्ता ने अपने हाथ को जेब में रख लिया, क्योंकि यों ताली बजाने पर वह झेंप गया था और जब उसे अपने हाथों के सुरक्षित होने का यकीन हो गया तब उसने खादी की बुशशर्ट की जेब से एक कीमती सिगरेट की डिबिया निकाल कर एक सिगरेट सुलगाई और बोला कि सरकार सरकारी बन्दूकों के लिए एक ऐसी गोली बनाने की योजना पर भी विचार कर रही है जो नाम, पता, जाति और धर्म के बारे में पूरी छानबीन कर लेने के बाद ही सीनों पर उतरे।

श्री राजनारायण ने कहा कि सरकार यह नई गोली सिर्फ विरोधी दल के नेताओं को मारने के लिए बनवा रही है। उन्होंने वहीं, श्री मोरारजी के दरवाजे पर, कसम खाई कि सरकार जब तक इस नई गोली की योजना को वापस नहीं लेगी, वह दाढ़ी नहीं बनवाएंगे। यह पता नहीं चल सका कि यह कसम खाने के बाद उन्होंने कुछ पिया या नहीं! ख्याल यह है कि यह कसम खाने के बाद वह श्री देसाई के घर में गए तो जरूर।

पर श्री राजनारायण की इस कसम का हज्जाम भाइयों ने बहुत बुरा माना। उनका कहना है कि श्री राजनारायण वास्तव में बेकवर्ड ट्राइब यानी पिछड़ी हुई जातियों के दुश्मन हैं और उनकी यह कसम हज्जाम भाइयों की रोजी-रोटी पर सीधा वार है। सुना जाता है कि हज्जाम भाई किसी हाईकोर्ट में यह रिट लेकर जाने वाले हैं कि श्री

राजनारायण को ऐसी कसमें खाने से रोक दिया जाए।

लेकिन जब चौधरी चरणसिंह को श्री राजनारायण की इस कसम का समाचार मिला तब उन्होंने तुरन्त एक प्रेस कांफ्रेंस बुलाई और यह बयान दिया कि हरियाणा और पश्चिमी उत्तर प्रदेश का बड़ा किसान इन नई गोलियों से धौंस नहीं खाएगा। वह ऐसे सीने बनाएगा जिस पर लगते ही ये गोलियाँ लौट जाएँगी।

परन्तु इस सिलसिले की सबसे महत्वपूर्ण खबर यह है कि वनस्पति सत्य की योजना में पाकिस्तान गहरी दिलचस्पी ले रहा है। श्री आगा शाही यह समाचार पाते ही तुरन्त एक सरकारी विमान पर वाशिंगटन के लिए रवाना हो गए। उनका कहना है कि पाकिस्तान को इस योजना की जरूरत भारत से कहीं ज्यादा है, क्योंकि वहाँ तो देशी सत्य की पैदावार अभी शुरू ही नहीं हुई है। सी.आई.ए. के हल्कों का कहना है कि अमेरिकी राष्ट्रपति आगाशाही की इस बात पर हमदर्दी से विचार करने का फैसला कर चुके हैं। आशा की जाती है कि अमेरिका से पाकिस्तान को वनस्पति सत्य उद्योग के लिए भारी रकम मदद के रूप में मिलने वाली है। सऊदी अरब भी इस योजना में पाकिस्तान की मदद करेगा और ख्याल किया जाता है कि चीनी नेता पाकिस्तान पर अपना प्रभाव बनाए रखने के लिए अपने एक्सपर्ट पाकिस्तान भेजने वाले हैं जो वनस्पति सत्य पर बरसों से काम कर रहे हैं और चीन में यह सत्य इन दिनों सरप्लस हो रहा है, क्योंकि चीनी जनता वनस्पति सत्य से बोर हो गई है। इसलिए सबसे पहले वह शीशी बनानी बन्द की गई जिसका नाम राष्ट्रपति माओ-त्से-तुंग के नाम पर रखा गया था। वैसे पुराविदों का कहना है कि वनस्पति सत्य चीनियों ही ने ईजाद किया था, जिस पर बाद में अमेरिका की मोनोपली हो गई। परन्तु सरकारी प्रवक्ता ने कहा कि हिन्दुस्तान इन दोनों महान देशों से वनस्पति सत्य की पैदावार में पीछे नहीं रहेगा। सरकारी प्रवक्ता ने यह भी कहा कि पुराविदों का यह कहना ठीक नहीं है कि वनस्पति सत्य सबसे पहले चीन में बना। यह सत्य सबसे पहले भारत में तैयार किया गया था और इसे बनाने की तरकीब हमारी पुरानी किताबों में मौजूद है।

परन्तु पत्रकारों के लगातार सवाल करने पर सरकारी प्रवक्ता ने दबी आवाज में यह स्वीकार किया कि एक वनस्पति झूठ बोल कर पाकिस्तान ने भारत को बरसों पीछे छोड़ दिया है और यदि ध्यान न दिया गया तो भारत चौथे दर्जे पर आ जाएगा, जैसा कि हाकी में हुआ।

तो पाकिस्तान में वनस्पति सत्य अपने कमाल पर पहुँच चुका है।

सरकारी प्रवक्ता ने कहा कि भारत सरकार भी पाकिस्तान की इस तरक्की से बेखबर नहीं है। प्राइवेट सेक्टर में इसका तोड़ तलाश करने का काम किया भी जा रहा है। श्री ओक, श्री बलराज मधोक और इस प्रकार के दूसरे लोगों का यह कहना बिल्कुल गलत है कि सरकार कुछ नहीं कर रही है। क्या यह झूठ है कि सरकार निरपेक्षता का प्रचार

करती रहती है। सरकारी प्रवक्ता ने कहा कि इससे बड़ा वनस्पति सत्य न पाकिस्तान के पास है, न चीन के पास और न ही अमेरिका के पास।

यह कहते-कहते सरकारी प्रवक्ता का चेहरा एकाएक खुशी से लाल हो गया। उसने कहा – "वनस्पति सत्य बनाने में हम आज भी दुनिया में सबसे आगे हैं। इस काम में दुनिया का कोई देश हमारी बराबरी नहीं कर सकता।"

फिर वह खड़ा हो गया और गाने लगा।

सारे पत्रकार खड़े हो गए।

वे भी उस सरकारी प्रवक्ता के साथ गाने लगे।

□□

बुद्धिजीवियों की चुप्पी बेईमान राजनीतिज्ञों को बल दे रही है

मेरा देशप्रेम चुनाव जीतने के लिए नहीं है। मेरा देशप्रेम हिन्दू-मुसलमान दंगे करवाने के लिए नहीं है। मेरा देशप्रेम महाराष्ट्र मुसलमानों से महाराष्ट्रीय होने के अधिकार छीनने के लिए नहीं है। मेरा देशप्रेम बंबई या मुंबई में मलियाली या तमिल भाषियों की दुकानें जलाने के लिए नहीं है। मेरा देशप्रेम हिंदी को दूसरों पर लादने या मद्रास में संविधान के पन्ने फाड़ने और हिंदी फिल्मों की रिलीज रोकने के लिए नहीं है। मेरा देशप्रेम पंजाब में हिंदुओं, दिल्ली में सिखों और असम में मुसलमानों का कत्लेआम करने के लिए नहीं है। मेरा देशप्रेम शरद पवार के कांग्रेस में आने का दरवाजा नहीं है। मेरा देशप्रेम बिहार में बेगुनाह हरिजनों को जिंदा जलाने के लिए नहीं है। मेरा देशप्रेम मेरे जीने का ढंग है, मेरे जीने का आधार है।

मेरे लिए देश केवल एक शब्द नहीं, मेरे सारे उपन्यास मेरे देशप्रेम की परिभाषाएँ हैं।

आज के हिंदुस्तानियों को यह नहीं मालूम कि शहर का नाम वाराणसी हो या बनारस, मुंबई हो या बंबई, ये शहर उत्तर प्रदेश या महाराष्ट्र में नहीं है, हिंदुस्तान में हैं, क्योंकि यह उत्तरप्रदेश, कर्नाटक, तमिलनाडु, आन्ध्र, महाराष्ट्र वगैरह तो दीवारें हैं जिनसे घर बनता है। ये अंदर की दीवारें हैं जो घर को कमरों और दालानों में बाँटती हैं—जीना आसान बनाने के लिए! कमरा घर नहीं, कमरा घर में है। रहे कोई। कमरा घर का होता है। दुर्भाग्य से हमारे देश में कमरे को घर मान कर, उस पर कब्जा जमाने की बीमारी बहुत फैल रही है।

चलिए मान लिया कि बंबई से सारे गैर-मराठी भाषी निकाल दिये जायें, तो इस निकलने का मतलब क्या है? मतलब यह है कि बंबई को कोलियों की बस्ती बना कर छोड़ दिया जाये। इसकी सड़कें, इसके कारखाने, इसका कारोबार, इसका इतिहास गैर

मराठी भाषी है। क्या बाल ठाकरे महोदय को यह सौदा मंजूर होगा? मुझे यह सौदा मंजूर नहीं, क्योंकि बंबई भी मेरी माँ के अनेक नामों में से एक नाम है, जो मैं इसे 'आई' नहीं कहता 'माँ' कहता हूँ तो क्या कुछ और कहने से रिश्ता बदल जाता है?

यह भी न भूलिए कि 'इंकलाब जिंदाबाद' का जो नारा है, यह हमारे स्वतंत्रता संघर्ष का इकलौता नारा है और यह मराठी में नहीं है। यह नारा उत्तर प्रदेश ने दिया था। तो यह नारा लौटाइए और इस नारे के पीछे चलने वाला सारा स्वतंत्रता संघर्ष लौटाइए।

हमारे जो राष्ट्रीय गान हैं, वह भी मराठी नहीं है बंगाली है। तो वह भी लौटाइए।

और यदि बाल. ठाकरे मुसलमानों को विदेशी समझते हैं तो वे 60 प्रतिशत अरबी-फारसी शब्द भी निकालने पड़ेंगे जो इन विदेशी मुसलमानों ने दिये हैं और जिन्होंने मराठी को एक खूबसूरत भाषा बनाने में बड़ा काम किया है। हमें यह भी याद रखना चाहिए कि मराठी के विकास में मुगल राजनीति का बड़ा हाथ है।

यों ही यदि पंजाब से हिंदुओं को निकालना है तो गुरु ग्रंथसाहब से भी हिंदुओं को निकालना पड़ेगा।

आप हिंदुस्तान में कहीं से किसी को नहीं निकाल सकते और जो लोग ये बातें करते हैं वे न अपने क्षेत्र के दोस्त हैं और न अपनी मातृभूमि के भक्त! हमें अपने देश और उसके तमाम क्षेत्रों को इन दुश्मनों से बचाना है। यदि पाकिस्तान हमसे फिर लड़ना चाहता है तो वह फिर अपना शौक पूरा कर ले। पर वह लड़ कर केवल हार सकता है क्योंकि उसका पेट इतना बड़ा नहीं कि हमें निगल जाये। लेकिन यदि ऐसे 'देशभक्त' हैं तो आज या कल यह देश टूट जायेगा और तब शायद नेपाल के लिए भी आसान हो जायेगा कि चीन की मदद से आक्रमण करे और हमें निगल जाये, आखिर छोटा सा इंग्लैंड हमें निगल ही गया था।

यदि इसे बचाना है तो बचाव की यह यात्रा इस चेतना से शुरू होगी कि बंबई जितनी बाल ठाकरे की है उतनी ही मेरी भी है। यह देश जितना सरदार प्रकाश सिंह बादल का है उतना ही बाल ठाकरे का भी है। यह देश जितना महाराणा प्रताप का है उतना ही अली आदिल शाह का भी है। यह देश जितना ब्राह्मणों और क्षत्रियों का है उतना ही चमारों, कोइरियों और कुर्मियों का भी है।

मैं घरों के बँटवारे का विरोधी हूँ तो देशों का बँटवारा कैसा सहन कर सकता हूँ। इसलिए मैं श्रीलंका के तमिलभाषियों की मांग का विरोध करता हूँ। यदि वे श्रीलंका में इज्जत से जीने के अधिकार के लिए लड़ कर मरना चाहें तो मैं उनके लिए मरने को तैयार हूँ। परंतु यदि वे श्रीलंका में एक 'तमिलनाडु' बनाना चाहते हैं तो मैं उनका विरोधी हूँ और शायद इसीलिए मैंने यह सपना देखना नहीं छोड़ा है कि आज या कल सारे विभाजित देश, जर्मनी, कोरिया, हिंदुस्तान सब मिल जायेंगे।

'खुदा की बस्ती' या अपनी बनायी हुई जन्नत पाकिस्तान में हिंदी भाषियों के साथ आज जो सुलूक हो रहा है, वह सब जानते हैं, जानेवाले अपनी जन्नत में आज भी

'महाजिर' (शरणार्थी) समझे जाते हैं। यह उनकी समस्या है, मगर खुदा के लिए मुझे यह बताये कि जिस देश के हर नागरिक का दादा भारतीय था, उसे मैं गैर कैसे मान लूँ और उसे घर लौट आने का निमंत्रण कैसे न दूँ?

जिन्ना साहब ने पाकिस्तान मांगा। नेहरू जी और सरदार पटेल ने यह मांग मान ली तो इसमें वारिस शाह का क्या कसूर? हीर को क्यों गुनहगार कहा जाये? सोहनी को पत्थर क्यों मारे जायें?

यदि इस देश के बुद्धिजीवियों, साहित्यकारों के कान पर भिवंडी, अहमदाबाद, अलीगढ़, त्रिपुरा, असम, पंजाब की जूँ नहीं रेंगती तो न रेंगे, मगर यह 'हीर' वाला वारिस शाह तो हमारे कबीले का था। वह कथाकार, जो जमशेदपुर के दंगों में काट कर कुएँ में डाल दिया गया, वह तो हमारा था।

पर इन बुद्धिजीवियों ने, साहित्यकारों ने, विचारकों ने, इतिहासकारों ने इमर्जेंसी लगने के बाद डर के मारे जो चुप साधी थी, वह चुप अभी तक नहीं टूटी है। किसी को अवार्ड लेना है, किसी को नेहरू स्कॉलरशिप लेनी है, किसी को सरकारी डेलिगेशनों में घुसना है, किसी को प्रोफेसर बनना है। सब अपनी खुदगर्जियों की आंधरी चढ़ाये, संट खींचे पड़े हुए हैं। कोई बोलने में पहल करने के लिए तैयार नहीं, क्योंकि साहित्य अकादमी का पुरस्कार देश से, देश की अखंडता से ज्यादा कीमती है। कभी-कभी तो मुझे यह सोच कर शर्म आने लगती है कि मैं भी गया-गुजरा ही सही, साहित्यकार हूँ।

हमारे बुद्धिजीवी तो स्वतंत्रता प्राप्ति के बाद से नौकरियों की तलाश में लग गये हैं और राष्ट्रीय पार्टियाँ कुर्सियों के दलदल में धँसती जा रही हैं। वे भी धर्म और क्षेत्र की बैसाखियों का सहारा ढूँढ़ती हैं। वे चाहे मार्क्सवादी हों या जनसंघी, कांग्रेस 'आई' वाले हों या कांग्रेस 'गयी' वाले (आज कांग्रेस (एस) को कांग्रेस 'गयी' कहना गलत तो नहीं होगा) सब देश को बिसात की तरह बिछा कर कुर्सियों की शतरंज खेल रहे हैं।

और कभी-कभी मुझे यह डर भी लगने लगता है कि किसी चोर दरवाजे से अलगाववाद, जातिवाद और सांप्रदायिकता के चोर हमारे बुद्धिजीवियों के दिलों में घुस रहे हैं। क्योंकि यदि ऐसा न होता तो बिहार में जिंदा जलाये जानेवाले हरिजनों के बारे में लगभग चुप रहने वाले बुद्धिजीवी, पंजाब में मारे जाने वाले ऊँची जाति के हिंदुओं पर इतने आँसू क्यों बहा रहे हैं, और जो उन्होंने रोना सीख ही लिया है तो वे दिल्ली में मारे जाने वाले सिखों पर भी तो रोयें!

मैंने हिंदू-मुसलमान दंगों की बात इसलिए नहीं की कि इन दंगों के तो हम आदी हो चुके हैं। यह तो रोज ही होते रहते हैं। अब रोज-रोज तो कोई नहीं रो सकता।

पर मुसलमानों की बात निकल ही आयी है तो मुसलमान बुद्धिजीवी शहाबुद्दीन, जो इत्तिफाक से सैयद भी हैं यानी वे पैगम्बर साहब के कुटुंब के हैं, उनसे पूछता हूँ कि साहब यह जो बंगलौर में हुआ, यह आपके निजी यानी प्राइवेट लिमिटेड इस्लाम के दृष्टिकोण से कैसा रहा? मुझे नहीं मालूम कि उस कहानी में पैगंबर के खिलाफ क्या

लिखा था। पर कुछ बुरा ही लिखा होगा और यह लिखना और इस लिखे हुए को छापना बड़ी बेहूदा बात है। पर इसमें जुलूस निकालने की क्या जरूरत थी? बसें और दुकानें जलाने की क्या जरूरत थी? उन बसों या दुकानों ने तो न वह कहानी लिखी, न वह कहानी छापी। यह तो वह बात हो गयी कि करे कोई, और भरे कोई। चाहिए तो यह था कि लेखक और प्रकाशक पर मुकदमा लाया जाता और उन्हें सजा दिलवायी जाती। मगर चक्कर क्या है कि हमारे छोटे-बड़े नेता इन मौकों की ताक में रहते हैं और कोई भी दुर्घटना होते ही दौड़ पड़ते हैं कि इस्लाम खतरे में है, हिंदू धर्म खतरे में है, सिख मत खतरे में है, मराठी खतरे में है, असमी खतरे में है, गुरखे खतरे में हैं। खतरा हमारी राष्ट्रीय राजनीति का आधार है। खतरा पैदा करो और वोटों की फसलें काटो और इन बुद्धिजीवियों की चुप हमारे देश की बेईमान और खुदगरज राजनीति की सहयोगी है।

यह जो सारा देश विभाजन के रास्ते पर चल पड़ा है, उसके लिए दोषी हैं वे इतिहासकार जो क्षेत्रीय भावनाओं को ध्यान में रखते हुए इतिहास लिखते हैं। दोषी हैं वे गुरु जो शिष्यों को यह सिखलाते हैं कि तुम भारत माँ के बेटे नहीं हो, तेलुगु माँ के बेटे हो, भारतीय नहीं हो, मराठी हो, पंजाबी नहीं हो, सिख हो, दोषी हैं वे साहित्यकार जो अपने साहित्य में अपने क्षेत्र के समूचे यथार्थ को समोने का प्रयत्न नहीं करते। यदि पंजाबी साहित्य यह बताता कि पंजाब में 48 प्रतिशत हिंदू रहते हैं तो संत भिंडरांवाले के कहे में 52 प्रतिशत सिख न आते। यदि मराठी साहित्य यह बताये कि मराठी जीवन का एक हिस्सा मुसलमान भी हैं और औरंगजेब के खिलाफ कुतुबशाही और आदिलशाही मुसलमान बादशाह भी डट कर लड़े थे तो आज शिवाजी पार्क में किसी नेता की यह तकरीर सुन कर मराठी भीड़ ताली न बजाती थी कि मुसलमान विदेशी हैं। यदि हमारे पत्रकार ईमानदार होते तो चुनाव के दिनों में वे मुसलमान वोटरों की गिनती अलग से न बताते कि वहाँ इतने मराठी, इतने गुजराती, इतने सिंधी और इतने मुसलमान वोटर हैं। वह भी तो किसी क्षेत्र का होगा, या फिर यह भी बताइए कि इतने शैव और इतने वैष्णव हैं—और दोषी है पूरा बुद्धिजीवियों का समुदाय जो इन आँधियों का चढ़ाव देख रहा है और चुप है।

□□

व्यक्ति की अस्मिता का सवाल

[प्रसिद्ध पोप गायिका पार्वती खान राही मासूम रज़ा के पुत्र नदीम की पत्नी हैं। पार्वती का जन्म वेस्ट इन्डीज़ में हुआ। वेस्ट इन्डीज़ में ही फिल्म छायाकार नदीम से उनकी भेंट हुई और उन्होंने प्रेम विवाह किया। उन दिनों पार्वती खान एक टी.वी. सीरियल में काम कर रही थीं, जो दूरदर्शन से प्रसारित हो रहा था। जिस तरह हमारे अभिव्यक्ति के माध्यम साम्प्रदायिक हुए हैं, यह उसका एक उदाहरण है। आज स्थिति कहीं अधिक भयावह है। आज हमने साम्प्रदायिकता के विरुद्ध संघर्ष बहुत धीमा कर दिया है। आज वह अपराध या अपसंस्कृति नहीं रह गया। राही मासूम रज़ा ने इस प्रवृत्ति की ओर सतत् संघर्ष किया था। पार्वती खान के माध्यम से सभी भारतीय नागरिकों की अस्मिता, सम्मान और स्वाभिमान की लड़ाई लड़ी। यह संघर्ष आज के संदर्भ में और अधिक आवश्यक हो गया है।

–संपादक

व्यक्ति की अस्मिता का सवाल

भाग–1

हम तो मानते ही हैं, तेरा कर्ज़ है हम पर
ज़िन्दगी, कभी घर आ, कर्ज़ का तकाज़ा कर

पिछले दिनों मैंने मन्डी हाउस की मधु मालती जी के एक खत की बात कही थी जो उन्होंने टी.वी. धारावाहिक "नई दिशायें" के प्रोड्यूसर का लिखा था जिसमें यह आदेश सा था कि 'पार्वती खान के नाम से खान निकाल दिया जाये क्योंकि यह शब्द पार्वती के साथ जँचता नहीं क्योंकि पार्वती एक हिन्दू देवी का नाम है।

मैं जानता हूँ कि किसी भी ऐसे आदमी के लिए जिसका दिमाग खराब नहीं है यह मानना मुश्किल होगा कि सैक्यूलर हिन्दुस्तान के दूरदर्शन कार्यालय से ऐसा पत्र भी भेजा जा सकता है। मेरे ख्याल में तो शायद श्री बाल ठाकरे और श्री देवरस ने भी यह जिन्दा मक्खी शायद ही निगली जा सके। इसीलिए पहले वह खत पढ़ लिया जाये।

GOVERNMENT OF INDIA
DIRECTOR GENERAL DOORDARSHAN
MANDI HOUSE, NEW DELHI

No. 22/3/931/86-P5 Dated : 07-10-1987

M/s Theatrematix Productions
141/142, Dalamal Park, Cuffe Parade,
Bombay-5

Sir,

We have received a telegram from one Dr. Maindarkar for stopping immediately showing actress' name Parwati Khan in Nai Dishaye as it has hurt their religious feelings. Please take neccessary action in the matter.

Yours faithfully,
Madhu Malati
Controller of Programmes (C) for Director General.

इस खत का मतलब समझने के लिए पाठक का अंग्रेजी साहित्य में पी.एच.डी. होना भी जरूरी नहीं है। साफ और सीधी भाषा है जिसमें यह आदेश दिया हुआ है कि यह तुम्हें धारावाहिक की जान अज़ीज हो तो पार्वती खान के पति का नाम बदल दो और जो ऐसा नहीं किया गया तो एक 'डाक्टर मेन्दारकर' के तार की तलवार चल जायेगी और वह तलवार होगी दूरदर्शन के हाथ में।

मैं जानना यह चाहता हूँ कि यह एक डाक्टर मन्दारकर है क्या चीज जिनका तार पाते ही मधु मालती जी ने यह पत्र टाइप करवा डाला? मैं यह भी जानना चाहता हूँ कि मधु मालती जी को यह पत्र लिखने का अधिकार किसने दिया? मैं यह भी जानना चाहता हूँ कि जरूरी कार्यवाही से मधु जी का मतलब क्या है?

उसूलों की बात से अलग भी मधु जी का यह खत निजी तौर पर मुझे ठेस पहुँचा रहा है। क्योंकि पार्वती के पार्वती खान होने में मेरा बहुत बड़ा हाथ है। पार्वती का पति नदीम खान मेरा बेटा है। उसने एक रात लन्दन से मुझे फोन किया कि वह वेस्ट इन्डीज की पार्वती महराज से ब्याह करना चाहता है और इस सिलसिले में मेरी क्या राय है? मैंने कहा कि फौरन ब्याह कर लो, मगर मेरी बस एक शर्त है कि तुम उस लड़की को मुसलमान नहीं बनाओगे। क्योंकि सिर्फ शादी की नीयत से मजहब बदलना मुझे बहुत गलत लगता है। पार्वती नाम से शादी क्यों नहीं हो सकती? उसे आइशा या ज़हरा या रुकैया क्यों बनाया जाय? आज सोचता हूँ कि जो मैंने यह शर्त न लगाई होती तो हो सकता है कि पार्वती आइशा खान हो गई होती और तब कि डाक्टर मेन्दारकर की धार्मिक भावनाओं को ठेस न लगी होती और न ही मधु मालती जी को। यह बेहूदा खत भेजने में हम टैक्स देने वालों के सत्तर पैसे खर्च न करने पड़ते।

मुझे डाक्टर मेन्दारकर से शिकायत नहीं क्योंकि भारत में उन जैसे मेन्दारकरों की कमी नहीं है। पर हमारे सैक्यूलर देश की सैक्यूलर सरकार के सैक्यूलर दूरदर्शन की मधु मालती जी ने ऐसा पत्र लिखा कैसे जो हमारे देश के संविधान के मुँह पर थूक रहा है।

दूरदर्शन चूँकि राष्ट्रपति के स्तर से नीचे है इसलिए मंत्री महोदय या डाइरेक्टर जनरल को पत्र लिखने की जगह में राष्ट्रपति जी को पत्र लिखना जरूरी और मुनासिब जाना। तो मैंने 17 नवम्बर को उन्हें यह पत्र लिखा—

□□

Dear Mr. President,

As an official letter from the Doordarshan is supposed to be on your behalf, I am taking the liberty of addressing this letter to you.

Till about the beginning of the second week of November, 1987, I was under the impression that India is a secular democracy but, after going through the letter from the Doordarshan, which is attached herewith, I came to the shocking conclusion that a drastic change has taken place and that we are no more a secular democracy ! Because if it is not so, sir, then how this Madhu Malati, your Controller of Programmes (C) for the Director General, could dare to write such a letter !

May I demand her dismissal on the ground of being a communalist, Sir ? Doordarshan has no business to ask some body to change his or her name on the ground of his or her religion!

May I hope for the favour of a reply to this letter, Sir ?

मुझे अभी तक खत के पहुँचने की रसीद तक नहीं मिली है।

यदि मैं राष्ट्रपति होता तो इस खत का जवाब फौरन देता क्योंकि इस खत का हमारे राष्ट्र की बुनियाद से गहरा ताल्लुक है...... अगर हम अब भी यह मानते हों कि भारत कोई हिन्दू राष्ट्र नहीं है। यह बात महत्वपूर्ण इसलिये हो जाती है कि इन्हीं बातों से पता चलता है कि देश किस दिशा में जा रहा है और इन्हीं बातों से पता चलता है कि हमारे संविधान को दीमक कहाँ तक चाट चुकी है। पता चलता है कि सरकार एक सेक्यूलर कठपुतली है जिसकी डोरें साम्प्रदायिकता के हाथों में है।

आज मैं पाठकों से यह कह रहा हूँ कि वे इस लड़ाई में मेरी मदद करें। यह लड़ाई केवल मेरी लड़ाई नहीं है। यह लड़ाई है हम सब की। यह लड़ाई है मानवीय अधिकारों की। क्या मैं आशा करूँ कि इस लड़ाई में आप मेरा साथ देंगे? आज तक आपके खत मेरी हिम्मत बढ़ाते रहे हैं लेकिन आज मैं यह चाहता हूँ कि आप इस लड़ाई को अपनी लड़ाई मानकर राष्ट्रपति तक ले जायें। क्या मेरे लिए नहीं बल्कि उन उसूलों के लिये मैं लड़ता चला आ रहा हूँ। आप सत्तर पैसे खर्च करके राष्ट्रपति को एक एक खत लिखने का कष्ट उठा पायेंगे? क्योंकि जो आपने ऐसा न किया तो मैं यही समझूँगा कि –

लड़ते लड़ते हार गया मैं
लगता है बेकार गया मैं।

आइये अपनी एक ग़ज़ल सुनाऊँ

सब डरते हैं, आज हवस के इस सहरा में बोले कौन
इश्क तराजू तो है, लेकिन, इस पे दिलों को तोले कौन

सारा नगर तो ख्वाबों की मैयत लेकर शमशान गया
दिल की दुकानें बंद पड़ी हैं, पर ये दुकानें खोले कौन

काली रात के मुँह से टपके जाने वाली सुबह का जुनून
सच तो यही है, लेकिन यारो, यह कड़वा सच बोले कौन

हमने दिल का सागर मथ कर काढ़ा तो कुछ अमृत
लेकिन आई, जहर के प्यालों में यह अमृत घोले कौन

लोग अपनों के खूँ में नहा कर गीता और कुरआन पढ़ें
प्यार की बोली याद है किसको, प्यार की बोली बोले कौन

क्या आप मेरे इस सवालों का जवाब देंगे?

□□

भाग–2

मैंने सुना था कि हिन्दुस्तान एक सभ्य देश है और सभ्य देश होने का एक मतलब यह भी है कि कम से कम, जरूरी खतों के जवाब जरूर दिये जायें। मैं आपको यह बतलाना अपना कर्तव्य समझता हूँ कि राष्ट्रपति महोदय, प्रधानमंत्री जी, श्री अजीत पांजा और दूरदर्शन के डाइरेक्टर जनरल भास्कर घोष में से किसी ने मेरे उस पत्र का जवाब नहीं दिया जो उन्हें दूरदर्शन की मधुमालती की साम्प्रदायिकता और पार्वती खान के नाम के सिलसिले में लिखा था।

मैं उन सैकड़ों मित्रों का आभारी हूँ जिन्होंने खतों और टेलीफोन द्वारा मुझे यकीन दिलाया कि मैं इस लड़ाई में अकेला नहीं हूँ और यह भी मेरे लिये बड़ी खुशी की बात है कि हिन्दी, गुजराती, मराठी, बंगाली और अंग्रेजी प्रेस ने इस लड़ाई में पूरी तरह मेरा साथ दिया और इन बातों से यह आशा बँधती है कि आदमी अभी बिल्कुल नहीं हारा है और शायद हारेगा भी नहीं।

मैं देवरस, श्री बाल ठाकरे, श्री वाजपेयी और दूसरे नेताओं से यह पूछना चाहता हूँ कि दूरदर्शन की मधु मालती जी की बदतमीजी के बारे में उनका क्या ख्याल है? क्या वह मधुमालती जी के उस खत से सहमत हैं, जो उन्होंने सरकारी खर्चे पर पार्वती खान के नाम के बारे में लिखा था? यदि नहीं तो क्या वह भी राष्ट्रपति महोदय पर दबाव डालने का कष्ट उठायेंगे कि मधु मालती जी ने अपनी सीमायें पार करने की गलती की है और उन्हें इसकी सज़ा मिलनी चाहिये?

यदि यह समस्या एक रवैये की न होती तो मैं बार-बार राष्ट्रपति जी और प्रधान मंत्री जी को याद दिलाने की कोशिश न करता कि उन पर मेरे एक बहुत जरूरी खत का जवाब बाकी है और जब तक यह लोग मेरे उस खत का जवाब न देंगे मैं इन लोगों से जवाब का तकाज़ा करता रहूँगा।

मेरे एक एम.पी. मित्र ने पार्लियामेन्ट में यह सवाल उठाने का वादा किया है और मुझे उम्मीद भी है कि वह अपना यह वादा पूरा करेंगे।

अगर काँग्रेस, शिव सेना या आर.एस.एस. की एक शाखा नहीं है, तो राष्ट्रपति और प्रधानमंत्री दोनों को मेरे इस खत का जवाब देना पड़ेगा। मेरी मातृभूमि हिन्दुस्तान में किसी मधु मालती को यह अधिकार नहीं मिल सकता कि वह यह हुक्म भेजे कि मैं अपनी पुत्रवधु का नाम बदल दूँ।

आप लोगों के दवाब ने एक काम तो किया। 29 जनवरी को दूरदर्शन के असिस्टेन्ट डाइरेक्टर जनरल ने धारावाहिक 'नई दिशाएँ' के प्रोड्यूसर को 9/77/87 पी. नम्बर से खत में लिखा कि उन्हें 25 जनवरी के ''इन्डियन एक्सप्रेस'' से मधुमालती जी के खत का पता चला। श्री शिव एस. शर्मा का वह खत आप भी पढ़ लीजिये और यह नतीजा निकालिये कि अब भी दूरदर्शन मधुमालती को दण्ड देने की जगह लीपा पोती करने की कोशिश कर रहा है।

शर्मा जी का खत पढ़ लिया आपने। अब इस खत के बारे में मुझे जो कहना है वह सुनिये। दूरदर्शन के डाक्टर मेन्दारकर का खत तो पढ़ लिया और मधु मालती जी ने प्रोड्यूसर को सूचित करने के लिये तुरन्त ही एक खत भी लिख मारा। पर दूरदर्शन ने आज तक मेरा वह खत नहीं पढ़ा जो रजिस्टर्ड भेजा गया था। क्या आप यह मान लेने को तैयार हैं?

यदि मधुमालती ने वह खत केवल सूचना के लिए लिखा था कि एक दर्शक को पार्वती खान का नाम अच्छा नहीं लग रहा है तो उन्होंने 'जरूरी कार्यवाही' का आदेश क्यों दिया था और यह कि 'जरूरी कार्यवाही' से उनका मतलब क्या था?

दस्तखत करने से पहले उन्होंने खत को गौर से क्यों नहीं पढ़ा। क्या दूरदर्शन में काम करने का तरीका यही है कि क्लर्क अपनी मर्जी से खत टाइप कर लाते हैं और प्रोग्राम कन्ट्रोलर उन्हें पढ़े बिना उन पर दस्तखत कर देती हैं? यदि ऐसा है तो यह सक्षमता का कमाल है।

शर्मा साहब का कहना यह है कि दूरदर्शन की नीयत की सफाई तो इसी बात से साबित हो जाती है कि उसने पार्वती खान का नाम नहीं बदला। जैसे कि यह उनके इख्तियार में था।

मैं इस किस्म के खतों से बहलने वाला नहीं हूँ। मैं यह जानना चाहता हूँ कि क्या शर्मा साहब ने इस बेहूदा, संविधान दुश्मन खत लिखने पर मधुमालती जी से भी जवाब माँगा? यदि माँगा तो मैं यह जानना चाहता हूँ कि उन्होनें क्या जवाब दिया? और यदि उनसे जवाब नहीं माँगा गया तो क्यों नहीं माँगा गया? मैं यह भी जानना चाहता हूँ कि जिस असुविधा पर शर्मा जी पार्वती से क्षमा चाह रहे हैं, क्या वह केवल एक असुविधा है? यह केवल एक असुविधा नहीं है श्रीमान् यह अपमान है। अपमान है हिन्दुस्तान का। अपमान है दूरदर्शन का! अपमान है मेरा और आपका। अपमान है पार्वती खान का और अपमान हैं हमारे संविधान का।

शर्मा साहब यह खत भी हम सब का अपमान ही कर रहा है। क्या वह हमें इतना

नासमझ समझते हैं कि हम इस जैसे खतों के झुनझुने से बहल जायेंगे?

और राष्ट्रपति महोदय और प्रधानमंत्री से मैं फिर भी अपने खत के जवाब की माँग कर रहा हूँ क्योंकि यह सवाल एक नाम या एक मधु मालती का नहीं है। यह सवाल हमारे देश के वर्तमान और भविष्य से जुड़ा हुआ है और इसीलिए मैं राष्ट्रपति महोदय और प्रधानमंत्री को चुप नहीं रहने दूँगा। उन्हें यह बतलाना पड़ेगा कि कोई पार्वती खान बनना चाहे तो ऐसा क्यों नहीं कर सकती?

□□

मैं एक फेरी वाला बेचूँ यादें

मैं इतना बूढ़ा तो हूँ नहीं कि जीवनी लिखने बैठ जाऊँ। मेरे पास अपनी जिन्दगी से कहीं ज्यादा अच्छी बातें हैं कहने के लिये। अपनी कहानी से बहुत अच्छी कहानियाँ हैं सुनाने के लिये और अपने आप से ज्यादा दिलचस्प लोग हैं मिलाने के लिये। तो क्या मैं पागल हूँ कि अपनी बात करूँगा? अपनी बात तो केवल वह लोग करते हैं जो अकेले होते हैं और जिनके पास कहने के लिये न कोई बात होती है और न सुनाने के लिये कोई कहानी। इसलिये मैं पहले ही यह कह देना चाहता हूँ कि अपनी यादों के भंडार में सबसे घटिया, कमीनी, बेरंग, बेमुरव्वत और बेदर्द यादें वही हैं जिनका सम्बन्ध मुझसे है। तो मैं उनकी बातें करके आपको बोर क्यों करूँ? यह घटिया कमीनी बेरंग, बेमुरव्वत और बेदर्द यादें तो आपके पास होंगी। यही तो मुसीबत है कि कलियों की तरह चिटकने वाली और फूलों की तरह महकने वाली और सुबह की तरह शर्मीली और शाम की तरह नमकीन और दरियाओं की तरह बेखबर और पहाड़ों की तरह सरबुलन्द यादें बहुत कम होतीं हैं और बहुत कम लोगों के पास होती हैं और ये यादें जिनके पास होती हैं वह उन्हें ब्लैक रुपये (मनी) की तरह छिपाकर रखते हैं। किसी को कानोंकान खबर नहीं होने देते। परन्तु इन यादों को सैंत कर रखना बड़ा मुश्किल काम है। इन्हें आदमी कभी कभार निकालता है। वह भी तमाम खिड़की दरवाजे बन्द करके। खुशी की धूप दिखलाता है और फिर तह करके हॉफ्जे के तहखाने में रख देता है। परन्तु कभी कभी आदमी का जी चाहता है कि थोड़ी देर तक वही बोले और दूसरे तमाम लोग चुप हो जायें। यह अपनी आवाज सुनने का शौक नहीं है। यह थोड़ी देर के लिये अकेले हो जाने की ख़्वाहिश है।

83-ए, हिल रोड, जहाँ मैं रहता हूँ, एक छोटा सा दो मन्जिला मकान है और ऐसा मालूम होता है कि दिन रात जागने वाली हिल रोड अपनी तमाम बसों, कारों, टैक्सीयों, साइकिलों और पैदल चलने वालों के साथ मेरे दो कमरों के इस घर से होकर गुजरती है। कभी कभी तो इतना शोर होता है कि मैं अपने बेटे की शिकायतें और अपनी बेटी

की किलकारी और अपनी पत्नी की मुस्कान की सरसराहट भी नहीं सुन पाता और तब मुझे ऐसा लगने लगता है – रोशनियों के इस शहर में जैसे केवल परछाइयाँ रहती हैं और यह एहसास अकेलेपन के दर्द को और गम्भीर बना देते हैं और मुझे वह बस्तियाँ याद आने लगती हैं, जो इस बम्बई से बहुत छोटी हैं। परन्तु जिनमें मैं अपने आपको अकेला नहीं पाता था। यह तो अजीब शहर है। जो दोस्त हैं वह भी मीलों दूर रहते हैं और जो दुश्मन हैं वह भी। इसीलिये कभी गाज़ीपुर याद आता है। जहाँ मैं पैदा हुआ, और जहाँ मैंने बोलना सीखा और कभी अलीगढ़ याद आता है, जिसने तराश खराश कर मुझे वह बना दिया जो मैं हूँ। – यानी एक छोटा सा ईमानदार आदमी जो सच बोलने से नहीं डरता। बीच-बीच में बनारस, इलाहाबाद और लखनऊ की याद भी आती है। इन शहरों में एक खास बात है। यहाँ दोस्त भी पास रहते हैं और दुश्मन भी। इन शहरों में दिल की बस्ती कहीं से दूर नहीं है। इसीलिये आज मैं उन्हीं छोटी छोटी बस्तियों को याद कर रहा हूँ और मैं चाहता हूँ कि उन बस्तियों से आपका परिचय करवाऊँ। लखनऊ और इलाहाबाद के बारे में तो हो सकता है कि आप मुझसे ज्यादा जानते हों। परन्तु गाजीपुर और अलीगढ़ के बारे में आप क्या जानते हैं? यही न कि गाजीपुर में अफीम का कारखाना है, और गुलाब के खेत हैं, और लार्ड कार्नवालिस की कब्र है, और यह कि वह एक तरफ से बनारस और एक तरफ से बलिया के पास है। यह भी कोई जानने में जानना हुआ? क्या आपको मालूम है कि झूलने को एक चायखाना भी है, गाजीपुर में जहाँ मेहनतकश लोग जमा होकर अपने अच्छे दिनों के ख्वाबों का मुकाबला करते हैं? क्या आपको मालूम है कि वहाँ एक मुस्लिम राजपूत हायर सैकेण्ड्री स्कूल है? क्या आपको मालूम है कि वहाँ से कोई मशहूर सड़क नहीं गुजरती और वहाँ जो अशोक की लाट थी वह बनारस के कुइन्स कालेज के आँगन में गाड़ दी गई है? क्या आपको यह मालूम है कि सोमनाथ के मन्दिर से बहुत ज्यादा पुराने इस शहर को फिर से बनाने के बारे में अब तक किसी ने नहीं सोचा है। आप तो मेरे गाजीपुर के बारे में कुछ भी नहीं जानते साहब! यूँ ही आप मेरे अलीगढ़ के बारे में भी कुछ नहीं जानते। आपको तो केवल यह मालूम है कि अलीगढ़ तालों, यूनिवर्सिटी और सेबों का शहर है। हम लोग भी यूनीवर्सिटी में यह कहा करते थे कि अलीगढ़ मिट्टी, मढ़री के बिस्कुट और मुल्लों का शहर है। परन्तु यह बात भी झूठी है। सेठ तो खैर सेठ हैं। इसलिये उनमें कोई काम्प्लीकेशन नहीं है। परन्तु ताला और यूनिवर्सिटी? यह दोनों दो सेठ या दो शब्द नहीं हैं। गोदरेज के तालों की बड़ी धूम है ना। अलीगढ़ के कुन्जी बनाने वाले चार आने में गोदरेज कीं कुंजी बना देते हैं। इसीलिये सोचता हूँ कि दिलों के तालों की कुँजी भी वहीं बन सकती है। दिलों के ताले गोदरेज के तालों से ज्यादा मजबूत तो होते नहीं होंगे। इसलिये आइये उसी कारखाने की बातें करें जहाँ दिलों के तालों की कुँजी बननी चाहिये। मैं यूनीवर्सिटी की तरफ इशारा कर रहा हूँ। आइये आज उसी यूनीवर्सिटी की बातें करें।

अलीगढ़ मुस्लिम यूनीवर्सिटी का ख्याल आते ही सबसे पहले छटनार दाढ़ी वाले सर

सैय्यद की याद आती है। वास्तव में यही दाढ़ी झगड़ों की जड़ है। हिन्दू और मुसलमान दोनों सम्प्रदाय के लोग दाढ़ी को इस्लाम का चिह्न मानकर अलीगढ़ यूनीवर्सिटी को बनाने सँवारने या उजाड़ने की बात करते हैं। परन्तु इस बात पर कोई ध्यान नहीं देता कि सर सैय्यद की दाढ़ी वास्तव में उनके धंधे का ओट थी। कहते हैं एक दिन शाम के वक्त सर सैय्यद को घर लौटने में देर हो गई और रास्ते ही में शाम की नमाज़ का वक्त हो गया। बेचारे तेजी से मस्जिद की तरफ भागे जा रहे थे कि उन्हें दूर से कुछ लड़के दिखाई दिये, जो लॉन में बैठे गप लड़ा रहे थे। उन लड़कों ने भी सर सैय्यद को देख लिया। बहुत घबराये कि नमाज न पढ़ने पर डाँट पड़ेगी। तो वह झट से सफ़ बनाकर खड़े हो गये। एक लड़का इमाम बनकर आगे और बाकी नमाजी बनकर पीछे। उधर सर सैय्यद ने सोचा कि मस्जिद पहुँचते पहुँचते नमाज़ कज़ा हो जायेगी। तो वह नीयत बाँधकर वहीं लड़कों की सफ़ में खड़े हो गये। जो लड़का नमाज़ 'पढ़ा' रहा था उसे इसकी खबर नहीं हुई। थोड़ी देर के बाद उसने गरदन मोड़े बगैर पूछा – "अरे भई बुड्ढा है कि गया!" सर सैय्यद लाहौल पढ़कर मस्जिद की तरफ भागे। अहम बात यह है कि उन 'नमाजियों' में से कोई यूनीवर्सिटी से निकाला नहीं गया। यह बात मैंने आपको इसलिये बताई कि हर दाढ़ी एक जैसी नहीं होती।

कायदे आजम मुहम्मद अली जिन्ना की दाढ़ी तो दिखाई भी नहीं देती थी और सुना है कि उन्हें नमाज़ पढ़ने का भी कोई खास शौक नहीं था। परन्तु हमें जिन्ना साहब से क्या लेना देना। वह हमारी यूनीवर्सिटी के ओल्ड बॉय नहीं थे। सदर अय्युब हमारे ओल्ड ब्वाय हैं और शमशाद मार्केट में एक हज्जाम अब भी मौजूद है। अमीन नाम है उसका। कभी अलीगढ़ जाइये तो अमीन से हजामत बनवाइये और अलीगढ़ के ओल्ड बॉयेज की बातें सुनिये उससे। यह बात सबसे पहले अमीन हज्जाम ही से मालूम हुई थी कि सदर अय्युब यहीं पढ़ा करते थे और पक्की बैरक में रहा करते और अमीन किस तरह हजामत बनाया करता था। अमीन बड़ा दिलचस्प आदमी है। यह अमीन इसी में खुश है कि इसने लियाकत अली, अय्युब खाँ, ज़ाकिर साहब और रसीद अहमद सिद्दीकी की हजामत बनाई है। कुछ लोग ऐसे होते हैं जो अपने वर्तमान से मुतमइन नहीं होते तो अपने माज़ी को याद किया करते हैं क्योंकि उनके पास कोई भविष्य नहीं होता। इस अमीन हज्जाम के पास अपनी कोई बड़ाई नहीं है। इसीलिये जब वह आज के लड़कों की हज़ामत बनाता है तो यह लड़के उसे निहायत हकीर फकीर, टुच्चे और जाने क्या-क्या दिखाई देते हैं। उसके पास अपनी निजी कोई बड़ाई नहीं है तो वह कैसे जिये और क्या सोचकर खुश हो, तो वह नवाबजादों और अय्युब खानों को याद किया करता है और वह इन बड़े आदमियों को याद करके एक तरह उनकी बड़ाई में साझेदार हो जाता है और फिर बड़ी हिकारत से उस लड़के की हजामत बनाने लगता है जिसकी जेब से मजदूरी के बारह आने भी बड़ी मुश्किल से निकलेंगे और जो कई हफ्तों से बाल बनवाने का इरादा करके दुकान में चढ़ा होगा। मैंने तो जब-जब अमीन से हजामत बनवायी तब-तब मुझे अपने

छोटे और फकीर होने का एहसास हुआ। अमीन के दिल में जैसे यह बात कहीं बैठी हुई है कि यदि उसने लियाकत अली खाँ की हजामत न बनाई होती तो वह पाकिस्तान का प्रधानमंत्री न हुये होते, और यदि उसने अय्युब खाँ की हजामत न बनाई होती तो मेजर जनरल होकर रिटायर हो गये होते, और जाकिर साहब राष्ट्रपति न हुये होते और रशीद साहब इतने बड़े साहित्यकार न हुए होते। इन लोगों ने जैसे अमीन की बड़ाई हथिया ली है। यह अमीन हज्जाम बहुत बड़ा आदमी है। परन्तु इसे सर सैय्यद की बनाई हुई इस यूनीवर्सिटी ने बड़ा बनाया है और इसीलिए लोग यूनीवर्सिटी की बात करते वक्त जस्टिस मजमूद (सर सैय्यद के बेटे जो जस्टिस होने की वजह से मशहूर हुए और जो शराब के नशे में अक्सर बूढ़े बाप को घर से निकाल दिया करते थे।) शौकत अली, मुहम्मद अली, हसरत मोहानी, शेख अब्दुल्ला, सैफुद्दीन किचलू, लियाक़त अली और ज़ाकिर साहब और अय्युब खाँ की बातें करते हैं तो मुझे बड़ा दुख होता है कि लोग आखिर उस अमीन हज्जाम की बात क्यों नहीं करते, जिसकी कैंची ने इन लोगों को बड़ा बनाया है। यहीं एक और दिल दुखाने वाली बात कहने को जी चाहता है। यह सबको याद है कि अलीगढ़ ने मुस्लिम लीग का चुनाव किस ठाठ से लड़वाया था। यह दुश्मनों, दोस्तों और अमीन हज्जाम सभी को याद है कि साहबजादा लियाकत अली खाँ, सदर अय्युब राष्ट्रपति जाकिर हुसैन, शेर-ए-कश्मीर शेख अब्दुल्ला वगैरा इसी यूनीवर्सिटी की पैदावार हैं। परन्तु यह किसी को याद नहीं रह गया कि राजा महेन्द्र प्रताप सिंह कौन हैं और वह कहाँ से बीच में आ टपके? यह हैं एक दीवाने, जिन्होंने हिन्दुस्तान की आजादी का ख्वाब देखा था और काबुल में जब पहली हिन्दुस्तानी सरकार बनाई गई थी, तो यह राष्ट्रपति चुने गये थे। भारत के पहले राष्ट्रपति कलकत्ता यूनीवर्सिटी के डाक्टर राजेन्द्र प्रसाद नहीं थे, बल्कि अलीगढ़ मुस्लिम यूनीवर्सिटी के राजा महेन्द्र प्रताप सिंह थे। पिछले चुनाव में जनसंघ के कैन्डिडेट के मुकाबले में राजा साहब बेचारे की जमानत जब्त हो गयी थी। मुझे यकीन है कि जनसंघ के लोगों को यह मालूम भी नहीं होगा कि उन्होंने जिसकी जमानत जब्त करवाई है, वह जंगे-आजादी का एक सरफरोश भारत का पहला राष्ट्रपति और कम से कम अपने हराने वाले से बड़ा देशभक्त है और मुझे इसका भी यकीन है कि जब राजा साहब का देहांत होगा तो हिन्दुस्तान का झण्डा नहीं झुकेगा। दूसरे देशों से पुरसे के संदेश नहीं आयेंगे और खुद उनकी अपनी यूनीवर्सिटी में किसी को यह ख्याल नहीं आयेगा कि वह साइरन बजाया जाये साहबजादा लियाकत अली खाँ की मौत की खबर सुनकर बजाया गया था और नहीं यूनीवर्सिटी यूनियन के उस हाल में राजा साहब की तस्वीर लगाई जायेगी जिसमें मोहम्मद अली जिन्ना की तस्वीर शायद आज भी लगी हुई है, हालाँकि मरहूम यूनीवर्सिटी के ओल्ड बॉय भी नहीं थे। यह इसलिए होगा कि बड़ाई को नापने का पैमाना अजीब है और यह इसलिए होगा कि हमारी यूनीवर्सिटी है बड़ी अजीब। यह बात अजीब नहीं तो क्या है कि गौस मुहम्मद को तो याद करती है और लाला अमरनाथ का नाम उसे याद नहीं आता। शकूर, गुरबख्श सिंह,

इनामुर्रहमान और अली सईद को याद करती है और फकीरे खाँ को याद नहीं करती, जो हॉकी क्लब में चिराग की तरह जल रहे हैं। यह फकीरे खाँ भी अजीब लोग हैं। जब तक यह जिन्दा हैं यूनिवर्सिटी की हॉकी का झण्डा लहराता रहेगा। आप पूछ सकते हैं कि यह बहुत बड़े खिलाड़ी या कोच हैं? जी नहीं। फकीरे खाँ तो हॉकी क्लब के चपरासी हैं। मगर ऐसे चपरासी हैं कि उन पर हजार कप्तान, हजार कोच और हजार मेजर हमीदुद्दीन (सद्र हाकी क्लब) न्यौछावर कर दिये जायें। कप्तान और कोच हर साल पैदा होते हैं। परन्तु फकीरे खाँ सौ-दो-सौ साल में भी इत्तिफाक से पैदा होते हैं। फकीरे खाँ अब बहत बूढ़े हो गये हैं मगर अब भी जब वह अपने शकूरों और गुरबख्शों की बात करने लगते हैं तो उनकी बूढ़ी आँखें चमकने लगतीं हैं। उन्होंने हिन्दुस्तान की बेहतरीन टीमों के मुकाबले में अपने लड़कों को खेलते हारते और जीतते देखा है। कभी उनसे बातें कीजिए, तो आपको पता चलेगा कि हिन्दुस्तान में कैसी हॉकी खेली जाती थी और खुद अलीगढ़ की हाकी परम्परा क्या है। आज तो यह होता है कि अली सईद को हिन्दुस्तान का कलर मिल जाता है क्योंकि वह हिन्दुस्तानी है परन्तु उसे अलीगढ़ यूनीवर्सिटी का कलर नहीं मिलता क्योंकि वह भूपाली नहीं है। क्योंकि वह भोपाल न था (बाद में अली सईद को कलर मिला। परन्तु वह कप्तान न हो सका) सच पूछिए तो इन्हीं साजिशों ने फकीरे खाँ की आत्मा को बूढ़ा कर दिया है और फकीरे खाँ के बूढ़ापे ने हॉकी क्लब को बूढ़ा कर दिया है। यही तो वजह है कि अब अलीगढ़ यूनिवर्सिटी की टीम पहले ही राउण्ड में हार जाती है। हुसैन अली जैसा हाकी का खिलाड़ी जिमनेजियम का इंचार्ज बना दिया गया है। क्योंकि वह हॉकी खेलना जानता है और पावर हाउस उर्फ यावर साहब हाकी के कोच बना दिये गये हैं क्योंकि वह हॉकी खेलना नहीं जानते। वैसे यावर साहब बड़ी खूबियों के आदमी हैं। उन्होंने मुश्ताक अली को क्रिकेट खेलना सिखाया। उन्होंने जोटोपेख को दौड़ना सिखाया। उसका स्टार्ट गलत था। हैदर आबाद (हैदराबाद) में यावर साहब ने इस मामले में उसे टिप दिया और उसने औलम्पिक में दौड़ने की धाक जमा दी और ह्यूमन लोकोमोटिव कहा गया। यदि यावर साहब से उसकी मुलाकात न हुई होती तो दुनिया को यह पता भी न चलता कि कोई जोटोपेख भी था।

अलीगढ़ यूनीवर्सिटी के हर विभाग में कोई न कोई फकीरे खाँ और एक न एक यावर साहब जरूर मौजूद हैं। फकीरे खाँ घुट रहे हैं और यावरों की तूती बोल रही है। इन यावर हुसैनों में किसी का नाम आले अहमद सुरूर है और किसी का नाम नूरूल हसन। किसी का तखल्लुस खलील है और किसी का जज़्बी और किसी का भ्रमर। यहाँ जावेद कमाल जैसा बाँका शायर और जहीन आदमी यूनीवर्सिटी केफेटेरिया में चाय बेचता है और अनपढ़ एम.ए. पास प्रेमचन्द के अवतार बने बैठे हैं। त्रिपाठी जी जैसा आदमी यूनीवर्सिटी केबिन में बंद पड़ा रहता है और बालदार टोपी लगाने वाले तकनीरें करते हैं। लेकिन मेरा ख्याल है कि यह चक्कर तो हर जगह चल रहा है। परन्तु यह शायद ही कहीं हुआ हो कि जिस यूनीवर्सिटी ने यलदरम हसरत मोहानी, अजीम बेग

चुगताई, शाहिद लतीफ, खुरर्शीदुलइस्लाम, जाँ निसार जज़्बी, मजरूह और जावेद कमाल जैसे साहित्यकार पैदा किये हों उस यूनीवर्सिटी में शब्दों का एक विकारी मोटे शीशे की ऐनक लगाये साहित्य पढ़ा रहा है। यही तो वजह है कि उर्दू विभाग मुझे आले अहमद सूरूरों की वजह से याद नहीं आता बल्कि मियाँ खाँ की वजह से याद आता है। मियाँ खाँ उर्दू विभाग के सबसे सीनियर आदमी हैं। जैसी चाय मियाँ खाँ बनाते हैं वैसी चाय बम्बई के किसी बड़े-से-बड़े रेस्तराँ में भी नहीं मिलती। मैं उस दिन को कभी नहीं भूल सकता जब फीस न जमा करने की वजह से यह डर पैदा हो गया कि मुझे हॉल टिकिट नहीं मिलेगा। मियाँ खाँ ने मेरी परेशानी भाँप ली। जब वजह मालूम हुई तो उन्होंने पूछा कि कितनी फीस देनी है। मैंने बता दिया तो बोले कल लेता आऊँगा। जमा कर देना। मैंने उनसे रुपए तो नहीं लिये लेकिन कहाँ मिलते हैं ऐसे लोग। मियाँ खाँ मुझे ईद के दिन चार आने ईदी के दिया करते थे। जब मैं लैक्चरार हो गया तब भी उर्दू विभाग का यह बूढ़ा चपरासी मुझे ईदी देता रहा। तीन ईदें गुजर चुकी हैं, सोचता हूँ कि मियाँ खाँ को लिखूँ कि खाँ साहब मेरी ईदी भेज दीजिए। उर्दू विभाग में एक मुसतहकम चीज वही हैं। वह विभाग अध्यक्ष की निगाहें देख कर प्यार नहीं करते। उनकी अपनी पसन्द नापसन्द है। बात मियाँ खाँ की हो रही है तो सोचता हूँ कि यहीं आशिक अली की बातें भी कर लूँ। आशिक अली वी.एम.हॉल के चपरासी हैं। काला रंग, रोशन आँखें। हँसता हुआ चेहरा। चोकन्दर से चिढ़ते हैं। एक साहब हुआ करते थे डाक्टर माशूक। उन्होंने फोन किया। आशिक ने फोन उठाया। बातचीत कुछ यूँ हुई –

आशिक अली : हलो!

माशूक अली : हलो!

आशिक अली : कौन साहब बोल रहे हैं।

माशूक साहब : मैं हूँ माशूक, तुम कौन हो।

आशिक अली : जी, मैं हूँ आशिक!

माशूक साहब खफा हो गये। हफीज़ साहब को यह समझाने में काफी देर लगी कि वह उन माशूक का आशिक नहीं है बल्कि उसका नाम ही आशिक है।

लोग यूनिवर्सिटी को डाक्टर ज्याउद्दीनों, जाकिर खानों, गुलामुस्सकलैनों, प्रोफेसर हबीबों, डाक्टर अलीमों और इरफान हबीबों के बँटवारे से तोलते हैं। मैं फकीरे खाँ, मियाँ खाँ और आशिक अली के बाटों से!

शौकत अली मोहम्मद अली भी ठीक हैं। हसरत मोहानी और जाकिर हुसैन भी। वैसे तो तलअत महमूद, रेनुका देवी, नीना और आर. चन्द्रा भी यहीं के हैं और शेख अब्दुल्लाह और अय्युब खाँ भी। मगर जब गप लड़ाई जाती है तो इनमें से किसी की बात नहीं निकलती। तब याद आते हैं कोई मसूद रामी, कोई 'का' उर्फ हुमाँयू हैदर रिज़वी, कोई उस्ताद छुआरा, कोई इकबाल हेडेक, इकबाल 80, इकबाल खाली, ज्या लोहा, बुद्धा बजट उर्फ शम्सुद्दीन खाँ नब्बे, भाई भुन्नन खाँ और नव्वाब यासीन। हबीब साहब या शेख

अब्दुल्ला, मोहम्मद अली, हसरत मोहानी या अय्युब खाँ तो किसी और यूनीवर्सिटी में भी पैदा हो सकते थे। परन्तु जिन क्लासीकल लोगों का नाम अभी-अभी मैंने लिये हैं वह सिर्फ मेरी यूनीवर्सिटी में ही पैदा हो सकते हैं। नव्वाब यासीन बड़े काबिल आदमी थे। एक बार पूछा गया कि मिसेज ट्रूमन के शौहर का नाम क्या है तो बोले पार्टनर पोलिटिक्स की बातें न करो। अरे हाँ, अपने यार के.पी. का जिक्र करना तो भूल ही गया। नाम है कुँवर पाल सिंह। अब हिन्दी विभाग में लेक्चरार हो गया है। सन् 62 में हिन्दू मुसलमान दंगा हुआ तो यह के.पी. हिन्दू मोहल्लों में नहीं जाता था कि कहीं लोग मुसलमान समझकर मार न डालें।

बम्बई बहुत बड़ा शहर है। मगर यहाँ वह शमशाद मार्केट कहाँ जिसमें बहादुर साहब की दुकान पर उस्ताद और शागिर्द पान खाते नजर आयें। वह रहमत कैफे, वह कैफे डी फूस, वह कैफे डी अलिफ लैला। कहाँ है जिनकी पुरानी मेजों के गिर्द और टूटी फूटी कुर्सियों पर बैठ कर प्यालियों में चाय पीते हुए मक्खियों के शोर में उस्ताद और शागिर्द साहित्य, सियासत, खेल-कूद और आपसी साजिशों की बातें करते हैं। यूनीवर्सिटी में उस्ताद शागिर्द का चक्कर नहीं है।

यूनीवर्सिटी एक परिवार है, जो हिन्दू मुसलमानों में बँटी हुई नहीं है। परन्तु उस्तादों के चहेतों में अवश्य बँटी हुई है। हिन्दू मुसलमान सवाल तो है ही नहीं और यूँ तो हिन्दू मुसलमान सवाल कहाँ नहीं है। यूनियन के चुनाव का हवाला न दीजिए क्योंकि चुनाव के दिनों में तो काँग्रेस या कम्यूनिस्ट पार्टी दोनों ही पार्टियाँ सोच विचार करके लोगों को खड़ा करती हैं। यदि देश की बड़ी पार्टियाँ यह चुनाव लड़े तो शायद हिन्दू पार्टी भी यूनियन की सिदारत और सेकरेटरीशिप और लाइब्रेरियनशिप के लिए मुसलमान लड़कों को ही खड़ा करेगी। यह तो सारे देश का हाल है। फिर अकेली अलीगढ़ यूनीवर्सिटी की गर्दन क्यों भारी जाए! सेफ कॉन्सिसटुएन्सी की तलाश हमारे देश की डेमोक्रेसी ही सबसे बड़ा रोग है। इसीलिए अलीगढ़ यूनीवर्सिटी यूनियन में किसी मेजर सीट पर किसी हिन्दू लड़के का चुनाव नहीं हो पाता। परन्तु एक बार अनहोनी हो चुकी है। एस.एफ. ने लाइब्रेरियनशिप के लिए मल्होत्रा को इलैक्शन लड़वाया और यूनियन के इतिहास में पहली बार हिन्दू लड़का यूनियन की एक मेजर सीट के लिए चुना गया। मैं उस इलैक्शन को जब याद करता हूँ तब बहुत खुश होता हूँ क्योंकि उस साल एस.एफ. का प्रैसीडेन्ट मैं ही था। हमारा हिन्दू कैन्डिडेट नब्बे वोटों से जीता था। यानी यह जीत धुप्पल में नहीं हुई थी। हमलोग वास्तव में जीते थे। अलीगढ़ यूनीवर्सिटी उन मानों में मुस्लिम यूनीवर्सिटी कभी नहीं थी। अलीगढ़ में जन्माष्टमी धूम-धाम से मनाई जाती है। जश्ने-मीलादुन-नबी भी होता है और गुरु नानक दिवस भी मनाया जाता है। क्या किसी और यूनीवर्सिटी के पास त्यौहारों का यह तिरंगा झंडा है? अलीगढ़ यूनीवर्सिटी को मुसलमान तो केवल वह लोग (हिन्दू भी और मुसलमान) समझते हैं जिन्हें यह नहीं मालूम कि सर सय्यद की दाढ़ी वास्तव में धेंधा छिपाने के लिये थी।

देखिये मैं आपसे कह रहा था कि आप अलीगढ़ या गाजीपुर को नहीं जानते। सड़क मेरे घर से नीचे उतर चुकी है। आवाजें एक जरा दूर चली गई हैं। यानी कोई दो बज रहे होंगे। सोचता हूँ कि अब सो ही जाऊँ। शायद ख्वाब के पंख लगाकर बनाए हुए कबाब खा आऊँ। 'रहमत' में बैठकर चाय पी लूँ और अमीन से हजामत बनवा लूँ! इसलिए अब आज्ञा चाहता हूँ।

मेरी माँ के तीन नाम हैं। नफ़ीसा बेगम, हिन्दुस्तान और अलीगढ़ मुस्लिम यूनीवर्सिटी। इसीलिए यूनीवर्सिटी को कोई बुरा कहता है तो मुझे तकलीफ होती है। मगर यूनीवर्सिटी को अजनबी या बेमुरव्वत आलोचकों से उतना खतरा नहीं जितना ख़तरा उसे अपने अन्दर के आला अधिकारियों और अध्यापकों से है। इन लोगों के हाथ में यह अजीम यूनीवर्सिटी गीली मिट्टी की तरह है और यह लोग उसे अपनी गरज के सांचे में ढालते और फिर तोड़ते रहते हैं। सवाल कम्यूनिस्ट या जमाती होने का नहीं है। यूनीवर्सिटी अवसरवादियों के हाथों में है। यूनीवर्सिटी के दुश्मन वास्तव में ये लोग हैं और जब तक यूनीवर्सिटी में इन जैसों का राज चलता रहेगा, यूनीवर्सिटी की हालत नहीं सुधर सकती।

इम्तिहानों के नतीजों पर कमेटी बिठाने से कोई फायदा नहीं। कमेटी बिठलानी चाहिए यूनीवर्सिटी के उन उस्तादों पर, और यह मालूम करना चाहिए कि प्रोफेसर हो जाने से पहले उन्होंने कौन से इल्मी तीर मारे थे। प्रोफेसर हो जाने के बाद उन्होंने कितने चिराग जलाए। मगर मैं जानता हूँ कि कोई एजुकेशन मिनिस्ट्री यह कमीशन नहीं बिठायेगी। इसलिए राही साहब सो जाओ। नाहक अपना खून जलाने से क्या फायदा?

□□

धर्म संस्कृति और राष्ट्रीयता

पाकिस्तान एक बेदर्द सचाई है। यह सचाई अब भी उतनी ही बेदर्द है, पर अब पहले से बहुत छोटी हो गयी है। बहुत दिन हुये मैंने अपनी एक कविता में ये दो शेर लिखे थे:

आस कच्चे घड़े की तरह बह गई
सोहनी बीच तूफान में रह गई

जामा मस्जिद में अल्लाह की जात थी
चांदनी चौक में रात ही रात थी।

आप समझ गये होंगे कि यह किस जमाने की बात है। यह आजादी का गीत नही है। मेरे दिल का मर्सिया है। यह उन दिनों की बात है। जब मुझे यह पता चला कि हरि मुसलमान थी। मेरी ही तरह यह बात और बहुत से लोगों को भी मालूम हुई और बाकी लोगों को यह बात कैसी लगी यह मैं नहीं कह सकता। लेकिन मुझे ऐसा लगा मैं अधूरा रह गया। टैगोर हिंदू निकले। नजरुल इस्लाम मुसलमान। मनुष्य के इतिहास में संस्कृति शायद पहली बार धर्म के आधार पर बाँटी गयी। चिनाव का पानी कहीं हिंदू है। कहीं मुसलमान। अंग्रेजों के जमाने में चाय तो हिंदू मुसलमान हुआ करती थी, परन्तु दरियाओं का पानी अंग्रेजों के जाने के बाद मुसलमान हुआ। यह बात बहुत परेशान करने वाली थी। क्योंकि संस्कृति गिरगिट की तरह रंग नहीं बदल सकती। एक हिंदुस्तानी नागरिक के नाते मैं यह नहीं भूल सकता कि पाकिस्तान वास्तव में हमारे इतिहास का एक हिस्सा है। यह बात हमारे इतिहास में लिखी जायेगी कि 14 अगस्त सन् 47 को पाकिस्तान बना। अपने इतिहास की इसी उलझन को सुलझाने के लिए-या इस भूल-भुलैया में अपने आपको तलाश करने के लिए मैंने लिखा अपना उपन्यास 'आधा गाँव'। यह 'आधा गाँव' मैंने अपने पूरे दोस्त कुँवर पाल सिंह को भेंट किया, फिर मैंने टोपी शुक्ला की

कहानी लिखी, क्योंकि 'आधा गाँव' लिखकर मैंने यह देखा कि बलभद्र नारायण और जगमि हैदर एक दूसरे बिछूड़ कर अधूरे रह गये हैं। बात फिर भी साफ नहीं हुई, हमने 'टोपी शुक्ला' इफ्फान को 'हिम्मत जौनपुरी' बना कर देखने की कोशिश की। परन्तु यह समझ में न आया कि पाकिस्तानी क्यों बना और यही सबसे जरुरी सवाल था। 'ओस की बूँद' में मैंने कुँवर वजीर हसन सिंह की दीवार से जिन्ना साहब की तस्वीर उतारी, तो यह दिखाई दिया कि जहाँ तस्वीर टंगी हुई थी, वहाँ दीवार पर इतिहास का रंग हल्का है। एक धब्बा सा नजर आ रहा है। मैं जानता हूँ कि कुँवर नजीर हसन की वह दीवार केवल एक दीवार नहीं है। वह बहुत से लोगों का दिल भी है।

यह बात अपनी जगह ठीक है कि हिन्दुस्तानी मुसलमानों के बहुमत ने पाकिस्तान के लिए वोट दिया था। तो क्या पाकिस्तान बनने की सारी जिम्मेदारी हिन्दुस्तानी मुसलमानों पर है। अगर है तो उन मुसलमानों के साथ क्या सलूक किया जाए, जिन्होंने सन् पैंतालीस में मुसलिम लोग की राजनैतिक दीवानगी का सामना किया था और उन हिन्दूओं को क्या कहा जाय जिन्होंने मुसलमानों के कहने से देश बँट जाने दिया। जो लोग धर्म को राष्ट्रीयता का आधार नहीं मानते, उन्होंने धर्म के आधार पर देश के बँटवारे को स्वीकार कैसे किया? पाकिस्तान बनने की ज्यादा जिम्मेदारी उन्हीं लोगों पर आती है- यानी हमारी राष्ट्रीय लीडरशीप ने उन मुसलमानों को धोखा दिया, जो पाकिस्तान का विरोध कर रहे थे। पाकिस्तान बन जाने के बाद पाकिस्तान का विरोधी मुसलमान सन्नाटे में आ गया। उसके पांव के नीचे से जमीन निकल गया। वह अकेला हो गया और उसका यूँ अकेला हो जाना आधुनिक भारतीय वातावरण की सबसे बड़ी ट्रेजेडी है। सन् 47 से पाकिस्तान विरोधी हिन्दुस्तानी मुसलमान के अविश्वास का युग आरंभ होता है। बड़े-बड़े लोग डिग गये। नियाज फतेहपुरी और जोश मलीहावादी जैसे लोग पाकिस्तान चले गये। ऐसे सैकड़ों नाम हैं। यह बात भी ध्यान में रखने योग्य है कि अब्दुल हमीद के परमवीर चक्र पाने के बाद भी किस मुसलमान को पाकिस्तान के खिलाफ हॉकी के किसी मैच में नहीं खिलाया गया। हिंदू और मुसलमान हिंदू से डरता है। लोग इस शक और डर का फायदा उठा रहे हैं और कोई शक और डर के खिलाफ लड़ना नहीं चाहता क्योंकि चुनाव में यह शक भी वोट दिलवाता है और यह डर भी।

यह बातें मैं इसलिए कह रहा हूँ कि हिंदुस्तानी पाकिस्तान के युद्ध को समझने के लिए इन बातों को ध्यान में रखना जरुरी है।

पाकिस्तान डर और नफरत के आधार पर बना है। वह नफरत अब भी है। पाकिस्तान की सरकारें इसी नफरत का तेल पी कर चलती है, क्योंकि यह नफरत खत्म हो जाये तो पाकिस्तान का आधार खत्म हो जायेगा। इसलिए वहाँ तो एक तरफा बातें हैं। पाकिस्तान की तरफ हमारा क्या रवैया है? पाकिस्तान हमारे देश को घायल कर के बना है। तो क्या वह घाव भर गया? क्या वह घाव कभी भर सकता है। यदि वह घाव

भर गया है, तो हम कश्मीर को पाकिस्तान में क्यों नहीं चला जाने देते? बहुत से लोग यह क्यों सोचते हैं कि कश्मीर को हिंदू बहुमत का क्षेत्र बना लेना चाहिए? क्या सिक्योरिटी काउंसिल में किसी शेख अब्दुल्ला किसी हागला या किसी नूरुल हसन को क्यों भेजते रहते हैं। हम उन अरब देशों को मक्खन लगाते रहते हैं, जो हर मौके पर हमारा विरोध करते हैं या चुप रह जाते हैं। हम जो चीन की वास्तविकता को मनवाने में एड़ी-चोटी का जोर लगाए हुए थे, इसराइल की वास्तविकता को क्यों नहीं स्वीकार करते?...यह और ऐसी ही दूसरी कई बातें हैं और कोई यह बात कहे न कहे, मैं यह बात कहता रहा हूँ, और आज फिर कहता हूँ कि पाकिस्तान का आधार नफरत है। मैं पाकिस्तान से मुहब्बत नहीं कर सकता। मुझे बहुत बुरा लगता है। जब मुझे केवल हिन्दुस्तानी न कहकर हिन्दुस्तानी मुसलमान कहा जाता है। कोई हिन्दुस्तानी हिन्दू नहीं कहा जाता, कोई हिन्दुस्तानी सिख या हिन्दुस्तानी ईसाई नहीं कहा जाता, लेकिन मैं हिन्दुस्तानी मुसलमान कहा जाता हूँ।

जैसे कि मैं हिन्दुस्तानी संस्कृति के सिलसिले की कड़ी ही नहीं हूँ। जैसे कि बार-बार मुझे यह याद दिलाने की कोशिश की जाती है कि पाकिस्तान बनाने की पूरी जिम्मेदारी मुझ पर है। मैं यह जिम्मेदारी स्वीकार करने से इंकार करता हूँ। मेरे कंधों से पाकिस्तान का यह बोझ गिर जाये तो मैं बहुत खुश हूंगा। सोनार बांगला देश का जन्म मेरे इस ख्वाब को हकीकत बनाने की तरफ पहला कदम है।

महाभारत हर युग की तकदीर है। मैं खुश हूँ कि यह लड़ाई मेरी जिंदगी में हुई। ईस्ट पाकिस्तान का सोना बांगला देश मेरी जीत है। मैं समझता हूँ कि वे लोग जिनकी आत्माएँ पाकिस्तान में रहती हैं और वे लोग जिनके राजनीतिक जीवन का आधार मुसलमान दुश्मनी है, अब हमारी समाजी जिन्दगी में जहर नहीं घोल सकेंगे। इस लड़ाई के नतीजे में दो मजेदार चीजें सामने आई हैं। हिन्दुस्तान मुसलमानों का सबसे बड़ा देश है और मुसलमान बहुमत का एक देश बनवाने में जनसंघ का सहयोग भी शामिल था। इन दोनों बातों का भारत की राजनीति पर अच्छा और गहरा असर पड़ेगा। भारत का राष्ट्रवादी मुसलमान जो सन् सैतालीस को गद्दारी के बाद चुप सा हो गया था, अब श्री मती इंदिरा गांधी से पूछेगा कि यदि बंगाली एक कौम है तो आज के पिता और सरदार पटेल जैसे राष्ट्रीय नेताओं ने उन्हें ईस्ट पाकिस्तानी मानने की भूल क्यों की थी?

इस लड़ाई से कुमारी कुर्तुल-ऐन-हैदर के उपन्यास 'आग का दरिया' शानी के उपन्यास 'काला जल' और मेरे उपन्यास 'आधा गांव' के मुअम्मे के हल निकले।

एक भारतीय मुसलमान के नाते शेख अब्दुल्ला अफजल बेग और महीउद्दीन कर्रा जैसे लोगों से यह कहना चाहता हूँ कि सूरज की तरह पीठ करके बैठने से कुछ नहीं होता।

बस एक बात मेरी समझ में नहीं आती और मैं एक हद तक दुखी भी हूँ-यदि

मुजीबुर्रहमान दो कौमों का नजरिया नहीं मानते तो पूरबी बंगाल को अपने घर आ जाना चाहिए था। सुबह का भूला शाम को घर आ जाए तो उसे भूला नहीं कहते। दो कौमी नजरिये को झूठलाने के बाद भी हमारा पूर्वी बंगाल हम से अलग क्यों है और यदि पूर्वी बंगाल के बंगाली हिन्दुस्तानी कौम का हिस्सा नहीं है तो पश्चिमी बंगाल के बंगाली किस खाने में रखे जायेंगे? यदि बंगाली एक कौम है तो मराठियों, पंजाबियों, कश्मीरियों, और राजस्थानियों वगैरा ने क्या बिगाड़ा है? क्या इस लड़ाई में यह नतीजा निकला कि हिन्दुस्तान एक से अधिक कौमों का घर है? मैं चाहता हूँ कि यह बात याद रखी जाए कि यह सवाल एक भारतीय मुसलमान ने उठाये हैं। मैं सोनार बंगला देश के लोगों को सलाम करता हूँ, परन्तु...इस परन्तु के बाद कुछ नहीं कहूँगा।

मैंने इन जनाब को बिगाड़ने की पूरी कोशिश की पर सफल नहीं हुआ।

सांवला रंग, गोरी मुस्कराहट। यह है गुनाहों का देवता जिसे गुनाह करना नहीं आया और शायद इसीलिए धीरे-धीरे उस पर उदासी की एक तह जम गई है।

गुनाह करना भी एक फन है और यह फन सीखने के लिए उस्तादों की जूतियां सीधी करनी पड़ती है और बड़े-बड़े पापड़ बेलने पड़ते हैं। लेकिन यह पापड़ एक्सपोर्ट नहीं किये जाते इसलिए विदेशी मुद्राएं भी नहीं कमाई जा सकती।

भारती जी को बम्बई जैसी गुनाहों की नगरी में भी गुनाहगारी सिखलाने वाला कोई अच्छा गुरु नहीं मिला। मैंने अपनी तरफ से पूरी कोशिश की पर कामयाब न हुआ।

भारती जी से ज्यादा समझदार तो एकलौता बेटा किंशुक है। तीन चार साल का हुआ तो मीना कुमारी पर आशिक हो गया। होनहार बिरवान के चिकने-चिकने पांत, परन्तु भारती जी को बेगुनाही ने उसका भी दिल खट्टा कर दिया। जवान होकर वह कम्प्यूटर पर आशिक हुआ और शायद अब बड़ी वफादारी से उसी इश्क में मुब्तला है।

मैंने भारती जी से कई बार कहा कि साहब कम से कम बेटे के लिए थोड़ा सा बिगड़ जाइए। जिंदगी सिर्फ साहित्य, सिर्फ राजनीति या सिर्फ "धर्मयुग" नहीं है। पर वह इस त्रिकोण से बाहर निकल कर जिंदगी को चखने पर तैयार नहीं। पहले थोड़ी बहुत पी लिया करते थे। शराब भी, सिगार भी, अब वह भी नहीं। पान खाया करते थे...सुर्ती वाला...अब वह भी नहीं...जोर जोर से हँसा करते थे। अब वह भी नहीं।

गुनाह तो दाल का नमक है भारती जी। नमक ज्यादा तो नहीं होना चाहिए, पर नमक बिना दाल में क्या खाक मजा आएगा।

यह जरूरी है कि साठ बरस का यह बच्चा अब बड़ा हो जाए ताकि 'ए सार्टीफिकेट' वाली फिल्में देख सके। क्योंकि जब वह राघवेन्द्र राव और बापैया जी की बनाई हुई गंदी फिल्में देखेंगे और फिल्मों के कीचड़ से लिखे हुए संवाद सुनेंगे और गंदे दृश्य देखेंगे तब

उन्हें पता चलेगा कि ये मैली फिल्में उस भारतीय सभ्यता के साथ कैसी बदसलूकी कर रही है, जिससे उन्हें पुष्पा भाभी से ज्यादा प्यार है और तब शायद उन जैसा संजीदा पत्रकार इन गंदी फिल्मों के खिलाफ कोई लड़ाई शुरू करे।

मगर चक्कर यह है कि भारती जी के पास दुखने वाला दिल तो है पर शायद उनमें सर से कफन बांधकर बाहर निकल आने वाला दीवाना नहीं है।

मुझे इमजेंसी के गहरे काले दिन याद हैं। भारत के बहुतेरे बुद्धिजीवियों की तरह भारती जी ने इमर्जेंसी का स्वागत तो नहीं किया, परन्तु इमर्जेंसी के उठ जाने के बाद उन्होंने अपनी उन कविताओं या कहानियों का संग्रह भी नहीं प्रकाशित करवाया जो उन काले दिनों में लिखी गई थी। मैंने इमर्जेंसी उठने के बाद श्रीमती गांधी की जूतियां सीधी करने वाले बुद्धिजीवियों को "बहादुरी" के बहुत से किस्से सुने हैं। भारती जी उन बहादुरों में नहीं हैं और इनका सिर्फ एक मतलब निकलता है कि उनमें अपने आप से सच बोलने की हिम्मत है...आज यह हिम्मत भी कितनों में है।

भारती जी प्रगतिशील लेखन के पुराने विरोधी हैं... यानी वह पुराने कम्युनिस्ट विरोधी हैं। तो हुआ करें मैं उनसे चेतना से सबक तो लेता नहीं। वह बड़े अच्छे दोस्त हैं। न मैंने कभी उनसे यह पूछा कि वह किसे वोट देते हैं और न ही कभी उन्होंने मुझसे यह पूछा। हम लोगों की दोस्ती के बीच में राजनीति नहीं है और अब तो मुझे उनका प्रगतिशील साहित्य का विरोध भी उतना बुरा नहीं लगता क्योंकि यदि हालत यह है कि यू. पी. में होने वाले प्रगतिशील लेखकों के मेले का खर्च उत्तर प्रदेश की मानव दुश्मन सरकार उठाती है तो उसका मतलब यही निकल सकता है कि प्रगतिशील लेखकों की दुनिया में सब खैरियत नहीं है।

पुराने प्रगतिशल लेखक आज देश या दुनिया से ज्यादा अपने बारे में सोचने लगे हैं। मजरूह सुलतानपुरी, फ़ैज अहमद फ़ैज को घटिया साबित करने और लोगों को यह बताने में लगे हुए हैं कि साहिर लुधियानवी के गाने दरअसल वह लिखा करते थे...कांग्रेस की पैदाइश का सौ बरसी समारोह जमा तो मजरूह साहब भी बगल में एक कविता दबाए पहुंच गये। वह तो खैरियत यह हुई कि पढ़वाये नहीं गए।

अली सरदार जाफरी "जब मैं ताशकंद गया" होकर रह गए हैं। उनके दिल का सूरज ताशकंद में ठहरा हुआ है।... वह दिन गए जब हर आशिक सरदार (जाफरी) हुआ करता था। यह सब अपनी मसलेहतों के घरोंदों में बैठे अपनी लड़ाई की हंडकुलियां पका रहे हैं।

ऐसे प्रगतिशीलों से प्रगतिशीलों का वह विरोधी ही चला जो यह चक्कर तो नहीं चलाता, जिसके घर जाव तो जो कभी अपनी बात नहीं करता, किसी और की लिखी हुई किसी अच्छी कविता या कहानी या उपन्यास ही की बात करता है। जिसके घर अटल बिहारी वाजपेयी भी आते हैं और कृष्ण चंद्र भी जाया करते थे। जिसकी जान पहचान राजेन्द्रसिंह बेदी से भी थी और जो इसमत चुगताई के साथ हँस बोल लेता है। मैं जहां

महादेवी वर्मा और अमृतलाल नागर को भी देखा और श्यामप्रसाद निगम को भी जो हिन्दी को गंवारों की भाषा मानते हैं। कहने का मतलब यह है कि नजीर अकबरवादी का बाजार है, भांत-भांत के लोग, भांत-भांत की बोलियां बोलते आते हैं। बाजार उन सब की बोली समझता है। लेकिन अपनी बोली अपने दिल में छिपाए रखता है। क्यों कि खुद उसे न तो कुछ बेचना है, और नहीं कुछ खरीदना है।

मैं उन्हें जब से जानता हूँ तब से वह बिल्कुल वैसे ही हैं। न घर की कुर्सियों के जगह बदली है, न दिल की कुर्सियों ने। जहां बैठता था, वहीं का वहीं बैठा हुआ है। हाँ बस उम्र बढ़ी हैं। कुर्सियों की भी और कुर्सियों पर बैठने वाले और वालियों की भी। गुड़िया बड़ी हो गई है। उस उल्लू लड़की ने अपने रेशम जैसा बाल कटवा लिए हैं। किंशुक इतना बड़ा हो गया कि कम्प्यूटर के साथ अमेरिका भाग गया है। केका एक बच्चे की माँ हो गई है। पुष्पा भाभी मिसेज सोनिया गाँधी के इंटरव्यू लेने गई हैं। भारती जी के बालों में चाँद की एक खान निकल आई है। सभी कुछ बदला है ना, पर उनके घर जाइए लगेगा गुड़िया वैसी ही छोटी है, किंशुक वैसा ही शर्मीला है। केका उतनी ही मासूम और मीठी है। पुष्पा भाभी वैसे ही सब्जियां पका रही हैं और भारती जी वैसे ही अपनी लाइब्रेरी में गद्दे पर लेटे कुछ सोच या कुछ पढ़ रहे हैं।

तो क्या इसका मतलब यह हुआ कि भारती जी में कोई परिवर्तन ही नहीं हुआ। यह कैसे हो सकता है, परिवर्तन तो अवश्य हुआ होगा। परन्तु गहरी और बड़ी नदियों में बाढ़ का जल्दी पता नहीं चलता, पर इन नदियों में भी बाढ़ें आती हैं...यह जो नदी है जिसका नाम धर्मवीर भारती है उसमें भी बाढ़ आ रही है पर उस बाढ़ का पता सन् 2046 में चलेगा जब उनकी एक सौ बीसवीं सालगिरह मनाई जा रही होगी। अल्लाह इस आठ बरस के बच्चे को एक सौ बीसवीं सालगिरह मनाने भर जिंदगी दे।

तिलिस्मे होशरुबा : अवध की तहजीब

'तिलिस्मे होशरुबा' लगभग पंद्रह सोलह हजार जहाजी पत्रों की एक दास्तान है। लखनऊ के बयान के लिए इससे कम पन्नों से काम भी न चलता। वैसे यह तिलिस्मे होशरुबा वास्तव में पूरी दास्तान नहीं है, बल्कि लगभग एक लाख पन्नों की दास्ताने-अमीर हम्जा का केवल एक हिस्सा है। दुनिया में शायद ही कोई इतनी बड़ी दास्तान हो और शायद ही कोई ऐसा शहर हो, जो इतनी बड़ी दास्तान का बोझ उठा सके। 'अलिफ लैला' का तो बस नाम हो गया है। इस दास्तान के मुकाबले में 'अलिफ लैला' की कोई हैसियत नहीं है। दुनिया की यह सबसे बड़ी दास्तान एक छोटे से शहर लखनऊ के बारे में लिखी गयी—लखनऊ में कोई न कोई तो खास बात रही होगी, अपने उपन्यास 'आग का दरिया' में कुर्रतुलऐन हैदर ने इस शहर की बड़ाई का राज बताया है। वे लिखती हैं।

"इन जैसे नाम कहीं न होंगे. इनकी जैसी जबान, मजाक, लिबास, ये लोग गरीब, अमीर, औरत, मर्द, जो ठाकुर एमामबख्श और लाला हुसैनबख्श हैं, मिरजा मेंढ़ू और नव्वाब कम्मन कहलाते हैं और एमामन मेहरी और मिरजा जंगली, और सुखबचन लौंडी और नव्वाब बसंती बेगम, ये सब रोते हैं, हंसते हैं, गाते बजाते हैं...जागीरदाराना समाज की हकीकी अच्छाइयां और जितनी बुराइयां हो सकती हैं, वे सब इनमें मौजूद हैं। इसलिए ये लोग बड़े जजबाती हैं, बताशे और कौड़ी पर नाचने वाले रक्कास, कश्मीरी भांड़, जलतरंगिये, बीनकार, बाजपेई बरहमन, तबलची, शायर मर्सियागो, कायस्थ, फौजी, बांके, चंडूबाज, नक्काल बहरूपिये, आलिम फाजिल, कलावंत, यहीं रज्मो-बज्म साथ-साथ रहती हैं...

"यहां हिंदू और मुसलमान का फर्क कोई नहीं जानता...मोहर्रम में बलवे नहीं होते ...हिंदू ताजियादारी करते हैं और मुसलमान दीवाली मनाते हैं, कैसा उलटा जमाना है, नव्वाब बहू बेगम हर साल होली मनाने फैजाबाद से अपने बेटे के पास लखनऊ आती हैं।"

चलन के बाजार के दोहे

ये बातें दिल्ली के बारे में नहीं कही जा सकतीं। दिल्ली में हिंदू मुसलमान एक दूसरे के करीब अवश्य आ गये थे, परंतु दिल्ली में यह फर्क मिटा नहीं था। वहां न कोई लाला हुसैनबख्श बन सका और न कोई नव्वाब बसंती बेगम। मुसलमान लखनऊ में हिंदुस्तानी बने। इसीलिए मैंने यह जरूरी समझा कि आपको यह बतलाता चलूं कि वह अवध क्या था, जिसकी राजधानी लखनऊ में दुनिया की वह सबसे बड़ी दास्तान सुनायी गयी, जिसके एक हिस्से 'तिलिस्मे-होशरुबा' की बातें मैं इस दास्तान के नायक अमीर हम्मा (जिन्हें दास्तानगो श्री मोहम्मद का चचा बताते हैं) और उनके परिवार की आत्मा का विश्लेषण कर के यह दिखलाऊंगा कि नबी के इन घरानेवालों पर कितना भारतीय प्रभाव है। अभी तो केवल भाषा की बात करना चाहता हूं। मैं आपको व कवित्त, दोहे और चौपाइयां सुनाना चाहता हूँ,जो 'नासिख' के लखनऊ की इस महान दास्तान में हैं और मैं आपके कुछ ऐसे शब्दों से भी मिलाना चाहता हूँ जो इस दास्तान की गलियों में बसे हुए हैं, न यह कवित्त, दोहे और चौपाइयां ज्यादा हैं और न यह शब्द, परंतु अहम बात यह है कि 'नासिख' के लखनऊ की एक दास्तान में इनका प्रयोग हुआ है और इसका मतलब यह है कि लखनऊ के नव्वाब, शहजादे और अशराफ इन दोहों, कवित्तों, चौपाइयों और शब्दों को न सिर्फ यह कि समझते थे, बल्कि इन्हें स्वीकार करते थे। क्योंकि यदि ऐसा न होता तो दास्तानगोयों ने इनका प्रयोग ही न किया होता। ये वे शब्द हैं, जिनका प्रयोग आले अहमद सुरूर या मसऊद हुसैन खां या डॉक्टर फरीदी या मौलान इसहाक इलमी नहीं जानते। परंतु उर्दू 'तिलिस्मे होशरुबा' की है या आले अहमद सुरूर की? मैं तो किसी भी बाजार में ये नये चिराग दे कर पुराना चिराग लेने पर तैयार हूं। उर्दू के ढिंढोरची चाहे वे प्रोफेसर हों या डॉक्टर, खुद अपनी ही विरासत से नावाकिफ हैं और इसीलिए उर्दू हिंदी के नाम पर दंगे हो रहे हैं। आइए इन प्रोफेसर आले अहमद सुरूरों और डॉक्टर फरीदियों से पूछें कि उन्हें इस तरह के कितने शेर याद हैं और क्या वे इनका प्रयोग करने पर तैयार हैं।

अलिफ एक बहुरंगी साईंः हर घर में वा की परछाईं।
वजहिन कहे तो क्या कहे, कुछ कहने की नहिं बात।
समुद्र समायौ बूंद में, अचरज बड़ी दिखात।।
आह करूं तो जग जल जाये और जंगल जल जाय।
यह पापी जियरा ना जले कि जेहमां आह समाय।।
अनहोनी की होन को ताकत हैं सब कोय।
अनहोनी होनी नहीं, होती होय सो होय।।
एक तो नैना मधु भरे, दूजे अंजन सार।

ए बावरी को देत हैं मतवारन हथियार।।
पग आगे पथ रहे और पग पाछे पथ जाय।
कागा अइसे पूत कपूत का कभऊं मास ना खाय।।
जो मैं ऐसा जानता कि पीत करे दुख होय।
नगर ढिंढोरा पीटता, कि पीत न करियो कोय।।
जाको रक्खे साइयां, मार न साके कोय।
बाल न बांका कर सके, जो जग बैरी होय।।

आखिरी दोनों दोहों में जो गलती है वह इसका सुबूत है कि यह दोहे हाफिजे के गोदाम में नहीं थे बल्कि चलन के बाजार में थे और उन लोगों को इसी तरह याद थे खैर! आगे चलिए.

दुख में सब हरि को भजें, सुख में भजे न कोय।
जो सुख में हरि को भजे, दुख काहे को होय।।
धूप पड़त, धरती तपत, ऊपर छिटका धाम।
दौड़ी बिलकत जात हौं तेहू न चितवत स्याम।।

सोहन, मोहन मन हरण, कंचन बरन अडोल।
कड़े करारे, चिकने, ऊंचे, गोरे, गारे गोल।।
लकड़ी जल कोइला भई, और कोइला जलकर राख।
मैं पापन ऐसी जली कि कोइला भई न राख।।

वगैरह.

मैंने अपने थीसिस (शोध प्रबंध) में ऐसी अट्ठावन मिसालें दी हैं... वह उर्दू नहीं है। यानी इन्हें इस दास्तान से निकाल कर देखा जाये तो ये हिंदी काव्य की मिसालें हैं। मगर 'नासिख' का लखनऊ खिचड़ी भाषा नहीं बोलता था और इसलिए मैं यह कहने का हौसला कर रहा हूँ कि वे तमाम कवित्त और दोहे उर्दू जगत में सिक्के की तरह चल रहे थे और इसीलिए उन दास्तानगोयों ने लखनऊ के 'अशराफ' के सामने ये दोहे पढ़ने का हौसला किया। 'तिलिस्म' में तो ऐसे अट्ठावन ही मकामात हैं, परंतु इनकी गवाही मान ली जाये तो यह सोचना गलत न होगा कि उर्दू में डिंगल और अवधी के इन्हीं अट्ठावन शेरों का चलन न रहा होगा, बल्कि अट्ठावन सौ शेरों में से इन दास्तानगोयों ने सिर्फ अट्ठावन शेरों का प्रयोग किया है।

भाषा की दुनिया में

आइए अब भाषा की दुनिया में चलें। दास्तानगायों ने अब्भक, अतीत, अचरज, (आश्चर्य), अर्थी, अढ़ोरी, स्त्री, स्नान, अगियार, अन्न, अनंद, ओर, अबेर इक्षा, उढ़ाई, स्थान, उत्तम, असीस, (आशीर्वाद) , आगम, अलोप, अंधड़, उपास (उपवास) ऊमाटी, ओहरिया, गोहरिया, आगम, बान (बाण), बावरा, बजावत बदा (किस्मत का लिखा),

ब्रमराक्सस (ब्रह्मराक्षस) बड़ो (बड़ा), ब्रहस्पत, भेंट (कुर्बानी), बैरागी, विरोगी, बैंकुठ, बलि, बौलाना (बौराना) बाम्हनी (आँखों की एक बीमारी) बित (कद), बिचार (विचार), बधनी, बछेक बरन (वरण) बिरह, (विरह), बिकट, अद्धड़, बिरोगन, बैरी, बकुट्टा, बन्नो (दुल्हन), भत्ती (तीजे का भात) भिच्यक (भिक्षक), भगत (भक्त) बेहवार, बेर अबेर, पा लगान, पाताल, पच करना, प्रान (प्राण), परशाद (प्रसाद), पढ़ंत करना, पुरनमाशी (पूर्णमासी), भिच्चा (भिक्षा), भर्रा, भोजन, भोग करना, भेना, पाप, पालू (पालतू), पिछल पाई, परमेश्वर (प्राणेश्वर), पंत (पंथ), पूत (बेटा), पिआना (पिलाना), तागा (धागा), तुला, तोपना (गाड़ना) ठंडाई, जुटना, जुल देना, जूझना, जोरू, जोगे (योग्य), झल (झल्लाहट), झमक्ड़ा, चित लगन, चरित्र, चंद्राना, तप्शी (तपस्वी), तीजा, जाप, जल, जुरुवा, जोखना, चौका देना, चंद्रमा, चंडाल (चांडाल), चौमुख, दाता, दान पुन्न, दरशन, दूहाजू, धगड़ा, धम्माल, ध्यान, दया, देवा (देनेवाला), छोकड़िया (छोकरी), चेतना, दारू, दुब्धा, दुलखाना (शक करना), धाना (जाना), धन होना (धन्य होना), धनी, देह (बदन), रासी (राशि), रसोई करना, रोग, स्वर्ग, सिरीफल (श्रीफल), संजोग (संयोग), संकट, सवत (सौकन), बीघा (सूखा अनाज), सेवक, कागा, कांवर (चुल्लू), खप्पर (भीख मांगने का ठीकरा), किरप (कृपा), क्रिया (कसम), रक्त, सिद्व, सिर मुख, संपूर्ण, संसार, संगत, स्याम (श्याम), सेवा, कारन (कारण), कामरूप (खूबसूरत), कुच, करख (ज्योतिष की राशि), केकड़ा, क्रि कम, कूलजीभा, कुंजल, कुंडी, कन्या (ज्योतिष की राशि), कूत (खती बाड़ी की इस्तिलाह), खटिया, खेलाड़न (आवारा औरत), गाभिन, गजरा, गोपी, गेगली (नादान), लछमी (लक्ष्मी), कंटक (कांटा-काइयां) कुंड, कुंडली, कन्या (लड़की), खंडत, खेम कुसल (क्षेम कुशल), गात, गुप्तदान, गोसय्यां, घाम (धूप) लाज, लौंडा (बेटा), लौटा धेरी (लौंडेबाज औरत), मान मथन (मैथुन), मंता (मान्यता), मूना (मर जाना), मूर्ख, मुकुट, महीन, मेघ (मेष-ज्योतिष) निपट, नर्क, नवीन, हत्यारी, हर लेना, होम, मास, मूत्र, मसान (श्मशान), मूंडी, मोरे (मेरे), महाबली, भय्या, नांघना, नराएन (नारायण), नरक कुंड (नर्क कुंड), हर (हरि), और हेकड़ का प्रयोग किया है, पंद्रह सोलह हजार पन्नों की किसी कहानी को देखिये कि ये शब्द बहुत नहीं हैं, परंतु यह देखिए कि ये शब्द नासिख के लखनऊ की एक दास्तान में मिले हैं तो ये बहुत हैं और यदि यह सोचें कि आज की उर्दू इनमें से कितने शब्दों को जानती है और इनमें से कितने शब्दों का प्रयोग करती है तो फिर यह शब्द बहुत से ज्यादा हैं। लगता ऐसा है कि 'नासिख' से जो काम न हो सका था उसे कर लेने में अंग्रेज सफल हुए और हमारी शब्दावली हिंदी और उर्दू में तकसीम हो गयी, और यदि आप यह भी देख सकें तो फिर आप यह भी देख सकेंगे कि पाकिस्तान वास्तव में कब और कहां बनना शुरू हो गया था। पाकिस्तान की बुनियाद सच पूछिए तो उन्नीसवीं सदी के आरंभ में पड़ गयी थी। कलकत्ते के फोर्ट विलियम कालेज में गिलक्राइस्ट नाम के एक अंग्रेज ने

पाकिस्तान की बुनियाद डाली थी। परंतु मैं यशपाल जी से क्या शिकायत करूं, जबकि खुद उर्दू के लिए नारे लगानेवाले उर्दू के मेजाज और उर्दू की परंपरा और उर्दू की हिन्दुस्तानी आत्मा को नहीं पहचानते। मैं उर्दू को भाषा नहीं मानता, परंतु उर्दू साहित्य की एक 'भाषा' है जो पढ़ने से तअल्लुक रखती है, शर्त बस यह है कि पढ़ने वाले को अपने देश की परंपरा से प्यार हो क्योंकि यदि ऐसा न होगा तो वह गुलो-बुलबुल और शीरीं फरहाद में उलझ कर रह जायेगा।

गर्दिश के दिन

मैं अक्सर सोचता हूँ कि 'व्यक्ति' की परिभाषा क्या है। 'मैं' क्या चीज होता है? मैं तो अपनी एक भीड़ हूँ। मैं केवल एक लेखक नहीं। मैं किसी का बेटा, किसी का भाई, किसी का पति और किसी का पिता भी हूँ। किसी का दोस्त और किसी का दुश्मन भी हूँ। मैं वह आदमी भी हूँ जो किसी के लिए काम करता है। मैं वह आदमी भी हूँ जिसके लिए कुछ लोग काम करते हैं... मुझ में और बहुत से लोग भी होंगे। मैं वह हिपोक्राइट भी हूँ जो अपने बॉस के बेजान लतीफे सुन कर सिर्फ हंसता ही नहीं, बल्कि जी लगा कर हंसता है। जो घंटों अपने बोरिंग पड़ोसियों को बरदाश्त करता है। जो खराब शेरों की तारीफ करता है ...जो इसी प्रकार के और भी बहुत-से घटिया काम करता रहता है. ..यह 'मैं' 'व्यक्ति' तो हरगिज नहीं। यह तो अच्छा-खासा मोहल्ला है!

तो प्रश्न यह उठता है कि यह जो मेरी भीड़ है, इसमें बात किस की चलती है? कायदे से तो लेखक की बात चलनी चाहिए, क्योंकि घर में उसी के पसीने का चिराग जलता है पर ऐसा होता नहीं। लगभग हमेशा लेखक को अपना जी मारना पड़ता है।

सामने जो आदमी बैठा चाय पी रहा है, वे लेखक के पास नहीं आया है। वह तो मालिक-मकान है। किरायेदार से किराया बढ़ाने की बात करने आया है और जो आदमी उसके सामने बैठा उसे फुसलाने की कोशिश कर रहा है, और दिल-ही-दिल में उसे गालियां भी देता जा रहा है, वह भी लेखक नहीं, क्योंकि लेखक बेचारा तो अलग-थलग बैठा एक कहानी लिख रहा था कि मालिक-मकान के आने की खबर मिली। किरायेदार उठा तो उसके साथ लेखक को भी सिटिंग रूम में आना पड़ा...यूं ही मुझ पर और बहुत कुछ भी गुजरती रहती है। पर इन बातों पर न पाठक सोचता है, न आलोचक। पाठक के पास पसंद-नापसंद की तलवार है। वह यह तलवार भांजता रहता है और आलोचक बड़े-बड़े और बूढ़े शब्दों के पत्थर लुढ़काता रहता है। रूक कर मेरी खैरियत कोई नहीं पूछता।

कोई लेखक शौक से बुरा नहीं लिखता। मैं उन लेखकों की बात नहीं कर रहा हूँ जो

केवल बुरा ही लिखते हैं और केवल अपने लिखे को महत्वपूर्ण साहित्य मानते हैं। मैं साहित्यकारों की बात कर रहा हूँ...उन साहित्यकारों की बात कर रहा हूँ जो अच्छे और बुरे साहित्य में फर्क कर सकते हैं। फिर भी सदा अच्छा ही नहीं लिखते। यह साहित्यकार बड़ी मुश्किल से कोई घटिया चीज लिखने पर तैयार हो पाता है। जानते-बूझते बुरा लिखना बड़ा मुश्किल काम है। पर इसे वही लोग समझ सकते हैं जो लिखने का काम करते हैं। वह लिखना पड़ता है जो लिखने को जी नहीं चाहता. पर लिखता हूँ क्योंकि मैं केवल लेखक ही नहीं हूँ। मैं वह दूसरा आदमी भी हूँ।

सत्ताईस साल से लिख रहा हूँ। जिंदगी का खाता देखता हूँ तो पता चलता है कि बिका ज्यादा, खरीदा कम, पाया कुछ नहीं। आत्मा का बजट डेफिसिट पर चल रहा है।

बीस-बाईस बरस तक लिखना पेशा नहीं था, शौक था, शोहरत पाकर खुश हो लिया करता था, काफी मशहूर हुआ। बड़े ऑटोग्राफ बांटे। पर उन दिनों भी दिल दुखता ही रहता था। उन दिनों की एक कविता याद आयी। शीर्षक था 'सालगिरह'।

आज मैं अपने घर में तन्हा
तीस और तीन चिराग जलाये
सोच रहा हूँ
आखिर मैंने क्या खोया है
आखिर मैंने क्या पाया है...

यह शायद सन साठ की कविता है ...घाटे का यह खयाल मुझे उन्हीं दिनों से परेशान कर रहा है।

कोई मुझे इक कागज दे दे
ऐ जख्मों से चूर उंगलियो
मेरे कलम की खुश्क रंगों को
आखिरी बार अब खून कर्ज दो
तीस और तीन चेरागों की इस खौफजदा सी रोशनी में आज
इस कागज के एक तरफ तो खेसारा लिख लूं
और इक तरफ मुनाफा लिख लूं
क्योंकि हमारी इस दूनिया में
जिंदगी चाहे जैसी भी हो
दस्तावेजें ठीक लिखी हों
क्योंकि हमारी इस दुनिया में
आदमी तो दो-चार बरस
दस-बीस बरस में मर जाता है
लेकिन यह दस्तावेजें जिंदा रहती हैं

यह है मेरे दिल का दर्द और इस दर्द में कोई शरीक नहीं होता। वह दूसरा आदमी भी

यह दर्द नहीं समझता तो किसी और से क्या शिकायत करूं?

मेरी पत्नी मुझे बहुत चाहती है, क्योंकि उसने मुझे बड़े महंगे दामों लिया है। तो मैं उसे इस दर्द का राज बता कर क्यों उदास करूं? दर्द की यह सलीब उठाये-उठाये घूमता रहता हूँ।

मेरा प्यार अब एक सलीब है
जिसको मैं कंधों पर उठाये
बस्ती-बस्ती घूम रहा हूँ।
यह क़ंधा जब दुख जाता है
इस कंधे पर रख लेता हूँ!

लेकिन जब दोनों कंधे दुख जायेंगे, तब क्या करूंगा? अपने आप से यह पूछते डर लगता है, शायद इसीलिए अपनी कविता 'यादों के काले जंगल में' में मुझे लिखना पड़ाः

यादों के काले जंगल में
मैं अपने को ढूंढ रहा हूँ
शायद मुझको खा डाला हो
आदमखोर दरख्तों ने!
मैं जो कभी एक नन्हा-सा चंचल बच्चा था
वह नन्हा-सा चंचल बच्चा
इस जंगल की तारीकी में डूब गया है...

फिर मैंने 'प्यास और पानी' में लिखाः

धूप के इस काले सहरा में
सब तन्हा हैं
इस अंगारा है कि जमीं है
साये का इक हलका-सा धब्बा भी नहीं है
जिसकी गोद में बैठ के कोई घास की उंगली से शबनम के कतरे चाटे!

और फिर मैंने अपनी वसीयत लिखीः

मैं इस दुनिया से क्या माँगूं
मुझे बेचा है इस दुनिया ने बरसों
और न जाने कब तलक यूं ही
हसीं जिल्दों की जंजीरें पिन्हा कर
यह गुलामों की तरह मुझको
हर इक आबाद चौराहे पे ले जायेगी
और मजमा लगायेगी
...मैं इस दुनिया से क्या माँगूं
मेरी नज्मों की कीमत जिंदगी में

इसने कब दी थी
जो अब देगी!

यह सन् बासठ की बातें हैं। तब तक लिखना मेरा पेशा नहीं बना था। फिर मेरी आवाज इतनी कड़वी क्यों हैं? क्या इसलिए कि मैं एक बैंक में क्लर्की कर चुका था? क्या इसलिए कि अपने एक दोस्त के नफे के लिए नाम बदल-बदल कर कहानियां घढ़ रहा था? एक बड़ी कड़वी बात याद आयी, मेरी जेब खाली थी, अब्बा नाराज थे। एक प्रकाशक ने शायद दो सौ रूपये ऐडवांस दिये कि 'गुनाह की रातें' जैसी कोई कहानी लिख दूं। पैसों की जरूरत थी। ले लिये। तय यह हुआ था कि मैं चूंकि प्रगतिशील लेखक हूँ। इसलिए अपने नाम से कोई अश्लील कहानी नहीं लिख सकता, सौ-सवा सौ पन्ने लिख डाले। फिर ख्याल आया कि मैं दुनिया से तो यह बात छिपा लूंगा, पर अपने आपसे कैसे छिपाऊंगा? मैंने वो सौ-सवा सौ पन्ने फाड़ दिये पर यह तब की बात है, जब मैं न पति था, न पिता, यदि होता तो क्या करता? थोड़े दिनों पहले तक यह बात याद करके मैं शरमा जाया करता था। अब सिर्फ उदास हो कर रह जाता हूं, क्योंकि अब मैंने उस दूसरे आदमी से सुलह कर ली है। यही एक बात और बड़ी सफाई से कहना चाहता हूँ। अब्बास हुसैनी, उस बेनाम प्रकाशक, ही की तरह मैंने कम्यूनिस्ट पार्टी के लिए भी जान-बूझ कर बुरा लिखा है। पहले और आखिरी के लिए शर्मिंदा नहीं हूँ, पर यह बात फिर भी सही है कि मैंने लेखक को अपने घर में दूसरे दर्जे का शहरी जरूर बनाया है।

पर जब तक मैं अलीगढ़ में रहा, तब तक उस बेनाम प्रकाशक के सिवा किसी ने मुझे जलील नहीं किया। मैंने जान-बुझ कर जो बुरी कविताएं और कहानियां लिखीं, उन पर मैं शर्मिंदा नहीं हूं। दोस्ती और राजनीतिक वफादारी के सामने मैं अब भी सर कटवाने को तैयार रहता हूँ।

मेरे मुंह का मजा वास्तव में अलीगढ़ के आखिरी दिनों में खराब हुआ और वह कड़वाहट अब तक मेरी मुंह में भरी हुई है। मेरे उपन्यास 'टोपी शुक्ला' में मेरे अलीगढ़ की कुछ झलकियां हैं।

वहां के उर्दू विभाग में पहली बार मुझे पता चला कि सच बोलना घाटे का काम है। ईमानदारी से काम करना घाटे का काम है। मैंने यह जाना कि तरक्की करनी है तो अपने आसपास के आले अहमद सुरूरों और डॉक्टर नूरुल हसनों को मक्खन लगाना चाहिए। मुझे इस बात पर फक्र है कि मैंने इन दामों तरक्की करना स्वीकार नहीं किया—यह शेर मेरे हैं:

ये ठीक है कि अंधेरा नहीं है महफिल में
मगर चिराग पे क्या क्या गुजर गयी होगी।
जंजीरों में जान पड़ी खूं दौड़ा
मौसमें-गुल ने इतनी देर लगायी।
ऐसा लगता है कि अंधेरा जीता

परवानों ने नाहक जान गंवायी।
हम जिसके पीछे भागे हैं इतना
शायद परछाईं थी, हाथ न आयी।
लेकिन मैंने हिम्मत न हारी। मैं यही गुनगुनाता रहा:
हम भी जुगनू की तरह सहरा में
शाम होती है तो जल जाते हैं।

मेरा काम जल कर रोशनी करना है। अपनी तकदीर का मातम करना मेरा काम नहीं। दीवानगी के इन्हीं दिनों में मैंने अपना उपन्यास 'आधा गांव' लिखा। 'आधा गांव' का जिक्र मैं खासतौर पर कर रहा हूँ। इस उपन्यास की गिनती हिंदी के अच्छे उपन्यासों में हुई। अब उसका हिसाब देखिए। तीन बरस में लिखा गया। एक बरस में छपा। तीन बरस में बिका। यानी सात साल का फेर है... मूल्य था दस रुपये। छपा था दो हजार। यानी पूरे एडीशन का दाम हुआ बीस हजार। मेरी रॉयल्टी हुई तीन हजार (यदि पूरी मिल जाये तो!) यानी चार सौ अटठ्ाईस रुपये पच्चीस पैसे साल। लगभग पैंतीस रुपये उन्हत्तर पैसा माहवार। यह देते हैं आप एक अच्छा उपन्यास लिखने की कीमत! साढ़े पैंतीस रूपये माहवार। प्रकाशक इसमें से भी काफी मार लेता है। आप किस मुंह से यह मांग करते हैं कि मैं अच्छा लिखता रहूँ? अरे साहब, अच्छा लिखता रहूं तो जीऊं कैसे! हर शाम वह दूसरा आदमी घर का हिसाब ले कर बैठ जाता है:

किराया	:	600
राशन	:	425
बच्चों की फीस	:	27
दवा-दारू	:	100
अतिरिक्त खर्च	:	300
सफेदपोशी	:	400
चंदे	:	50
किताबें	:	100
कुल	:	2002

सीधा हिसाब यह हुआ कि आमदनी साढ़े पैंतीस रुपये माहवार और खर्च दो हजार रूपये माहवार। लगभग 1965 रूपये माहवार का धाटा है।

अच्छा लिख कर जीने की कोई सूरत निकालिए न! बंबई में छह बरस रहने के बाद दूसरों के बारे में सच बोलने की हिम्मत नहीं रह गयी है। पर अपने बारे में सच बोलने की आदत अभी तक नहीं छूटी है। खुदा ने चाहा और हालात यही रहे तो चंद बरसों में सुधर कर लेखक से आदमी बन जाऊंगा।

जिसने 'आधा गांव', 'टोपी शुक्ला', 'हिम्मत जौनपुरी' और 'ओस की बूंद' जैसे उपन्यास लिखे हैं, वह बड़ा बहादुर आदमी था। पहले तीन उपन्यास उन दिनों की

यादगार हैं जब लिखना पेशा नहीं बना था। परंतु जब अलीगढ़ छूटा और मैं अपने परिवार के साथ बंबई आया, तो मेरे पास एक हजार रुपये थे और एक अजनबी भविष्य था और मेरी बेटी मरियम पैदा होने वाली थी... पर अभी तक मैं टूटने पर तैयार नहीं था। मैं इसी में मगन था कि लेखक हूँ ...लेखक। उल्लू का पट्ठा। भारती और कमलेश्वर ने साथ न दिया होता तो अस्पताल का बिल अदा करके मैं अपनी पत्नी और बेटी को अस्पताल से घर भी नहीं ला सकता था। तस्वीर का यह रूख है, जिस पर न पाठक की निगाह पड़ती है और न आलोचक की। परंतु मैं जो यह जिदंगी जी रहा हूं, इस वास्तविकता से आंखें नहीं चुरा सकता। मैं 'आधा गांव' लिखकर कर जिंदा नहीं रह सकता और 'आधा गांव' लिखूंगा कैसे यदि जिंदा ही नहीं रहूंगा? दो बरस से एक उपन्यास 'चुटकी भर धूप' लिख रहा हूँ। 70 पन्नों लिख पाया हूँ!...यह रफ्तार तब है, जब लिखना पेशा बन चुका है। मेरे लेखक को वह दूसरा आदमी छाप कर बैठ गया है। मैं लेखक से 'डायलॉग राइटर' बन गया हूँ! डायलॉग राइटर होना कोई बुरी बात नहीं। फिल्म एक बहुत बड़ा माध्यम है। घपला यह है कि इसमें मुझे लिखने की आजादी नहीं है। मैं डायलॉग राइटर हूं पर लोगों का ख्याल है कि डायलॉग के बारे में मैं ही कुछ नहीं जानता। मेरे अलावा हर आदमी को यह अधिकार है कि वह कलम उठाये और मेरे लिखे हुए सीन को 'ठीक' कर दे! मैं (और मेरी ही तरह के दूसरे तमाम लोग) इस जिल्लत को बरदाश्त करता हूँ—क्योंकि मुझे 'चुटकी भर धूप' लिखना है!

जब सारा घर सो जाता है, तो मैं सोचता हूं कि वह राही मासूम रजा क्या हुआ जो मेरे साथ बंबई आया था! मुझे अपने आपसे नफरत होने लगती है और तब मेरी चार साल की बेटी करवट लेकर मुझ पर अपना पांव रख देती है। मैं उसके पैर को चूम लेता हूं और अपने आपसे मेरी नफरत कुछ कम हो जाती है।

क्या मैं अपनी बेटी को जिंदा और खुश रखने के लिए एक लेखक को नहीं मार सकता? जरूर मार सकता हूँ और यदि आप मुझे जिंदा रखना चाहते हैं तो मेरी तनखाह कुछ बढ़ाइए। साढ़े पैंतीस रूपये माहवार में जिंदा रहना मेरे बस की बात नहीं है!

□□

अन्तर्द्वन्द्व

आदमी अपने घर में अकेला हो और पड़ोस की रोशनियां और आवाजें घर में झांक रही हों तो यह साबित करने के लिए कि वह बिल्कुल अकेले नहीं है, वह इसके सिवा और क्या कर सकता है कि उन बेदर्द रोशनियों और आवाजों को उल्लू बनाने के लिए अपनी बहुत पुरानी यादों से बातें करने लगे।

वह कई रातों से लगातार यही कर रहा था।

अकेला होना उसके लिए कोई नयी बात न थी। उसे मालूम था कि बदन और आत्मा की तनहाई आज के लोगों की तकदीर है। हर आदमी अपनी तनहाई के समुद्र में खुश्की के एक टुकड़े की तरह है। सागर के अंदर भी है और बाहर भी और वह इस अकेलेपन का ऐसा आदी हो गया है कि अपनी तनहाई को बचाने के लिए अपने से भी भागता रहता है।

दस-ग्यारह बरस या दस-ग्यारह हजार वर्ष पहले उसने एक शेर लिखा था।

छूट कर तुझसे अपने पास रहे,
कुछ दिनों हम बहुत उदास रहे।

यह उदासी आधुनिक है। हमारे पुरखों की उदासी के बिल्कुल अलग है। इसने हमारे साथ जन्म लिया है और शायद यह हमारे ही साथ मर भी जायगी। क्योंकि हर पीढ़ी के साथ उसकी अपनी उदासी जन्म लेती है।

हमारे युग की उदासी को उदासी कहना, ठीक नहीं है। वास्तव में यह बोरियत है। यह बोर होने वालों की पीढ़ी है। किसी चीज का मजाक उड़ाना भी नहीं चाहता। पहले के लोग कैसा मजे में जिया करते थे। पतंग उड़ाते थे। बातें उड़ाते थे। मजाक उड़ाते थे। आज का आदमी अपने चेहरे के रंग के सिवा कुछ उड़ाता ही नहीं।

और उसके बारे में एक बात मैं यकीन से कह सकता हूं कि वह यदि आदमी था तो आज ही का आदमी था और आज के आदमी को यह डंलपिलों जैसी गदीली तनहाई नसीब नहीं होती कि वह आराम से लेट कर अपनी यादों को छांटे, सड़ी-गली यादों को

अलग करे, फटी-पुरानी यादों की मरम्मत करे और अच्छी यादों को धूप दिखला दे।

वह बहुत दिनों से फुरसत के ऐसे मौके की तलाश में था। परंतु आज तो मरने की फुरसत नहीं मिलती, जीने को तो बात अलग रही। पहले लोग आराम से बरसों बीमार पड़े रहा करते थे। सेवा करवा-करवा के सेवा करने का अरमान निकलवाते थे। दूर-पास के सारे रिश्तेदारों को इसका मौका देते थे कि वह उनकी पाटी के पास बैठ कर उसकी तारीफ करें...और जब लगभग लोगों को यकीन हो जाये कि यह मरने वाले नहीं, तब कहीं जा कर लोग मरा करते थे। पर अब वक्त की कमी के कारण हार्ट फेल होने लगे हैं। आधुनिक जिंदगी की भागदौड़ में मरने का चार्म भी बिल्कुल खत्म हो गया है।

वह हार्ट फेल होने के खिलाफ नहीं था। परंतु हार्ट फेल होने में एक बड़ी खराबी है। हार्ट फेल होने पर कोई शेर नहीं कहा जा सकता। इतना समय ही नहीं मिलता कि कोई यह कहे।

उनके देखे से आ जाती है मुंह पर रौनक,
वह समझते हैं कि बीमार का हाल अच्छा है।

इसीलिए वह चाहता था कि अपनी यादों को क्लासिफाई कर ले। जो वह कवि होता, तो बहुत परेशानी की बात न होती, परंतु शायरी से उसका पुराना बैर था। वह कहा करता था कि शायरी बड़ी असाइंटिफिक चीज होती है। शायरी में मुर्दे बोलते हैं...कागा सब तन खाइया...से लेकर कुरेदते हो जो अब आग जुस्तुजू क्या है...तक मुर्दे टायें-टायें बोल रहे हैं। दिल जो खून पंप करने की एक मशीन है, उसे शायरों ने इतना सर चढ़ाया है कि क्या कहा जाये। प्रेमिका को चंद्रमुखी कहने वाले यह भी नहीं जानते के चांद पर कैसी-कैसी खाइयां हैं!

परंतु जब वह अकेला हुआ तब उसे पता चला कि तनहाई खुद बहुत साइंटिफिक नहीं होती। भरीपुरी दुनिया में कोई अकेला कैसे हो सकता है। परंतु वह अकेला था और वह इस हकीकत को झुठला नहीं सकता था...और इसीलिए लगातार अपनी यादों की राख कुरेद रहा था।

कई रातों तक लगातार यादों के जंगल में भटकने के बाद वह तब नतीजे पर पहुंचा था कि आदमी अपनी यादों के बारे में डींगता ज्यादा है, मेरे पास इतनी यादें हैं और ऐसी ऐसी यादें हैं। सब झूठ है। बस दस-बीस यादें होती हैं। जिंदगी का बजट बहुत चौकस होता है। सारी जिंदगी जीने के बाद बचत के खाने में दस-बीस बुरी-भली यादों के सिवा कुछ नहीं होता।

पता नहीं लोग जीवनियां कैसे लिखते हैं। उसे तनहाई की चंद रातें गुजारने लेने के बाद यकीन हो गया था कि जीवनियां झूठी होती हैं। लेखक अपने जीवन की कहानी नहीं लिखता। एक कहानी लिखता है। अपने वर्तमान के लिए अतीत का पुश्ता बांधता है। वह अपनी तस्वीर को बहुत री-टच करता है। इससे भी काम नहीं चला तो शायद अपनी गर्दन पर नया चेहरा जड़ देता है।

परंतु वह तो बिलकुल अकेला था। आदमी चाहे दुनिया से झूठ बोल ले पर वह अपनी तनहाई से झूठ नहीं बोल सकता। वह अपने आपसे यह कैसे कहता कि जिन लैलाओं ने उसे धोखा दिया है, वह वास्तव में बड़ी वफादार थीं। वह तो अपने आपसे यह भी नहीं कह सकता था कि खुद वह बड़ा वफादार है। उसे कभी अपने आप पर तरस नहीं आया।

उदास होना दूसरी बात है। उदासी तो इस युग के मनुष्य की तकदीर है। उदासी और झल्लाहट। यही दो शब्द हैं जो बहरुपियों की तरह रूप बदल-बदल आते रहते हैं। यदि पहचान लिये जायें तो फिर बहरूप ही क्या हुआ।

उसे वह फैंसी ड्रेस शो याद था जिसमें वह अपने वेष में चला गया था। किसी ने नहीं पहचाना। बाद में उसे बताया गया कि एक आदमी ने गजब का बहरूप भरा था।

उसी दिन से जब कभी वह यह चाहता कि कोई उसे न पहचाने तो वह अपने चेहरे पर कोई चेहरा चढ़ाये बिना निकल जाता... और फिर उसे आदत-सी पड़ गयी। उसने अपने चेहरे पर कोई चेहरा चढ़ाना बिल्कुल छोड़ दिया। नतीजा यह निकला कि अब उसे कोई पहचानता ही नहीं। एक दिन उसने वह नकली मुसकराहट बाक्स से निकाल कर देखी जिसे वह होंठों पर चिपका कर निकला करता था तो यह देख कर उसे बड़ा आश्चर्य हुआ कि वह तो एक बड़ी बेहूदा चीज थी। बेजान, बेमतलब, बेमजा, वह यह सोच कर हंस दिया कि इस मेक-अप में वह कैसा हवन्नाक दिखाई देता रहा होगा। उसने उस मुसकराहट को फिर बक्स में डाल दिया और यह सोचने लगा कि उसकी पत्नी ने इस चीज को संभाल कर क्यों रखा है! उसे तो सफाई का बड़ा शौक है।

उसकी पत्नी मसर्रत बड़ी सुघड़ और प्यारी लड़की थी। इश्क करते-करते थक हार कर उसने मसर्रत से ब्याह कर लिया था। मसर्रत से उसे न ब्याह के पहले इश्क था और न ब्याह के बाद इश्क हुआ और शायद इसीलिए वह उसे सही पर्सपेक्टिव में देख सकता था इसीलिए वह बरसों इस फिक्र में रहा कि इस चांद का दाग कहां है। गहरी छानबीन के बाद उसे पता चला कि मसर्रत को पुरानी चीजें जमा करने का शौक है। उसका बस चले तो नयी साड़ियां बेच कर कबाड़िये की दूकान से पुरानी साड़ियां खरीद लाये। यह पता उसे खासा पुराना पति हो जाने के बाद चला। फिर भी पल भर के लिए वह कांप गया कि किसी दिन बोर होकर वह उसे औने-पौने निकाल कर किसी कबाड़खाने से कोई ऐंटीक पति न खरीद लाये।

उसने जब यह बात मसर्रत को बतायी तो वह खिलखिला कर हंस पड़ी। उसने चोरों की तरह इधर-उधर देखा। बड़ा बेटा खादिम हुसैन सामने ही रेडियोग्राम के पास कालीन पर लेटा गुन-गुना रहा था।

रिमझिम बरसता सावन होगा,
झिलमिल सितारों का आंगन होगा।

छोटी बेटी खातून जो अपनी छोटी गुड़िया के फ्लू से सख्त परेशान थी, बड़ी गुड़िया

को डांट रही थी कि वह छोटी को लेकर इस ठंड में घर से निकली ही क्यों।

खादिम के गाने से बोर होकर वह बोली-भाई मियाँ, जब सावन रिमझिम बरस रहा है तो यह सितारे कहां से आ गये?

खादिम सटपटा गया। पर वह छोटी बहन से हार भी नहीं मान सकता था। बड़े गंभीर लहजे में बोला—यह फिल्मी आंगन है।

बेटा-बेटी दोनों मशगूल थे। मसर्रत ने जल्दी से उसकी उस नाक का प्यार ले लिया जिसका वह बहुत मजाक उड़ाया करती थी और बोली —ईडियट, तुम्हें यही खबर नहीं कि हर सुबह को मैं तुम्हें कबाड़ के कमरे में फेंककर दिल में हाथ डालकर एक नया यानी तुमसे भी एक दिन पुराना पति निकाल लेती हूँ!

उसे ठीक-ठीक पता नहीं था कि मसर्रत की बात पर हंसना चाहिए या नहीं, पर वह हंस पड़ा।

खातून का हाथ हंसी की आवाज से हिल गया। गुड़िया की दवा खादिम के उजले कुरते पर गिर गयी। खादिम ने उसे एक चांटा मार दिया। उसने खादिम को किचकिचा कर दांत काट लिया। खून छलक आया..

मसर्रत बीच-बचाव करने लपकी पर भाई-बहन लड़ने के मूड में थे। दोनों उछल-कूद रहे थे। इस पर मसर्रत को हंसी आ गयी...

इस मसर्रत के साथ जिंदगी कभी पुरानी नहीं हो सकती...जिंदगी बड़े मजे में गुजर रही थी। बस उस नकली मुसकान का ख्याल उसे परेशान किया करता था। एक दिन चुपके से वह उसे एक कबाड़िये के हाथ बेच आया। बात आयी-गयी हो गयी। वह उस मुसकराहट को भूल भी गया। उसके दिल से यह डर जा चुका था कि उसके मरने के बाद यदि उस पर रिसर्च करने वाले को यह मुसकराहट मिल जायेगी तो क्या होगा। यह डर मिट जाने के कारण वह ज्यादा खुल कर हंसने लगा था। दो-एक दिन के बाद मसर्रत ने कहा—बिल्डिंग के लोगों को यह खबर करने की क्या जरूरत है कि तुम हंस रहे हो।

वह बोला—अरे तो क्या बिल्डिंग वालों के डर से मैं हंसना बंद कर दूं!

बात बढ़ गयी सोलह बरस के बाद पहली बार बात बढ़ी थी...

तीन-चार दिन तक दोनों में बात-चीत बंद रही। खादिम और खातून ने भी भांप लिया था कि दाल में कुछ काला जरूर है। मसर्रत इस बीच में कई बार से इतनी दबी आवाज में, कि दूसरे कमरे में बैठा हुआ वह यह सुन सके, पूछ चुकी थी कि यदि वह दरभंगा चली जाय तो वह क्या करेंगे...दरभंगा के नाम सुन कर वह कांप जाया करता था। बात यह थी कि अपनी मां से वह बहुत डरा करता था। वह सौतीली मां रही होती तो वह सोच कर दिल को समझा लेता कि सौतीली मां से और क्या उम्मीद हो सकती है। परंतु वह तो उसकी सगी मां थी और वह इकलौते बेटे से ज्यादा इकलौती बहू को चाहती थी।

कई दिन इस उधेड़बुन में गुजर गये। एक दिन वह घर में सहमा-सहमा आया तो

उसने देखा कि मसर्रत की आंखों में एक अजीब-सी चमक है। उसकी तरह मसर्रत ने कनखियों से देखा खादिम निहायत नया, चुनी हुई आसतीनों वाला कुरता पहने दरवाजे में खड़ा मुसकरा रहा था। खातून गरारा पहने एक हाथ से पायचे और दूसरे से दुपट्टा संभालने में लगी हुई थी।

वह चकरा गया। चकराने का आसान इलाज यह था कि वह सीधा अपने कमरे में चला जाये। वह अपने कमरे में चला गया।

पीछे-पीछे मसर्रत भी आयी। उसने कमरे के दरवाजे को अंदर से बंद किया। उसका दिल उछल कर हलक में आ गया। उसकी समझ में यह नहीं आ रहा था कि मसर्रत चाहती क्या है।

—सुनते हो? मसर्रत ने कहा। क्या बेहूदा सवाल है। इन हिंदुस्तानी बीवियों को आखिर कब बात करना आयेगा?

— क्या सुनूं? उसने बड़ी भलमनसाहत से पूछा।

—नहीं सुनते तो मत सुनो, मसर्रत चमक गयी। मेरी जूती को क्या गरज पड़ी है। मैं ही पागल हूं कि दो दिन से मारी-मारी फिर रही थी।

—क्यों?

—तुम्हारी मेरी सालगिरह के लिए और क्यों...

—मगर मेरी सालगिरह के लिए मारे-मारे फिरने की क्या जरूरत है। सालगिरह तो राशंड है। साल में एक ही बार मिलती है। चोर बजार से एक आध सालगिरहें खरीद लायीं क्या!

उसका ख्याल था कि यह सुन कर मसर्रत जमीन-आसमान एक कर देगी। पर वह तो हंसने लगी। हंसते-हंसते बेहाल हो गयी।

हाल में आयी तो बोली—भई, मुझे खफा रहना नहीं आता।

—तो मान जाओ।

—मान गयी मगर तुम हो बड़े वह।

—वह क्या!

—मेरा सिर, आज तुम्हारी सालगिरह है !

—सार्टिफिकेट वाली कि असली वाली ?

—मैं तुम्हारे लिए बड़े गजब की चीज लायी हूं।

—तुम हमेशा गजब की चीज लाती हो।

—देखोगे तो फड़क जाओगे।

—अच्छा!

—हां।

वह मुस्करा दिया।

—तुम्हारी मुसकराहट बड़ी फटीचर है !

—आदत पड़ गयी है !

—छोड़ दो जैसे सिगरेट छोड़ दी।

—गलत ! मैंने सिगरेट को नहीं छोड़ा है। सिगरेट ने मुझे छोड़ दिया है। तंबाकू पर टैक्स इतना बढ़ गया है कि सिगरेट का खर्च और मकान का किराया बराबर हो गया है। पर अभी तक हंसना टैक्स फ्री है। तो मैं अडल्ट्रेटेड या इंफीरियर मुस्कराहट क्यों इस्तेमाल करूँ ? आगे न कह सका क्योंकि मसर्रत की हथेली पर चुपचाप कबाड़िये की दुकान पर बेच आया था।

उसकी आँखें हैरत से फैल गयीं।

—चकरा गये ना, वह लहक कर बोली। मैं खुद इसे देख कर फड़क गयी थी। बिलकुल तुम्हारे होंठ के नाप की है। उस गंवार कबाड़िये ने इस पर बार्निश जरा ज्यादा कर दी है। मगर चलेगी। तुम्हारे रंग से भी मैच खाती है। मैं उससे कह आयी थी कि कलर स्कीम में फिट नहीं होगी तो लौटा दूंगी...

जाहिर है कि अपनी बर्षगांठ के दिन वह उस मुसकराहट को स्वीकार नहीं कर सकता था।

वह मुसकराहट अब भी ड्रेसिंग टेबिल पर पड़ी हुई थी। उसी के पास मसर्रत की एक तस्वीर थी। वह खातून को गोद में लिये हंस रही थी। वह ड्रेसिंग टेबिल की तरफ बढ़ा। देर तक वह वार्निश की हुई उस मुसकराहट की तरह देखता रहा। मसर्रत के बगैर अकेला रहना नामुमकिन था। उसने वह मुसकराहट अपने होंठों पर चिपटा ली। सोचा कि फौरन मसर्रत को एक खत लिखना चाहिए। कागज मिल गया, कलम नहीं मिल रही थी। कलम के केस में खातून की गुड़िया का जहेज रखा था...वह ढूंढते वह थक गया। ... आखिर उसने मसर्रत के ड्रेसिंग टेबिल की दराजें खखोड़ीं। आखिरी दराज में उसे एक अजीब चीज मिली—मसर्रत जल्दी में अपने कहकहों का पूरा सेट भूल गयी थी। वह खिलखिला कर हंस पड़ा।

थोड़ी देर के बाद पड़ोस के लोग जाग गये। उन्होंने दरवाजा पीटना शुरू किया। परंतु वह हंसता रहा। वह चाहता था कि अपनी हंसी रोक ले। पर जैसे टेढ़ी सुराही से पानी गिरना बंद नहीं होता उसी तरह उसने मुंह से कहकहा बह रहा था।

मसर्रत के कहकहों का सेट उसके हाथ में था। हंसते-हंसते वह खिड़की तक आ गया। बहुत नीचे सड़क रोशनी की एक लकीर की तरह पड़ी हुई थी। मसर्रत के कहकहों का सेट हाथों से फिसल कर खिड़की के बाहर जा पड़ा। उन्हें बचाने के लिए उसने हाथ बढ़ाया। वह हाथ नहीं आये, वह उन्हें बचाने के लिए झुकता ही चला गया।

सड़क एक दम से उछली और उससे टकरा कर टूट गयी—

□□

मैंने 1857 की कथा क्यों लिखी

असल में शायर जिंदगी का नकलनवीस नहीं होता कि नुक़ते के मुकाबले में नुक़ता और मरकज़ के मुकाबले में मरकज़ नकल कर दे, वह तो अपनी हर तखलीक़ में खुद अपनी शखसीयत का कोई न कोई जुज़ मिलता है और यूँ एक ऐसी चीज वजूद में आती है जो पहले न थी। शायर नक्काल नहीं होता। वह खालिक होता है– और वह नाक़िद होता है, वह अपनी रद्दो क़बूल से क़दरों की क़ीमत का ताइयुन करता है।

अहम बात सिर्फ यह नहीं होती कि शायर ने किन चीजों का इन्तखाब किया है। यह बात भी इतनी ही अहम होती है कि उसने किन चीजों का इन्तखाब नहीं किया है। अगर ये दोनों चीजें इसके पेशे-निगाह न हो तो तखलीक एक तरफा होगी इसलिए नाकिस होगी।

शायर को इसका अहसास होना चाहिए कि उसने किसी चीज का इन्तखाब क्यों नहीं किया। इसी सूरत में वह उन चीजों पर जोर दे सकता है जिसका उसने इन्तखाब किया है और इसी सूरत में उसे मालूम हो सकता है कि उसे अपनी मुनतसब की हुई चीजों पर कहाँ और कितना जोर देना चाहिए।

शायर को यह भी मालूम होना चाहिए कि उसने किसी चीज का इन्तखाब क्यों किया। उसे मालूम होना चाहिए कि उसने किसी चीज के बयान में किसी खास सिनफे सुखन और किसी खास बहर का इन्तखाब क्यों किया है। मसनवी क्यों लिखी। मुस्द्दस में क्या बुराई थी, नजम जिस जगह से शुरू हुई है, उसी जगह से क्यों शुरू हुई है और जहाँ खत्म हुई है उसी जगह खत्म क्यों हुई। उसे यह तमाम बातें मालूम होनी चाहिएं क्योंकि जब वह तखलीक करता है तो ख्यालात से आँख-मिचौली नहीं खेलता कि जो ख्याल जहाँ पकड़ गया बस चोर हो गया। शायर शिकारी तो होता नहीं कि लाशऊर की तारीक झील में काँटा फेंककर बैठ जाय कि जो हाथ लग जाय। वह इससे मुतमइन नहीं होता है। शायर तो एक गृहस्थिन की तरह होता है-बाजार जाता है, दुकान-दुकान घूमता है, मोलतोल करता है और हर चीज नहीं खरीद लेता है। वहीं चीजें लेता है जिनकी उसे

जरूरत होती है और जिन्हें वह ले सकता है। शायरी की बुनियाद शऊर पर होती है लाशऊर पर नहीं—वजदान शायराना लहर और इस किस्म की दूसरी इस्तलाहें गुमराहकुन हैं और इन्हें वही शायर इस्तेमाल करते हैं जो अपने मोहरकात से वाकिफ नहीं होते या जो अपने मोहरकात की निशानदेही से घबराते हैं।

मैं इसे तस्लीम नहीं करता कि शायर को गैर जानिबदार होना चाहिए। गैर जानिबदारी का मुतालवा अस्ल में हालात से फरार की एक शक्ल है। कोई जिन्दगी के मामलात में गैर जानिबदार कैसे हो सकता है और कोई गिरदोपेश की जिंदगी से बेन्याज कैसे हो सकता है? बेहिस, अहमक और पागल जरूर गैर जानिबदार भी हो सकते हैं और बेन्याज भी। लेकिन शायर न तो बेहिस होता है न अहमक न पागल। वह 'एक किस्म का दीवाना' भी नहीं होता। शायर के लिए हस्सास जहीन और 'सही उल्दीमाग' होना जरूरी है। सिर्फ सही उल्दीमाग लोग हस्सास और जहीन हो सकते हैं। शायर तो अनगिनत मौजूआत में से किसी एक का इन्तखाब करता है फिर उसे अपनी फिक्र की खराद पर चढ़ाता है, उसे तराशता है और सँवारता है। बस जिस मुकाम से इन्तखाब और तराशने-सँवारने की मंजिले शुरू होती हैं वही गैरजानिबदारी खत्म हो जाती है—और इन्तखाबेमौजू से पहले वह शायर ही कब था।

मैं इस सवाल का जबाव दे सकता हूँ कि मैंने 1857 का इन्तखाब क्यों किया? मैंने आखिर 100 साल के बाद पलटकर उस 'शिकस्त खुरदा' इन्कलाब की तरफ देखने की जरूरत क्यों महसूस की? 19 वीं सदी के इस लड़ाई से आज 20 वीं सदी में क्या नतीजे अक्स करना चाहता हूँ? आखिर कहना क्या चाहता हूँ? मैं कहना चाहता हूँ कि अच्छे इंसानों की जीत हुई है, जीत हमेशा होगी। यह नजम मैं 15 अगस्त, 1947 से पहले नहीं लिख सकता था। मगर उस दिन वह लड़ाई खत्म हो गई जो 9 मई 1857 ई. को शिद्दत की एक मखसूस मंजिल तक पहुँच गई थी (इस वक्त मुझे इससे बहस नहीं कि वह लड़ाई कैसी थी। उसकी रहनुमाई जिनके हाथों में थी उनका मकसद क्या था। क्योंकि यह बात मैंने इस नजम के दूसरे हिस्से में बताने की कोशिश की है। इस वक्त तो मैं सिर्फ यह कहना चाहता हूँ कि वह लड़ाई अंग्रेजी तसल्लुत के खिलाफ थी। मैं कहना यह चाहता हूँ कि 1857 के बाद जिन लोगों ने जेहनी शिकस्त तसलीम कर ली वे गुमराह लोग थे और जिन लोगों ने अंग्रेजों के खिलाफ किसी ने किसी शक्ल में लड़ाई जारी रखी वे लोग दूरबीन थे और मैं जोर इस बात पर देना चाहता हूँ कि अगर आज किसी लड़ाई में हम हार जाएँ तो इसके माने यह नहीं है कि हम जंग हार गए। झाँसी हारी है लड़ाई तो नहीं हारी है।

मरहले और भी हैं अबलापा और भी हैं।
सुन यह मुजदा कई मैदाने वेगा और भी हैं।।
लड़ाई तो उस वक्त खत्म होगी जब हम जीत जाएंगे।
हम न मैदान से हटें चाहे तो सदियाँ हट जाएँ।

इस बात को वाजा करने के लिए हिन्दुस्तानी तवारीख ने मुझे 1857 से कोई बेहतर मिसाल नहीं दी इसलिए मैंने 1857 का इन्तखाब किया। लेकिन 1857 इस नजम का मौजूं नहीं है। इसका मौजूं कोई सन् नहीं है। इसका मौजूं इंसान है। जो कभी नहीं हारता। इंसान के न हारने का यकीन मुझे इंसान की तवील तवारीख ने दिलाया है। मेरे नजदीक तवारीख का मसवत काम यही है कि वह इंसानियत पर हमारे यकीन को मोहकम करती रहती है। सुकरात जहर पी सकता है, इब्ने मरियम को मसलूब किया जा सकता है, ब्रोनो को जिंदा जलाया जा सकता है, ऐवरेस्ट की तलाश में कई कारवाँ गुम हो सकते हैं लेकिन सुकरात हारता नहीं, ईसा की शिकस्त नहीं होती, ब्रोनों साबित कदम रहता है और ऐवरेस्ट का गुरूर टूट जाता है।

जाहिर है कि शायर इन चीजों को मुव्वरिख की निगाह से नहीं देखता, शायर की निगाह से देखता है इसलिए वाज औकात मुव्वरखीन इससे इखतलाफ करते हैं। इस बात पर मुव्वरखीन में इखतलाफे राय मुमकिन है (और है भी) कि 1857 आजादी की लड़ाई नहीं थी। रजवाड़ों की पेंशन की लड़ाई थी। बहादुर शाह और नानसाहब को अपनी-अपनी पेंशन की कमी का शहीद ऐहसास था। लक्ष्मीबाई दामोदर की गद्दी पर बिठाना चाहती थी इसलिए इस तबके ने गैर मुतमइन हिन्दुस्तानी फौजियों का इस्तेमाल किया। मुझे इससे गरज नहीं। मैं तो इतना जानता हूँ कि यह लड़ाई अंग्रेज के खिलाफ हुई। 19 वीं सदी के हिन्दुस्तानी (शुमाली हिन्दुस्तानी) समाज के समान तबकों ने इस लड़ाई में शिरकत की। यही बात अहम है। मेरे लिए इस बात में कोई अहमियत नहीं रह जाती कि इन तमाम तबकों के मुकासित अलग-अलग थे- इन तमाम बातों को निगाह में रखने के बावजूद मैंने 1857 इंतखाब किया।

यह नजम शायर के सफर से शुरू होती है। यह भी इसलिए नहीं कि नजम को कहीं न कहीं से शुरू होना ही था फिर शायर के सफर में क्या बुराई है। जी नहीं यह नजम शायर के इस सफर से इसलिए शुरू होती है कि नजम वाकई शायर का एक सफर है।

सबसे पहले मैं एक सड़क पर जाता हूँ जिसके दोरोया दरख्तों पर लोगों की लाशें लटक रही है। यह सड़क मनगढ़न्त नहीं है। हिन्दुस्तान में ऐसी कई सड़के हैं। लेकिन जिस सड़क पर मैं गया वह इलाहाबाद से कानपुर की तरफ जाती है। यह वह तवारीखी सड़क है जिसे शेरशाह ने काफलों के लिए बनवाया था और जिसे अंग्रेजों ने लाशों के लिए इस्तेमाल किया। इस सड़क का पता मुझे अंग्रेज मुव्वरिख Key ने दिया था। मैंने इस सड़क का इन्तखाब जान बूझकर किया क्योंकि यह वह मुकाम है जहां से इन्कलाब की हार भी नजर आ रही है और जीत भी। इस सड़क से जरा हटकर मुझे जिंदगी की चिता में दो चिन्गारियाँ मिल जाती हैं। मैं इनसे पूछता हूँ कि यह सब क्यों हो रहा है। मैं हर तबके का जायजा लेता हूँ और इस नतीजे पर पहुँचता हूँ कि जो हो रहा है उसे होना ही चाहिए था। मैं फिर चल पड़ता हूँ और पीछे की तरफ जाता हूँ। मंगल पांडे को देखता हूँ, मेरठ की लड़ाई देखता हूँ, कानपुर की जंग देखता हूँ और फिर मैं लड़ाई में

कदम मिलाकर चलने लगता हूँ, इसीलिए इस नजम का खातमा एक ड्रामे पर हुआ है।

जहाँ- जहाँ मैं पहुँच सका वहाँ-वहाँ मैं पहुँच गया, मंगल पांडे की गिरफ्तारी या मौत के वक्त नहीं पहुँच सका तो मैंने मंगल पाण्डे के एक साथी को ढूंढ निकाला। उसने मुझे मंगल पाण्डे की कहानी सुनाई। मैं फतह देहली और शिकस्त देहली के वक्त न पहुँच सका लेकिन रंगून के एक कैदखाने में चुपके से जरूर पहुँच गया। फिर वहाँ से मैं बहादुर शाह के साथ लालकिले में गया जहाँ वह...

अपने घर में
अपने वतन में
एक जानिब गरदन न्योहड़ाये
मुजरिम की मानिन्द खड़ा था

यूँ ही मैं कानपुर गया लेकिन नाना साहब की शखसियत मुझे देर तक न रोक सकी, वह मुझे जँचे नहीं। तो मैं गोलियों की जद से बचता अंग्रेजों के 'किले' में चला गया जहाँ एक हामला अंग्रेज औरत मौत के इस हंगामे में, शिकस्त की इस कयामत में अपने माजी और हाल के बारे में सोच रही थी। नाना साहब का पैगाम मेरे सामने आया। अंग्रेजों ने मेरे सामने हथियार रखे। निहत्थे अंग्रेज मेरे सामने गंगा की तरफ चले। मेरे सामने वह किश्तियों पर सवार हुए, मेरे सामने गंगा के दोनों किनारे से इन पर गोलियों की बाढ़ पड़ी।

गंगा के उजले पानी पर
क्या है कोई क्या बतलाए
जैसे कोई सुरखी लेकर
लिखता जाय मिटता जाय

यह मंजर मेरे लिए किस कदर परेशानकुन था इसका अंदाजा इससे लगाइये कि इस मंजर को बयान करने में मैंने नजमेमोअररा और नजमें आजाद तक के कवानीन तक की पाबंदी नहीं की। इतना शदीद इंतेशार था कि शुरू के कुछ मिसरों में मैं अरकान की वहदत को भी कायम न रख सका। निहत्थे अंग्रेजों पर यह हमला उसूले ज़ंग के मनाफी हो या न हो लेकिन मेरे नजदीक यह हमला गैर हिंदुस्तानी था। इसलिए नाना साहब में मेरी दिलचस्पी इतनी कम हो गई कि इनके अंजाम से मैं बेन्याज हो गया। कानपुर छोड़ने के बाद मैंने पलटकर उनकी तरफ देखने की जरूरत महसूस नहीं की।

मैं झाँसी की तरफ चल पड़ा। मुझे अपने खोये हुए एतमाद की तलाश थी। लक्ष्मीबाई के यहाँ मुझे मेरा एतमाद वापस मिला। मैंने इस बात को नजर अंदाज कर दिया कि वह क्यों लड़ रही है। मैंने तो सिर्फ यह देखा कि वह लड़ रही है, हिन्दुस्तानियों की तरह लड़ रही है।

झाँसी की इस लड़ाई को भी मैं पूरी तरह न देख सका। लड़ाई का रेला कभी मुझे दूर कर देता कभी करीब। झाँसी वाले हिस्से में कुरबत और फासले का यह एहसास

मौजूद हैं। कहीं मैं इस कदर नजदीक हूँ कि यह भी देख सकता हूँ कि दौड़ने में रानी के घोड़े का.पेट पगडंडी से मिला जा रहा है और देवता भी नहीं मौजूद सनमखानों में, और कभी इतना दूर चला जाता हूँ कि तांत्यातोपे के नारों की आवाज तो सुन लेता हूँ लेकिन इसकी आमद और बस की शिकस्त साफ नजर नहीं आती।

इस भाग दौड़ में मैं बहुत थक गया इसलिए जब लखनऊ पहुँचा तो मेरे लिए एक कदम बढ़ाना भी दुश्वार हो रहा था। मैंने बूढ़े से कहा–

राही अब थक के चूर है बाबा
लखनऊ कितनी दूर है बाबा

मैंने लखनऊ में गोमती को मसलूब होते देखा। मैंने हजरत महल को लखनऊ से जाते देखा, मैंने मौलवी को लखनऊ में आते देखा– और फिर मेरी जबान काट दी गई।

मैंने यह नजम चंद किताबों की मदद से अपने कमरे में बैठकर नहीं लिखी है। मैंने इस लड़ाई की शिरकत की है, मैंने जख्म लगाये हैं, मैं दरख्त पर लटकाया गया हूँ, मुझे मुर्दा समझकर गिद्धों ने नोचा है। मैंने इस बेबसी को महसूस किया है जब आदमी गिद्धों से और गीदड़ों से बचने के लिए अपना जिस्म नहीं हिला सकता और जब आँखों से एक बेपनाह खौफ बेपनाह बेबसी झलकने लगती है। मैंने उस खौफ़ को भी महसूस किया है जिसे तोपदम होने से पहले हिन्दुस्तानी सिपाहियों ने किया होगा। मैंने उस दीवानगी के दिन गुजारे हैं जिसमें चंद हिन्दुस्तानी सिपाहियों ने किसी मकान में किला बंद होकर अंग्रेजों के लश्कर को रोकने का हौसला किया था।

□□

भाषा और राष्ट्रीयता

तो साहब बात पर बनवास झेलने वाले श्रीराम के भक्त यहूदियों के बाग में पानी देने वाले हजरत अली की संतान सैयद शहाबुद्दीन लखनऊ के क्लार्क अवध होटल में झगड़ा चुकाने के लिये मिले और झगड़ा कर अलग हो गये।

और यदि मेरा अल्लाह (जिसका हिंदी अनुवाद "भगवान" है) कद में सैयद शहाबुद्दीन, बनातवाला, जेड. आर. अंसारी और तमाम कठमुल्लाओं से लड़ा न होता तो बड़ी परेशानी की बात हो गयी होती।

आज एक राज की बात बता दूँ। मैं भी सैयद हूँ। इसका मतलब यह हुआ कि मैं सैयद शहाबुद्दीन की आँखों में आँखें डालकर बात कर सकता हूँ। वह किस किस्म के सैयद हैं। यह मुझे नहीं मालूम पर मैं इमाम जैनुल आबिदीन की नस्ल से हूँ। लेकिन मैं अपने सैयद होने का ढ़िंढोरा नहीं पीटता क्यों कि खाली खुली सैयद या ब्राहमण होने में क्या बड़ाई है। सैयद शहाबुद्दीन किसी और के घर में पैदा हुये होते तो सैयद न होते, क्योंकि पैदा होने पर न मेरा इखतियार था न सैयद शहाबुद्दीन का।...इसीलिए मैं सैयद शहाबुद्दीन के पूरे कबीले से सख्त बोर होता हूँ...और सच्ची बात यह है कि इन्हें इस्लाम से ज्यादा अपनी फिक्र है क्योंकि इस्लाम तो एक नौजवान और ताजा-दम मजहब है और उसे अपने आपको बचाने के लिए शहाबुद्दीन या बनातवाला की जरूरत नहीं है।...पर यह बात इन बेचारों को नहीं मालूम...

पता नहीं क्यों सात मार्च को छपने वाली एक खबर याद आ गई। शायद टाइम्स ऑफ इण्डिया में छपी थी कि स्पेन के एक बूढ़े गधे के जान बचाने के लिए दो ब्रिटिश समाचारों पत्रों में चल गई और उस बूढ़े गधे को चार सौ छब्बीस पाउन्ड फायदा हो गया और बूढ़ा हवाई जहाज पर बैठ लंदन चला गया।

साहब मैं हिन्दुस्तान के उन सारे गधों को जो भारत की चौदह भाषाओं में से कम से कम एक भाषा में जरूर फरफर बोलते हैं, मुफ्त लंदन भेजने को तैयार हूँ ताकि उन लोगों की जान बच जाए जो गधे नहीं हैं। इसी सांस में मैं आँध्र प्रदेश के मुख्यमंत्री श्री

एन. टी. रामाराव की बात भी करना चाहता हूँ, जिनके सपनों की कोख से "भारत देशम" पार्टी जन्म लेने वाली है। मुझे याद है कि कई बरस पहले "भारत देशम" का गर्भपात हो गया था। रामाराव जी के शौक निराले हैं। वे पार्टी का नाम खोज कर ऐसा रखते हैं कि वह और चाहे जो लगे पर पार्टी का नाम न लगे। पहले उन्होंने एक पार्टी बनाई जिसका नाम तेलगूदेशम रखा। अब वे "भारतदेशम" बनाने जा रहे हैं। प्रश्न यह है कि जो 'भारत देशम' है तो यह तेलगू क्या है? एक ही देश में दो देश तो हो नहीं सकते या हो सकते हैं ?

यह कैसी राजनीति है ? यह कैसा देश प्रेम है?...कि वह कुर्सी की चाह है जो देश प्रेम कह बहरूप भर के श्रीदेवी की तरह नागिन बनी नाच रही है। तेलगू देशम, फिर कन्नड़ देशम, फिर उड़िया देशम, फिर मेघा मिजोरम, महाराष्ट्र...गुरुमुखी देशम...और इन देशमों के बीच में हिंदी देशम...ऐसा लग रहा है कि जिसे हम भारत माता, मादरे-वतन, मदर इण्डिया और न जाने क्या-क्या अला बला कहते रहते हैं। दरअसल एक मुर्गी है जो देशमों के अण्डे से रही है...कुछ दिनों में यह अण्डे 'देशमों' के चूजे बनकर आंगन में दौड़ने लगेंगे और आसमान पर उड़ने वाली चीलें कुन्दू तोल कर उन पर झपट्टे मारना शुरू कर देंगी।

दिलों में सेंद मार कर 'देशम' का यह चोर घुस आया है। पर इस चोर को पकड़े कौन और पकड़े तो हवाले किसके करें? कानून के तो कानून का डाक का पता किसे मालूम है। कहाँ रहता है यह कानून? मुझे तो बरसों से दिखाई नहीं दिया है, और अब तो ऐसा लगता है कि जो कानून सामने भी आ जाये तो मैं उसे शायद ही पहचान सकूँ। उसका नाक नक्शा ध्यान से निकल चुका है। स्वर्गीय अब्बा कहा करते थे कि ब्रिटिश कानून नाम की एक चीज पाया जाया करती थी। मुझे भी कुछ-कुछ याद है। वह सख्त मानव दुश्मन था। हिंदुस्तान की सड़कों, खेतों, कल कारखानों, स्कूलों, घरों के बदन पर अपने नाखूनों के निशान छोड़ गया है। इन बदनों पर मैं कुछ नाखूनों के नये निशान देख रहा हूँ। कहीं आदमियों की आंखें निकल पड़ी हैं, कहीं आंगन के बीच में लुटी हुई आबरू की लाश, कोई रिश्वत के पेड़ पर बहार आई हुई हैं...यह कानून ब्रिटिश कानून का कोई करीबी रिश्तेदार मालूम होता है, आदतें तो वैसी ही हैं फिर भी दिखाई नहीं देता। मगर ख्याल है कि जो कहीं दिखाई दे गया तो मैं उसे शायद उसके नाखूनों से पहचान लूंगा क्यों कि उसकी जड़ों में हमारे सामाजिक जीवन का खून सूख कर जमा हुआ साफ दिखाई देगा।

कहने का मतलब यह है कि कानून तो देश को बचा नहीं सकता, राजनीति भी देश को बचा नहीं सकती क्योंकि वह अपने धंधों में लगी हुई है और श्री बालठाकरे, श्री रामाराव , श्री लाल डेंगा, श्री बादल, श्री शहाबुद्दीन को मसका लगा रही है और देश भाषा की छुरियों से कटा जा रहा है इसलिए हमें आपको भाषा के प्रश्न पर विचार करना पड़ेगा। पर क्या हम में जो बुद्धिजीवी कहे जाते हैं, विचार करने की, सच बोलने की

हिम्मत हैं ? साफ बात यह है कि जब धमकियां भरे खत आते हैं तो मैं अब कभी कभार डर जाता हूँ और इसलिए लगता है कि मैं सच में बूढ़ा हो गया हूँ।

अंतिम क्षण हैं, जाते जाते कुछ ऐसा कर जाइये
एवं आंगन तो सो...कर दो आँखें तो भर जाइये
चांदनी ओढ़ के रास्ते सोये राही श्री घर जाइये
या तो किसी पीपल के नीचे पड़े रहिये, मर जाइये।।

मैं जब अपने आप से पूछता हूँ कि क्या कर जाऊँ, तो जवाब में कोई आवाज नहीं आती। आत्मा के खीसे में हाथ डालता हूँ तो अब सिर्फ सच बोलने की हिम्मत की थोड़ी सी रेजगारी ही निकलती है, छुट्टा चिल्लाएं।

"खीसा" शब्द पर नाक भव न चढ़ाइये कि साहब आप यह शब्द कहाँ से उठा लाये। यह शब्द मराठी भाषियों की जबान के बाग से तोड़ लाया हूँ और यह शब्द मराठी में फारसी से आया है। शायद सर्व श्री बालठाकरे जी को यह पता है कि नहीं कि उनकी मात्र भाषा मराठी में 30 से 40 प्रतिशत शब्द फारसी और अरबी भाषाओं से लिये गये हैं, तो क्या शिव सेना इन शब्दों पर विदेशी होने का आरोप लगा कर इन्हें मराठी भाषा की जीवित दुनिया से निकाल बाहर करने के बारे में सोच रही है या सोचना शुरु करने वाली है। क्या शब्दों पर गद्दारी का इल्जाम लगने के दिन आ रहे हैं? परन्तु आम शब्दों या भाषाओं के धर्म की बहस नहीं छेड़ना चाहता क्योंकि मेरी जेब या खीसे में सच बोलने की हिम्मत की जो रेजगारी बची है उसे मैं बचाना या कि खर्च करना चाहता हूँ। तो आइये एक दूसरे सच की ओर चलें।

थोड़े दिन पहले श्री करूणानिधि ने तमिलनाडू में अपनी आँखों पर हिंदी दुश्मनी की अंधेरी (कालिख) चढ़ाकर भारतीय संविधान का जो अपमान किया उसे एक डूबते हुये आदमी का हाथ पाँव मारना समझकर टाल नहीं जाना चाहिए। डूबते हुये उस आदमी को बचाने का प्रयत्न करना चाहिए। क्योंकि एक आदमी का डर भरी हुई नाव को उलट सकता है।

भाषा का मामला आँकड़ों से तो करने का प्रयत्न नहीं करना चाहिए क्योंकि आँकड़ों के सीने में दिल नहीं होता, मुहब्बत के आँकड़े नहीं होते, मिसाल के तौर पर आँकड़े तो यह कहते हैं कि भारतवर्ष में लगभग 34 या 35 करोड़ लोग हिंदी भाषी या हिन्दी बोलने समझने वाले हैं और यूं ही हिंदी के आधार पर हिन्दुस्तान की सबसे बड़ी भाषा है, परन्तु क्या दस बच्चों की मां, दो बच्चों की मां से कुछ ज्यादा माँ होती है? बहुत दिलचस्प सवाल है न।

आप लोगों में से जो बहुत छोटे नहीं हैं, उन्हें याद होगा कि स्कूल के दिनों में एक हिसाब तिजारत हुआ करता था चूँकि इसलिए और इसलिए पर आधारित हुआ करता था तो सवाल यह बना कि पैतीस माँये पैतीस बच्चों को इतना प्यार करती हैं तो पांच मांये पांच बच्चों को कितना प्यार करती हैं ?

यह बात इतनी सीधी नहीं है।

इसलिए भाषा की समस्या पर आँकड़ों का जाल नहीं फेंकना चाहिये और भाषा की समस्या पर विचार करने से पहले आँकड़ों को कमरे से बाहर निकाल देना चाहिए। क्योंकि जो आँकड़े यह बताते हैं कि भारत में 34 या 35 करोड़ हिंदी भाषी या हिंदी जानते वाले हैं। वही आँकड़े यह भी बताते हैं कि भारत में लगभग 50 करोड़ हिंदी न जानने वाले हैं और भारत एक लोकतंत्र है तो क्या किसी लोकतंत्र में बहुमत से कन्नी कटा लेना सम्भव है।

संविधान सभा में स्वर्गीय राजेन्द्र प्रसाद जी के निर्वायक मत ने हिंदी को राष्ट्रभाषा का सम्मान दिया था यानी संविधान सभा इस प्रश्न पर बराबर से चटी हुई थी, अब सोचिए कि जो उस दिन राजेन्द्र बाबू की जगह जो तमिल महापुत्र सर्व श्री करूणानिधि कुर्सी पर रहे होते तब क्या होता?

लेकिन संविधान सभा के इस बँटवारे का एक और पहलू भी है। इस बँटवारे का मतलब यह भी है कि कुछ अहिंदी भाषी सदस्यों ने ईमानदारी से यह सोचा होगा कि हिंदी ही को राष्ट्रभाषा बनाना चाहिये। यह बात बहुत महत्वपूर्ण है और नागरी प्रचारणी सभा के साथ-साथ केन्द्र सरकार को भी चाहिए कि वह यह पता लगाने का काम किसी अच्छे डिटेक्टिव के सुपुर्द करे कि हिंदी के प्रति अहिंदी भाषी बुद्धिजीवियों के इस प्यार की हत्या कब, किस के हाथों, और किन हालात में हुई?

हिंदी भाषियों के तो इस बारे में बोलने का अधिकार ही नहीं है, अपने दही को किसने खट्टा कहा, यदि हिंदी को राष्ट्रभाषा बनाना है तो उसे अहिंदी भाषियों का वोट मिलना चाहिये ताकि बाद में भारत विरोधी, क्षेत्रियता हिंदी साम्राज्य, हब्वा न खड़ा कर सके।

फिर इस बात पर भी ध्यान देना चाहिये कि हिंदुस्तान के वे पढ़े लिखे लोगों का भारी बहुमत है। यह जो अट्ठारह-बीस प्रतिशत पढ़े लिखे लोग हैं, इन्हें यह अधिकार किसने दिया है कि वह 80-82 प्रतिशत लोगों की तरफ से कोई फैसला कर लें।

मेरा कहना यह है कि यदि तमिल राष्ट्रभाषा नहीं बनती और तमिल भाषियों को (चलिए नौकरी के लिए ही सही) एक भाषा सीखनी है तो वह यदि तमिल के अलावा कोई और भाषा है तो उन्हें क्या फर्क पड़ेगा। देखिये राष्ट्रभाषा तो एक होगी और तेरह दूसरी भारतीय भाषाओं भाषियों वह भाषा सीखनी पड़ेगी...मान लीजिये कि बंगला राष्ट्रभाषा हो जाती है तो सर्व श्री करूणानिधि को बंगला पढ़नी पड़ेगी।

अहिंदी भाषी क्षेत्रों में राष्ट्रभाषा के लिए जनमत संग्रह क्यों न हो जाये। पता तो चले दूसरी तेरह भाषाओं के लोग किस भाषा पर एक मत होते हैं।

80-85 करोड़ लोगों के इस देश में लगभग पाँच साढ़े पाँच करोड़ तमिल भाषी हैं। चार, साढ़े चार करोड़ तेलगू भाषी, छः करोड मराठी, तीन साढ़े तीन करोड़ मलियाली, दो सवा दो करोड़ पंजाबी, छः साढ़े छः करोड़ बंगाली...85 करोड़ में पांच करोड़ यानी

लगभग 6 प्रतिशत (तमिल) 85 करोड़ में चार करोड़ लगभग 4.5 प्रतिशत (तेलगू) 85 करोड़ में छः करोड़ यानी लगभग 6 प्रतिशत (मराठी-बंगला), 85 करोड़ में 2 करोड़ लगभग दो सवा दो प्रतिशत ...85 करोड़ में 30 करोड़ यानी लगभग 35 प्रतिशत (हिंदी) फैसला आपके हाथ में है।

मैं इन 4%, 5%, 6% वाली भाषाओं को हिंदी से कम खूबसूरत नहीं मानता परन्तु यदि 5% तमिल भाषियों पर हिंदी नहीं लादी जा सकती तो 35% हिंदी भाषियों पर तमिल कैसे लादी जाये?

यानी खतरे की लाल झंडी है "लादना"। किसी स्वतंत्र देश में कोई भाषा किसी पर लादी नहीं जा सकती। इसलिए अहिंदी भाषियों पर मेरी मातृभाषा हिंदी भी लदी जा रही हो तो मैं इसका विरोध करूँगा परन्तु यदि श्री करूणानिधी को अंग्रेजी हम पर लादी जा रही हो तो मैं उसका भी विरोध करूंगा। यह कैसी बेशर्मी की बात है कि स्वतंत्र भारत के कुछ लोग चंद नौकरियों के लालच में अंग्रेजी का राष्ट्रभाषा बनाने की बात कर जाते हैं। परन्तु मुझे यह जरूर लग रहा है कि केन्द्रीय सरकार अहिंदी भाषियों पर हिंदी लादने की कोशिश शुरू कर चुकी है—यकीन न आता हो तो दूरदर्शन के राष्ट्रीय प्रोगाम देखिये। यह बड़ी खतरनाक बात है और यह देश में फैलती हुई हिंदी दुश्मनी की आग को हवा देगी।

लोकतंत्र में बहुत के अधिकार तो ज्यादा नहीं होते पर जिम्मेदारी अवश्य ज्यादा होती है। इसलिये हिंदी भाषियों की जिम्मेदारी ज्यादा है।

इस वक्त न जाने किस कम्पनी का बनाया हुआ "नेशनल इन्टिग्रेशन" पंखा जोरों नकली हवा चला रहा है ...और ऐसा इसलिए है "नेशनल इन्टिग्रेशन" हमारे नेताओं और बुद्धिजीवियों के लिए एक खोखला नारा है। एक खोटा सिक्का जो जेब में इसलिए है कि बजता रहे। इनमें से कोई इंटिग्रेशन (समाकलन) के लिए कुछ छोड़ने, कुछ त्यागने, कुछ खोने के लिए तैयार नहीं है।

इसलिए यह प्रश्न मैं सबसे पहले अपने आपसे करता हूँ। समाकलन के लिए मैं क्या खोने और क्या त्यागने के लिए तैयार हूँ? मैं बीस वर्षों से महाराष्ट्र में हूँ। क्या मैंने मराठी सीखी या सीखने की कोशिश की? जी नहीं। तो मैं मराठी भाषियों से यह बात किस मुँह से कहूँ कि पुणे कोलहापुर शोलापुर में उगे हुए लोग हिंदी सीखें?

पिछले चालीस वर्षों में हिंदी ने दूसरी हिंदुस्तानी भाषाओं से कितने शब्द लेकर अपनी शब्दावली बढ़ाई? हम यह तो चाहते हैं कि दूसरे हमारी भाषा सीखें परन्तु खुद हम किसी की भाषा सीखने तो दूर दूसरी हिंदुस्तानी भाषाओं के नाम तक नहीं जानते। उत्तर भारत की यूनीवर्सिटीयों में सर्वे करके देखिये कि उत्तर भारत के कितने विद्यार्थी दक्षिण भारत के महान साहित्य और साहित्यकारों के बारे में क्या जानते हैं। कुछ नहीं जानते। बहुमत के लिए तो दक्षिण भारत केवल मद्रास है। जहाँ मद्रासी बोली जाती है। परन्तु यूँ ही बंगालियों के लिये सारे अबंगाली भाषी बिहारी है।

गौर से देखिये। हमारा यह "सारे जहाँ से अच्छा" देश वास्तव में अपनी हिम्मत से जुड़ा हुआ है। इसके जुड़े रहने में हिंदियों, मराठियों, या मदरासियों का कोई हाथ नहीं है। पंजाब तो केवल एक लिपि को आधार मान कर "खालिस्तान" मांगने लगा है!

चूँकि "खालिस्तान" की बात निकल ही आई है। इसलिए कहता हूँ कि पंजाबी भाषा और पंजाबी साहित्य, यह दोनों ही इस बात का सबूत है कि धर्म और भाषा में कोई दूरी या करीबी रिश्तेदारी नहीं है। पाकिस्तानी पंजाब का मुसलमान जो भाषा पढ़ता लिखता और बोलता है, उसका नाम भी पंजाबी है। हिन्दुस्तानी पंजाब का हिंदू जो भाषा लिखता पढ़ता और बोलता है, उसका नाम भी पंजाबी है और हिंदुस्तानी पंजाब का सिख जो भाषा लिखता, पढ़ता और बोलता है, वह भी पंजाबी है। मुसलमान पंजाबी भाषा को उर्दू लिपि में लिखता है, हिंदू पंजाबी को देवनागरी में और सिख पंजाबी गुरमुखी में। 'हीर' तीनों ही गाते हैं। 'हीर' तीनों ही की एक है। मतलब यह कि भाषा न धर्म है न लिपि। इसीलिए मैं यह जानना चाहता हूँ कि यदि सिख जो पंजाबी गुरमुखी में लिखता है, हिंदू उसी को देवनागरी में और पाकिस्तानी उसी को उर्दू लिपि में लिख सकता है, तो तमिल भाषी मेरी हिंदी को अपनी तमिल लिपि में क्यों नहीं लिख सकता?

हिंदी को राष्ट्रभाषा बनने के लिए सौ बरस तो दीजिये और जब तक के लिए या तो सारी हिंदुस्तानी लिपियों में लिखी जाने वाली हिंदी राष्ट्रभाषा बनाइये या देवनागरी को राष्ट्र लिपि कहिये और भारत की सारी भाषायें एक लिपि में लिखिये ...लोगों को पास आने के लिए कोई सड़क तो दीजिए। यदि देश की सारी भाषायें एक लिपि लिखी जाने लगेंगी तो भाषाओं को और उनके साथ उनके भाषियों को घुलने-मिलने का मौका मिलेगा। शब्दों का लेन-देन होगा और यूँ सौ सवा सौ बरस में एक राष्ट्रभाषा उग आयेगी। इस नयी भाषा का नाम गांधी जी पहले ही रख गये थे। 'हिंदुस्तानी'।

परन्तु इस भाषा के विकास के लिए यह जरूरी है कि केन्द्रीय और क्षेत्रीय सरकारें मिल जुल कर भारत के समूचे साहित्य को देवनागरी में छापें। देवनागरी में तमाम भारतीय भाषाओं के शब्दकोश छापें और हिंदी बड़े पैमाने पर दूसरी भारतीय भाषाओं के शब्दों को स्वीकार करना शुरू करें। ताकि हर हिंदुस्तानी नागरिक को हिंदी के बदन से अपनी मातृभाषा की सुगंध मिले।

मैं यह नहीं कहता कि जो मैं कह रहा हूँ वही ठीक है। मैं तो सिर्फ यह कहना चाहता हूँ कि इस प्रश्न पर सोचना शुरू कीजिये। नहीं तो एक बार धर्म के नाम पर तकसीम हो जाने वाला हमारा वतन इस बार भाषाओं के नाम पर तितर बितर हो जाने वाला है।

□□

साहित्यकार और देश की चिन्ताएँ

सुना है कि आजकल दिल्ली अमृता प्रीतम और कृष्णा सोबती की ले दे का तमाशा देख रही है। कृष्णा सोबती ने अमृता के खिलाफ कोई केस ठोक दिया है कि "जिंदगीनामा" शीर्षक उनकी निजी जायदाद है। मेरी समझ में नहीं आता कि कृष्णा जी को यह राय किसने दी? कृष्णा जी बहुत अच्छे उपन्यास लिखती हैं। मैं उनके खुरदरे स्टाइल की बड़ी इज़्ज़त करता हूँ कि आज के लिए चिकने स्टाइल की आवश्यकता नहीं है। उनके कलम में बड़ी ताकत है। लेकिन यह बात फिर भी सही है कि "जिंदगीनामा" उनकी जायदाद नही है। फारसी और उर्दू में ऐसे नामों की परम्परा पुरानी है और यदि बात मुकदमें की है तब कृष्णा जी को उन लोगों के खिलाफ भी मुकदमा दायर करना पड़ेगा जो उनके सदियों पहले पैदा हुए और लिख-लिखा कर मर खप भी गये। मिसाल के लिए इब्ने निशाती को ले लीजिये। बीजापुर का यह शायर शायद इब्राहीम आदिल शाह के युग में था और उसने इब्राहिम आदिल शाह और औरंगजेब की लड़ाई के बारे में एक मसनवी लिखी। उस मसनवी का नाम "मसनवी अलीनाम" है और शायद यह मसनवी में देवनागरी में भी प्रकाशित हो चुकी है। यह तो हुये पुराने अब नये को लीजिये खलीलू र्रहमान आजमी या शायद शहरयार के काव्य संग्रह का नाम है। "नया अहद्नामा"। "सफरनामा" तो आपने भी सुना होगा। फिर "शादीनामा" एक चीज होती है जिसमें किसी ब्याह की बातें लिखी गई हों "विलादतनामा" में पैगम्बर साहब की पैदाइश का हाल लिखते हैं। कानून की दुनिया में तो "नामों" की हद नहीं। "मुख्तारनामा", "वकालतनामा" बैनामा, "तलाकनामा" 'निकाहनामा', रेहननामा, सुलहनामा...वगैरह वगैरह। वैसे "मुख्तारनामा" उर्दू में एक किताब भी है जिसमें करबला की ट्रेजिडी के बाद उसका बदला लने के लिए मजीद के खिलाफ मुख्तार ने जो बगावत की थी उस बगावत का बयान है...कहने का मतलब यह है कि कृष्णा जी ने भिडों के इस छत्ते में हाथ ही क्यों डाला। क्योंकि 'नामें' तो बहुत हैं और यदि अमृता जी ने फारसी और उर्दू के बुजुर्गों को सफाई का गवाह बना लिया तो कृष्णा जी मुश्किल में पड़ सकती हैं।

लगता ऐसा है कि कृष्णा जी और अमृता जी में किसी बात पर अनबन हो गई है। यदि ऐसा है तो हिंदी और पंजाबी के बड़े बूढ़ों को बीच-बचाव करवा देना चाहिये। क्योंकि खासतौर पर आज जबकि हिंदुस्तान के दरवाजे पर एक गहरा अँधेरा दस्तक दे रहा है, कवियों और कथाकारों को यह शोभा नहीं देता कि वे अपने कर्तव्य को पीछे धकेल कर एक दूसरे पर कीचड़ उछालने का काम शुरू कर दें। कीचड़ उछालना यूँ भी कोई साफ-सुथरी हॉबी नहीं है।

उर्दू में यही हरकत प्रसिद्ध प्रगतिशील शायर मजरूह सुल्तानपुरी कर रहे हैं। उन्हें साहिर लुधियानवी के मरने के बरसों बाद यह बात अब याद आयी कि साहिर तो अपने गीत लिखा ही नहीं करते थे। उनके गीत तो जां निसार अख्तर और खुद मजरूह साहब लिखा करते थे। तो अब यह कैसे पता चले कि मजरूह साहब झूठे हैं या सच्चे पर यह बात सच्ची है कि मजरूह साहब साहिर से जलते बहुत थे और साहिर भी उन पर जुमले कसने से चूकते नहीं थे पर यदि मजरूह और साहिर के फिल्मी गीतों पर ध्यान दिया जाये तो यह बात साफ दिखाई देती है कि साहिर के गीतों पर मजरूह साहब की भाषा या इस्टाइल का कोई असर नहीं है। इसलिए मुझे तो यही लगता है कि मजरूह साहब झूठ बोल रहे हैं। परन्तु जानिसार का असर कहीं-कहीं दिखाई देता है। परन्तु इसका कारण यह भी हो सकता है कि साहिर और जानिसार गहरे दोस्त थे। दिन-रात का साथ उठना-बैठना था...लेकिन मैं इस बहस में पड़ना भी नहीं चाहता। मुझे यह बात बहुत घटिया मालूम होती है कि एक साथी के मर जाने के बाद इस किस्म की बातें उठायी जाये। यदि मजरूह साहब सच्चे हैं तो उन्हें यह बात साहिर और जानिसार के जीते जी उठानी चाहिये थी।

इस पर याद आया कि मुस्लिम यूनीवर्सिटी के उर्दू के भूतपूर्व अध्यक्ष श्री खुर्शीद उल-इस्लाम ने एक दिन बड़े जोश में मुझे यह बताया था कि यह साबित करने के लिए एक किताब लिख रहे हैं कि गालिब, शिया नहीं सुन्नी थे।

यह हमारे जिम्मेदार साहित्यकारों का हाल है तो फिर मैं नेताओं की बात क्या करूँ। स्वर्गीय जगजीवन रामजी आठ या दस बरस तक इन्कम टैक्स देना भूल गये तो क्या हुआ? वे नेता थे। एन. टी. रामाराव जी जो इन्कम टैक्स का बकाया नहीं भर रहे हैं। तो क्या हुआ ? वे मुख्य मंत्री हैं। एम. जी. आर. जी जो बकाया इन्कम टैक्स नहीं भर रहे तो क्या हुआ ? वे मुख्यमंत्री हैं। न उनके घरों पर छापा पड़ेगा न कुर्की जायेगी। छापों और कुर्की के लिए हम लोग जो हैं।

यह उन दिनों की बात है। जब बाबू जगजीवन राम मंत्री थे और मोरारजी भाई को श्रीमती गांधी डिसमिस कर चुकी थी। मैं हांपिग सर्विस से दिल्ली जा रहा था। जहाज अहमदाबाद में उतरा। पहले मोरारजी भाई आये। फिर जगजीवन राम जी। पर इन दोनों बूढ़ों में दुआ सलाम तक नहीं हुई। कहीं जो हो चुकी थी। मैं मजरूह साहब वाली हरकत नहीं कर रहा हूँ। मोरारजी भाई जिंदा हैं और उन्हें यह सफर याद भी होगा क्योंकि

उनकी याददास्त अच्छी है।

मैं कहना यह चाहता हूँ कि इस देश का भविष्य नेताओं के हाथों में सुरक्षित नहीं है। कलाकार भी "जिंदगीनामा" पर झगड़ रहे हैं। धर्म नफरत चरा रहा है। मार्क्सवाद इस्तेमाल कर रहा है जो दूसरे करते हैं। उसमें भी ब्राहमण क्षेत्र से किसी बनिये को पार्टी टिकट दने की हिम्मत नही है। वह भी मुस्लिम लीग और जनसंघ के साथ मिली जुली सरकारें बना चुका हैं। ज्योति बसु का हिंदुस्तान बंगाल से आगे नहीं बढ़ता और श्री राजीव गांधी का कहना है कि कलकत्ता एक मरता हुआ शहर है। मैं यह कहता हूँ कि...

कि इस हिंदुस्तान, जन्नत निशां में
कोई जिंदा नगर
बस्ती
महल्ला
किस तरफ है?

जिसे हिंदुस्ताँ कहते हैं हम सब
वो मुर्दा बस्तियों का एक कर्बिस्तान है अब
वह एक शमशान है अब

और इस देश को संजीवनी बूटी जिंदा नहीं कर सकती। इसे जिंदा रखने के लिये अपने दिल का खून देना पड़ेगा। इसके कवियों को, इसके कथाकारों को, संगीतकारों को, शिल्पकारों को, चित्रकारों को। इसलिए कृष्णा सोवतियों, अमृता प्रीतमों, मजरूह सुल्तानपुरियों, अपने छोटे-छोटे झगड़ों को भूल जाओ और अपने देश को बचाने के लिए अपनी आवाजों, अपने साजों, अपने रंगों और अपने कलमों की ढाल लेकर निकलो। क्योंकि हम में से किसी का शायरी, किसी का उपन्यास, किसी का सितार, किसी का सरोद, किसी के घुंघरू इस देश से बड़े नहीं हैं।

और अगर देश की फिक्र नहीं तो फिर क्या है। आराम से घर बैठ कर श्याम बेनेगल मृणाल सेन, सत्यजीत रे, मुजफ्फर अली और अमोल पालेकर के टी. वी. सीरियल देखिये—'यात्रा' कभी दूर, कभी पास 'सत्यजीत रे प्रिजिन्टेस, जाने, आलम और नकाब...

लगता है यह मुल्क भीतर बाहर दोनों तरफ से दिवालिया हो चुका है।

□□

धूप का टुकड़ा

हर पाठक एक यात्री होता है और हर किताब एक यात्रा। इस यात्रा में यात्री को जो तजुर्बे होते हैं, उन्हीं के आधार पर वह यात्रा के विषय में अच्छी या बुरी राय बनाता है। कोई यात्रा सफल होती है और कोई असफल। वह जब इस यात्रा से लौटता है तो यारों दोस्तों को मोहल्ले वालों को इस यात्रा की कहानी सुनाता है। उसने क्या देखा? रास्ते में कैसे लोग और कैसी जमीनें मिलीं ? कितना रास्ता आराम से गुजर गया? कहाँ-कहाँ जान जाने और लूट जाने का डर हुआ? और फिर वह यह भी बताता है कि हाथ क्या आया?

मैं भी इस समय आपको अपनी एक यात्रा ही की कहानी सुनाना चाहता हूँ। मैं आलोचक नहीं हूँ बल्कि एक साधारण यात्री हूँ।

सन् पचपन या छप्पन की बात है। मैं टंगमर्ग सैनिटोरियम में था। जालंधर से एक रोगी आया। मुझे उसका इस समय याद नहीं आ रहा है। यह याद है कि वह कम्युनिस्ट थे और "नवा जमाना" में काम करते थे। मेरी उनकी दोस्ती हो गयी। एक दिन उन्होंने मुझे अमृता प्रीतम की एक कविता के कुछ हिस्से सुनाये।

अज आँखा वारिस राह नू
कि तो कबरों विच्चों बोल।
ते आज किताबे इश्क वा,
कोई अगला वरका खोल।।
इक रोई सीधी पंजाब दी,
तू लिख लिख मारे वैण
आज लक्खां धिआँ रों दिआँ...

मैं ऐसी सैकड़ों कविताएं पढ़ चुका था। मुझे पंजाबी बहुत मामूली आती है। यह हिस्सा मैंने किताब से नकल किया है। परन्तु यह बातें उर्दू में अनुवाद हो मेरी आत्मा में बस गयी थी। इस विषय पर उर्दू के लगभग

तमाम कवियों ने कुछ न कुछ लिखा है परन्तु उर्दू को किसी कविता में यह दर्द और जख्म लगाने वाला यह अंदाज नहीं। वामिक जौनपुरी की कविता "तकसीमे पंजाब" बहुत अच्छी है...

अब ये पंजाब नहीं
एक हसीं खाब नहीं
अब दो आब हैं
सेह आब हैं
पंजाब नहीं।।

खुद मैंने अपनी कविता में लिखा था:-
आस कच्चे घड़े की तरह बह गयी।
सोहनी बीच तूफान में रह गयी।।
परन्तु किसी कविता में यह बात कहा कि:-
ते आज किताबे-इश्क दा।
कोई अगला वरका खोला।।
उर्दू की कई कविताओं में इस कविता की गूँज सुनाई देती है। अमृता कहती है:-

किसने पंजा पाणीओ विच
दित्ती जाहिर ला
ते उन्हीं पाणीआं धरत नूं
दित्ती पाणीं ला
इस जरखेज जमीन दे
लूँ लूँ कुट्टिआं जहर...

सहिर लुधियानवी कहते हैं:-
ये शाखे-नूर जिसे जलमतों ने सींचा है।
अगर फली तो शरारों के फूल लायेगी।।
न फल सकी तो नई फस्ले गुल के आने तक।
ज़मीर अर्ज में इस जहर छोड़ जायेगी।।

यही कारण है कि जब मैंने टंगमर्ग के सौनीटोरियम में एक पंजाबी मरीज से यह कविता सुनी थी तो चौंक पड़ा था। मुझे उर्दू की कई कवितायें याद आ गयी थी। फिर मैंने अमृता को एक कविता "इलस्ट्रैटेड वीकली आफ इंडियां में देखी। इस संग्रह में वह कविता है। "मजबूर" यह उस बच्चे को कहानी है। जिसके पिता का नाम पंद्रह अगस्त सन् सैतालीस है। इस कविता का मैंने उर्दू में अनुवाद भी किया है। यह कविता कोई बहादुर कवयित्री ही लिख सकती थी। बहादुर की शर्त मैंने जान बूझ कर लगाई है।

मेरी मॉटी कुक्ख मजबूर सी
मैं भी तां इक इनसान हूँ
आजादिआं दो टक्कर विच्च
इक सट्ट दा निशान हाँ
उस हादसे दा चिंह हाँ
जो मां मेरी दे मत्थे उते
लगाणा जरूर सी
मेरी माँ दी कुक्ख मजबूर सी।

इस कविता का अर्थ उन औरतों से पूछिये जिन्हें उनके माँ, बाप, भाई, बहिन और पति ने कबूल करने से इंकार कर दिया है। उस औरत का क्या कसूर है। जिसके साथ हमारी आजादी को तारीख ने जिना किया? और उस बच्चे की क्या खता जो जबरदस्ती एक औरत की कोख में डाल दिया गया? परन्तु सवाल कौन करे? कुल की मर्यादा, कुटुम्ब की इज्जत, बाप दादा का नाम...यह लाशें जो चिपकी हुयी हैं। इसलिये यह बात किसी कवयित्री की कहानी थी किः-

मेरी माँ दी कुक्ख मजबूर सी।

मजबूर। यह केवल एक शब्द है। परन्तु क्या यहाँ केवल एक शब्द है? क्या यह एक घर, एक सड़क, एक गली या एक नगर या एक मुल्क नहीं है? क्या इस एक शब्द के पर्दे पर हम बर्बरता का वह पूरा भयानक नाटक नहीं देखते जो बीस बरस पहले उस देश में खेला गया। जिसका नाम हिंदुस्तान था और अब जिसका नाम हिंदुस्तान और पाकिस्तान है?

पता नहीं वारिस शाह जीवित होते तो क्या जबाब देते। हो सकता है हीर गाने वालों ने उन्हें मार डाला होता। हो सकता है कि वे पाकिस्तान को इसलामी जेल होते ? हो सकता है कि वह पाकिस्तान सरकार में मंत्री हो गये होते? जिन दिनों की यह बात है उन दिनों कुछ भी हो सकता था इसलिये इस पर सोचना फुजूल है। एक यदि वारिस शाह होते तो वह "इश्क दा अगला बरका" कैसे खोलते और किसकी कहानी सुनाते। इसलिये अमृता प्रीतम से ही पूछिये।

इस दोस्ती दे फुल्ल चों
आई हवाड़ खून दी

पूछिये कि फिर?
उठेगी, इस दी वाशना
कणकॉच फैल जायेगी
इह वाशना इतिहास दे
साहवां चों औंदी रहे दी

यह तो बड़ी भयानक बात है। अगर इस खून की गंध गेहूँ की बालियों में बस जायेगी और इतिहास को सांसों से यह गंध आयेगी तो मनुष्य जियेगा कैसे? जाने वह खेत और वह घर आज कैसे सोचते होंगे जिनमें अपनों की आस्तीनों से खून टपका है और जिनमें अपनों की लाशें सड़ी हैं? तो क्या यह अंधेरा खत्म नहीं होगा। क्या खून की यह महक हमारा पीछा ही करती रहेगी? इस सवालों के जंगल में मुझे एक धूप का टुकड़ा मिला।

अब मैं टंगमर्ग में नहीं हूँ। अब मैं बीमार भी नहीं हूँ। परन्तु जैसे ही शीला जी ने यह किताब दी. मुझे टंगमर्ग याद आ गया। देखिये उस मरीज साथी का नाम याद आ गया। उनका नाम शायद ईश सिंह था। पता नहीं अब वह कहाँ हैं और कैसे हैं। "नवा जमाना" शायद अब भी उनका ख्वाब होगा। हम सब "नवा जमाना" की उम्मीद में जी रहे हैं। उस साल टंगमर्ग में बहुत बर्फ गिरी थी। बर्फ की दीवार सी उठ गयी थी। इस धूप के टुकड़े ने मुझे जिला दिया।

मैंने अब तक कोई किताब इतने प्यार से नहीं पढ़ी है। मैंने अब तक कोई किताब इस दृष्टिकोण से भी नहीं पढ़ी है। मैं इस यात्रा से कई अजीब चीजें लेकर लौटा हूँ। हो सकता है कि मैं जो तोहफा लाया हूँ वह आपके पास हो। परन्तु अगर न हो तो मेरी भेंट कुबूल कीजिये।

हर कविता का एक वातावरण होता है। मेरे विचार में यह वातावरण कविता को समझने में बहुत सहायता करता है। कविता शब्द की सहायता से नहीं समझी जा सकती क्योंकि शब्द कविता का आधार नहीं होता। कविता में चिन्ह भाषा का प्रयोग किया जा सकता है। परन्तु मैं इस बात पर जोर देना चाहता हूँ कि यह चिन्ह भाषा एक वातावरण भी बनाती है और कविता की चिन्ह भाषा उसी वातावरण में समझी जा सकती है। आधुनिक कवियों को बहुमत चिन्ह के वातावरण की तरफ उतना ध्यान नहीं देती जितना ध्यान उसे देना चाहिये। हर कविता का एक बुनियादी चिन्ह होता है और उसी बुनियादी ईंट पर कविता का ठाठ बांधा जा सकता है। यदि चिह्न आपस में टकराने लगे तो ठाठ बिगड़ जाता है। हिंदी और पंजाबी के बारे में मैं यकीन से नहीं कह सकता परन्तु यह बात मैं यकीन से कह सकता हूँ कि उर्दू के आधुनिक कवियों में से किसी ने इस सलीके से चिन्ह भाषा का प्रयोग नहीं किया है कि जिस सलीके से अमृता प्रीतम ने काम किया है। मैं जानता हूँ कि यह बात कहने पर लोग मुझे दौड़ा लेंगे। परन्तु मैं उस समय तक यही बात मानता रहूँगा जब तक कोई मुझे समझा नहीं देगा कि यह बात गलत है। मिसाल के लिये फैज अहमद फैज को लीजिये।

तेरे होंठों के फूलों की चाहत में हम।
दार को खुश्क टहनी पे मारे गये।।

तेरे हाथों की शमाओं की हसरत में हम।
नीम तारीक राहों पे मारे गये।।

पहली दो लाइनों में फूल टहनी के चिन्ह हैं। तीसरी और चौथी 'वाँहों की शमा'' और ''तारीक रास्तों'' की बात होने लगती है। नतीजा यह होता है कि वातावरण की ईकाई टूट जाती है। अमृता की कविता में वातावरण की ईकाई मिलती है। वह अपनी कविता के बुनियादी चिन्ह का साथ कभी नहीं छोड़ती। यही उनकी कविता का जादू है। इस संग्रह की पहली ही कविता को लीजिये।

मैनू उह वेला याद ए
जद् इक टोठा धूप दा
सूरज दी उंगली पकड़ के
न्हेरे दा मेला देख दा
भीड़ाँ दे विच्च गुआचिआ

यह एक भरपूर तस्वीर है। धूप का टुकड़ा एक बच्चा है। अंधेरे का मेला देखने चला था परन्तु अंधेरे की भीड़ में गुम हो गया। अभी चिन्ह की तहें खोलने की जरूरत नहीं। यह एक हिन्दुस्तानी मेला है और इस मेले में एक बच्चा खो गया है। बच्चा जाने किसका था। अमृता का कोई नहीं लगता था। परन्तु बच्चा तो बच्चा होता है। अजनबी भीड़ भक्कड़ में अमृता के चेहरे पर नरमी देख कर वह उनका हाथ पकड़ लेता है।

मैं जु इसदी कुछ नहीं
पर इस गुआचे बाल ने
इक हत्थ मेरा पकड़ लिया।

हम उस मेले से बाहर नहीं निकले हैं। हम देख रहे हैं कि बच्चे ने अमृता का हाथ तो अवश्य थाम रखा है। परन्तु वह एक अजनबी हाथ है। बच्चा उससे बहलता नहीं। परन्तु भीड़ से डरा हुआ बच्चा उस हाथ को छोड़ता भी नहीं। यह है इस कविता का क्लाइमेक्स। अंधेरा अनंत है। मेले के शोर में भी एक सन्नाटा सा लग रहा है और–

ते याद तेरी इस तरहाँ
जिओं इस टोटा धूप दा

तेरी याद तो तेरी है। अंधेरे के मेले में तुझ से बिछड़ कर उसने मेरा हाथ पकड़ लिया। तेरी याद मेरे पास है। परन्तु वह मुझसे नहीं बहलती क्योंकि मैं भला उसकी क्या लगती हूँ और

तू कि ते लगदा नहीं

धूप का टुकड़ा सूरज के बिछड़ गया और सूरज कहीं मिलता नहीं। किसी मेले में किसी को ढूँढ निकालना कोई आसान काम नहीं है।

इस पूरी कविता में मेले का चित्र बनाने को कोई कोशिश नहीं की गयी है। फिर भी

चित्र कितना भरपूर है। मैं इसी को कविता का वातावरण कहता हूँ। अमृता प्रीतम के चिन्ह आपस में कभी नहीं टकराते और वह अजनबी चिन्ह का प्रयोग नहीं करती। उनके चिन्ह उनके घर के हैं, उनके गाँव के और या उनके नगर के चूंकि यह चिन्ह घर वाले या मौहल्ले टोले वाले हैं। इसीलिये वह अमृता से और अमृता उनसे बेतकल्लुफ है।

सूरज अमृता को बहुत प्यारा है। परन्तु' आसमान के सूरज को घर बुलाये बिना अमृता उसे अपनी कविता के संसार में नहीं घूसने देती।

सूरज ने कुछ घाबर के अज
चानण दी इस बारी खोहली
बद्दल दी इक बारी भीड़ी
उतर गिआ, न्हेरे दी पौड़ी

यह सूरज केवल सूरज नहीं है। हम उसे घर में देखते हैं। वह घबराया हुआ है। उसने घबरा कर रोशनी की एक खिड़की खोली और बादल की एक खिड़की भेड़ दी और फिर वह अंधेरे की सीढ़ियां उतर गया। यानी वह एक दो मंजिला मकान में है। यह मकान यह भी बताता है कि यह सूरज किस वर्ग का है। यह निचले वर्ग का नहीं है। क्योंकि यदि ऐसा होता तो वह दो मंजिला मकान में नहीं रहता। यह सूरज वही है जो "धूप का टुकड़ा" हमारे सामने नहीं आता। वह अंधेरा की सीढ़ियां उतर गया। रात हो गई। अंधेरा हो गया और आसमान ने तारों का बटन खोलकर चाँद का कुरता उतार दिया। यहाँ फिर हम उसी मानूस घरेलू वातावरण में है। गर्मियों की रात है। एक आदमी ने अपना कुरता उतारा।

यह सब कुछ उस सड़क के उस पार हो रहा है और इस पारः-

बैठी हाँ मैं दि दी गुट्ठे

मैं दिल की (कोठरी) के कोने में बैठी हूँ और यहाँ एक ऐसी उपमा का प्रयोग किया गया है जो हमें घर से निकलने ही नहीं देती।

याद तेरी अज इकण आई
जीकण गिल्ली लक्कड़ विच्यों
गढ़ा कौड़ा धुआँ उट्ठे

तेरी याद गीली लकड़ी के धुँये की तरह उठ रही है। धुआँ उठेगा तो आँखें अवश्य बहेंगी। अमृता आँखों के बहने की बात नहीं करती। परन्तु पाठक इस चित्र में खुद दो गीली आँखें बना सकता है।

सूरज डूब गया। चूल्हा जल गया। गीली लकड़ी फूँकते-फूँकते आँखें लाल हो गयीं। याद से लगे लिपटे हजारों और ख्याल आये। परन्तु यह ख्याल सूखी लकड़ी की तरह धाँय-धाँय जल गये।

खाना पक गया। सूखी और गीली दोनों लकड़ियाँ बुझा दी गयीं। परन्तु यह उपमा यहीं रूक नहीं जाती।

वरहे जिस तराँ कोले खिन्डे
कुछ बुज्झे, कुछ बुज्झणों रह गये
हत्थ समें दा सामण लग्गा
चोटियाँ उत्ते छाले पै गये।

लकड़ियाँ बुझा दी गयीं। परन्तु इसका मतलब यह नहीं कि आग बिल्कुल बुझ गई। कुछ कोयले बुझ चुके हैं। परन्तु कुछ जो रहे हैं और जब कोई हाथ कोयले समेटना शुरू करता है तो उंगलियाँ जल जाती हैं।

खाना पक चुका। लकड़ियाँ बुझाई जा चुकीं। उंगलियाँ जलाई जा चुकीं। फिर क्या हुआ ? फिर यह हुआ कि—

इश्क तेरे दे हत्थो छुट्टी
जिंद काहड़नी टुट्ट गई है।
तवारीख अज चौके विच्यों
भुक्खी भाणी उठ्ठ गयी हैं।

खाना पकाने वाली सब कुछ झेल गयी। परन्तु जब इश्क के हाथ से जिंदगी की हाँड़ी उतारते-उतारते छूट कर गिरी और टूट गयी और इतिहास का मेहमान भूखा उठ गया तो वह बिलख उठी।

इस पूरी कविता में कहीं न डोर उलझती है और न कहीं टूटती है।

अमृता की उपमायें पाठक को किसी और दुनिया में नहीं ले जाती। इसीलिये वह अपने दिल की बात की तरह पाठक के व्यक्तित्व में घुल मिल जाती हैं। उनकी कविता 'रोजी' को लीजिये। इस कविता का वातावरण शहरी है:-

रात-मिल दा घुग्ग बज्जे

साइरन बजा। और हम ये देखते हैं कि:-

चन्द्रमा दी चिमनी विच्यों
चिट्टा गाड़ा धुआँ उट्ठे

पहले साइरन की आवाज आती है। पाठक उस आवाज पर चौंक कर आवाज की तरफ देखता है तो उसे चाँद की चिमनी से उठता हुआ सफेद गाढ़ा धुआँ दिखाई देता है। न साइरन की आवाज अजनबी है और न चिमनी से उठता हुआ गाढ़ा धुआँ।

मिल है तो मजदूर अवश्य होंगे। इसलिये:-

सुपने जीकण कई भट्टियाँ
हर एक भट्टी अग्ग भोकदा
मेरा इश्क मजूरी करदा

साइरन, चिमनी, मजदूर—अंजाम मजदूरी के सिवा और क्या हो सकता है। इसलियेः-

मेल तेरा कुछ ईकण मिलदा
जीकण कोई तलीआँ उत्ते
इक डंग दी रोजी घर दा
हथेली पर रक्खी हुई एक दिन की मजदूरी घर जाकर रोटी का रूप धर लेती है।

जिहड़ी सक्खणों हांडी भरदा
रिन्ह पका के, अन्न पर सके
उहिओं हँाडी मूधी घर दा

जिस हँाडी में खाना पका था। वह खाना खाने के बाद उलट दी गई। एक दिन की मजदूरी थी। एक दिन के खाने में खत्म हो गयी। बची खुची आग पर हाथ सेंक लिया गया। आज की हँाड़ी में कल के लिये कुछ नहीं बचता। इसलिये रोज मिला। परन्तु कोई रोज मिले कैसे क्योंकि सूरज तो अँधेरे की सीढ़ियां उतर गया है। आत्मा भूखी है। याद के टुकड़ों से आत्मा का पेट नहीं भरता।

यह बड़ी दिलचस्प बात है कि "धूप का टुकड़ा" "याद" और 'रोजी' के बाद इस संग्रह में जो कविता है, उसका शीर्षक 'मैं' है। यह 'मैं' वही है, जिसका हाथ अँधेरे के मेले में एक खोये हुये बच्चे ने पकड़ लिया था। यह मैं वही है जो अपने दिल में एक कोने में बैठी दिखाई दी थी और यह मैं वही है जो 'रात-मिल' में काम करती है और जिसकी हथेली पर हमने एक दिन की रोजी चमकती देखी थी। यहाँ उस 'मैं' से हमारी भरपूर मुलाकात होती हैः-

तलीयाँ दे उत्ते इश्क दी
मेंहदी दा कुछ दावा नहीं
हिजर दा इक रंग है
ते इक खुशबू हैं तेरे जिकर की
मैं, जो तेरी कुछ नहीं लग दी

यह आखिरी लाइन लिखना कोई आसान काम नहीं है। 'मैं' जो तेरी कुछ नहीं लगती। यानी पंडित के दो बोल सब कुछ हैं और हर्फे-वफा कुछ नहीं है। हमारे समाज में यही होता चला आ रहा है। अगर ऐसा न होता तो प्यार को कोई ऐसी कहानी भी सुनाई गयी होती जिसका अंत मिलन पर होता है। हिज्र के रंग को कोई नहीं देखता। मेंहदी का रंग सब देख लेते हैं। कोई यह नहीं सोचता कि मेंहदी का रंग भी कभी-कभी वास्तव में विरह ही का रंग होता है। 'मैं' जो तेरी कुछ नहीं लगती। यह लाइन एक ही बार नहीं है। बार-बार है। कभी धीमी आवाज में कभी तेज आवाज में।

एक बात और ध्यान में रहे कि 'आसमान' 'रात' और 'अंधेरा' 'धूप के टुकड़े' से

'मैं' तक चला आ रहा है। शादी का वातावरण है और गीतों के शोर में यह आवाज कभी दूर से आती है और कभी पास से कि मैं तो तेरी कुछ नहीं लगदी। आसमान ने रात और रोशनी का गठ जोड़ कर दिया है। सितारे मुबारक बाद दे रहे हैं। और 'मैं'?

क्यों सोचदी हाँ 'मैं' जो कदी...
'मैं' जो तेरी कुछ नहीं लगदी
पूरी बात सोची भी नहीं जाती।

अमृता जब इस दर्द को गीत में ढालने लगती है तो...

कागज उत्ते उधड़ आई आं
केसर दीआँ लकीराँ

इस कविता में फिर 'रात' है 'तारे' है, और सूरज है, और आसमान है। यह शब्द परछाई की तरह अमृता के साथ हैं। मेंहदी का रंग हमें इस कविता में दिखाई देता है। 'मुलाकात में एक और हकीकत हमारे सामने आती है।

मेरे शहर जदों तू छोहिआ

वह मेरे शहर का नहीं है। सूरज किसी और बस्ती का है। वह क्यों आया था। बात यह है कि:-

दिल दे पन्तण मेला जुड़िआ

दिल के घाट पर मेला जो लगा था। चूंकि सूरज कहीं से आया था। इसीलिये तो शाम होते चला गया

उत्तर गिआ न्हेरे की पौड़ी

और जब वह चला गया तो याद के एक टुकड़े के सिवा क्या रहा? यही वह मुलाकात है जो एक दिन की रोजी बनकर हथेली पर चमकी थी। परन्तु दिल टूट जाने के बाद भी कोई मर तो नहीं जाता। इसलियेः-

तोरे जीकण चौल छड़ीं दे
किसने देगाँ चढ़ीआँ

सितारे चावल बन गये। केवल इतना ही नहीं हुआ। यह चावल फटके गये और फिर किसी ने देगे चढ़ा दीं। फिरः-

किसने आँदी चन्न सुराही
धानण छुट्ट शराब दा
ते अंबर अबरवाँ—गाढ़ीआँ

चाँद, सितारे, रात और आसमान—वही शब्द! प्रश्न यह है कि यह दावत क्यों हो रही है। बात यह है कि

मैं सुणिआ अज ताहणां दे घर
फुल्ल प्राहुणे आए वे

टहनियों के घर फूल मेहमान आये हैं।
उर्दू के कवि मीर ने कहा था!
कहा मैं ने : गुल को है कितना सबात
कली ने ये सुनकर तबस्सुम किया

अमृता यह नहीं कहती। यहाँ बदन की टहनी पर प्यार का फूल मेहमान आया है। अमृता को प्यार का अंजाम अभी मालूम नहीं है। हमने अभी-अभी तो मुलाकात पढ़ी है। क्या मालूम कि इस कहानी का अंत कहाँ होगा और कैसे होगा? यह बात न टहनी को मालूम है न फूल को:-

इस दे आगों की कुछ लिखिआ
हुण एन्हा तकदीरां कोलों
केहड़ा पुच्छण जाए वे

कोई किससे पूछे कि इस कहानी का अंत, इस फूल का अंजाम क्या होने वाला है।

उमराँ दे इस कागज उत्ते
इश्क तेरे अँगूठा लाँइआ
कौण हिसाब चुकाएगा

यहाँ पहली बार हम देखते हैं कि चिन्ह भाषा में परिवर्तन होता है। यह महाजनी देखने में इस पूरी कविता के वातावरण से मेल नहीं खाती। परन्तु यह बात नहीं है। हम लोग तो घर फूँक तमाशा देखने के लिये दूर-दूर तक मशहूर हैं। हम कर्ज लेकर समारोह मनाते हैं। गालिब ने कहा था:-

कर्ज की पीते थे मय लेकिन समझते थे, कि हाँ।
रंग लाएगी हमारी फाका मस्ती एक दिन।।

परन्तु बदन की टहनी पर प्यार का पहला फूल आये तो ऊँच-नीच सोचने के लिये कौन बैठता है। इसलिये उम्र के कागज पर इश्क ने अँगूठा लगा दिया। इश्क ने दस्तखत नहीं किया। क्योंकि दस्तखत करता तो उसे यह भी मालूम होता कि कागज में क्या लिखा है। उसने अँगूठा लगा दिया। जो भी लिखा हो। इस यात्रा में मेरी मुलाकात जिस अमृता प्रीतम से हुयी वह यही है। मुझे पहली बार मालूम हुआ कि खूने जिगर से लिखी जाने वाली कवितायें कैसी होती हैं। मुझे यह सुलगती हुयी आग राजस्थान की मीरा और कशमीर की अरनिमल के सिवा कहीं और नहीं मिली।

हमारे मीर तकीमीर ने कहा था:-

जब जिक्र तेरा कीजिये तब आँख भर आवे।
यूँ जिंदगी करने को कहाँ से जिगर आवे।।
सोचता हूँ यदि यह सच है कि:-
हर इक हरफ़ दे बदन चों

तेरी महिक अऊँदी रही
और :- हसरत दे धागे जोड़ के
सालू असी उणदे रहे
तो वास्तव में जीना बहादुरी का काम है।

अमृता विरह के स्वर लगाती हैं। परन्तु यह स्वर बदन की आँच में तपाये हुये हैं। अमृता घटना को विचार बनाकर उसकी हतक नहीं करतीं। अमृता हमारे युग की मीरा हैं।

अज फेर तारे कह गये
उमराँ दे महिलों अजेबी
हुसना दे दीवे बल रहे
तू नहीं आया

क्या यह वही राधा नहीं जो अपनी कुटी में दीप जलाये अपने ग्वाले की राह देख रही है?

आप यह न सोचने लगें कि मैं अपने विषय से भटक रहा हूँ। बात चिन्ह भाषा की हो रही थी। बात अब भी वही हो रही है। हम एक ऐसी कविता के किनारे रूके थे, जो खुद कह रही है कि कई बरस बीत गयेः-

बरिहाँ दे पैंडे चीर के
तेरी आवाज आई है।

तो मैंने सोचा कि जब बरस गुजर रहे हैं तो मैं बीच में कुछ और बातें क्यों न कह लूँ। अमृता अपने चिन्ह नहीं भूलतीं। उनकी कविता 'गल्लाँ' की लीजिये। पहले बंद को छोड़िये। हालाँकि पहले बंद का चित्र बड़ा भरपूर है। यहाँ से लीजिये।

मिट्टी दे इस चूल्हे अंदर
किसे अग्ग तू फोल लवाँगे
इक दो फूँका मार लवाँगे
बुझी लकड़ी बाल लवाँगे
मिट्टी दे इस चूल्हे अंदर
सेक इश्क दा बोल पवेगा

इस कविता संग्रह को दूसरी कविता "याद" में हम यह देख आये हैं कि याद गीली लकड़ी की तरह जल रही थी। कुछ ख्याल सूखी लकड़ी की तरह जले। फिर आग बुझा दी गयी। परन्तुः-

वरेह जिस तराँ कोले खिन्डे
कुछ बुज्झे कुछ बुज्झणों रह गये

अमृता "गल्लाँ" ये उन्हीं अनबुझे कोयलों को फूँक मार कर जलाने की बात कर रही

हैं और जब आग दहकने लगेगी तोः-

मेरे जिसम तॉंबिये अंदर

दिल दा पाणी खौल पवेगा

और जब पानी खौलने लगता है तो चिन्ह भाषा एक कदम आगे बढ़ाती है।

हरी चाह दी पत्ती बांगू

अही ओ सांझ सुकाईआं गल्लां

इस पाणी बिच पा के वेखीं

इसक रंग वटा के वेखीं

पुरानी बातें चाय की हरी पत्तियों की तरह है। दिल के खौलते पानी में डाल कर चाय दम की गयी और जब चाय दम हो गयी तोः-

आ सज्जन अज गल्ला करीए

क्या वही चिन्ह भाषा नहीं जो पहली ही कविता में हम परिचित हुई थी। आप पूछ सकते है कि आसमान कहाँ है। रात किधर गयी। रात कुड़ी से मुलाकात हो जाने के बाद 'रात' की जरूरत ही क्या रह गयी है। सूरज का पता ठिकाना भी हमें मालूम हो चुका है। अब तो केवल यादें रह गयी हैं। परन्तु आसमान हैः-

वरिहाँ दे बद्दल गरजते

इ उमर दे आसमान ते

इस कविता का शीर्षक 'सिआल' (जाड़ा) है। इसलियेः-

बेहड़े दे विच्च पैंदे पए

कानून गोहड़े बरफ दे

आँगन में कानून बर्फ के गोलों की तरह गिर रहा है। मैं जो तेरी कुछ नहीं लगदी।

कानून की इस बर्फ बारी में जब आत्मा कँपकँपा रही है और होंठ नीले पड़ गये हैं। अमृता जायसी से आँखें मिलाती दिखायी देती हैं।

आपको यह तो याद होगा कि सूरज दिल के घाट पर लगने वाला मेला देखने आया था और फिर चला गया। परन्तु जब उम्र के आसमान पर बरसों के बादल गरजने लगे तो ठिठुरती हुयी आत्मा बिलबिला उठी।

गलीआं दे निचकट लंघ के

जे अज तू आवे किते

मैं पैर तेरे धो दिआं

गलियों में बदनामी की कीचड़ है तो क्या हुआ परन्तु उसका आना जरूरी है क्योंकि उम्र के आसमान पर बरसों के बादल गरज रहे हैं? महावर पड़ रही है। सूरज ही इस जोड़ से टकरा सकता है।

बुत्ते तेरा सूरजी

कम्बल दी कन्नी चुक्क के

मैं हड्डां दा ठार भन्न लां

जो वह आ जाये तो यह उसके सूरज जैसे बदन से कम्बल का कोना सरका कर अपने हाथ पाँव सेंक लें।

और:- इक कौली धूप्प दी

मैं डीक ला के पी लवां

और डकडका के धूप का एक कटोरा पी लेंगी।

फिर जरा पीछे चलिये।

मैं जो तेरी कुछ नहीं लग दी

कानून गेहड़े बरफ दे

इन बातों का राज यहाँ आकर खुलता है। वह हाथ पाँव सेंक लेने और एक कटोरा धूप पी लेने ही पर बस नहीं करेगी। बल्कि:-

तेरे इक टोटा धूप्प दा

मैं कुक्ख दे बिच्च पा लवां

वह अपनी कोख में एक टुकड़ा धूप का रख लेना चाहती है; क्योंकि :-

ते फेर खौरे उमर दा

इह सिआल गुजर जाएगा

मैंने शुरू में ही कहा था कि अमृता प्रीतम बड़ी बहादुर है। धूप के टुकड़े को कोख में रख लेने के बाद भी कोई यह नहीं बताता। मरे हुए धूप के टुकड़े रोज सड़कों पर पड़े मिलते हैं। कोई साधारण आत्मा यह नहीं कह सकती। यह खाहिश दिल के एक कोने में बैठी थी:-

बठी हाँ मैं दिल दी गुठ्ठे

परन्तु जब बर्षों के बादल आसमान पर बरसने लगे तो इस खाहिश को बोलना ही पड़ा। क्योंकि अगर कोख में रखने के लिये धूप का एक टुकड़ा न मिला तो जिंदगी का जाड़ा कैसे कटेगा जब कि शुरू ही से यह हालत है कि आत्मा को कंप-कंपी चढ़ी हुई है।

परन्तु सूरज नहीं आया

पूरब दी अज मंजी खाली

कोई सबरे बहिण ना आई

पूरब की खाट खाली है। आज भी सुबह नहीं हुई और

जिंद सिगरेट बल गई

महिक मेरे इश्क दी

कुछ तेरे साहां दे विच

कुछ पौण दे विच रल गई

यह क्राइसिस बड़ा भयानक है। पूरब की खाट अब तक खाली है। सूरज का पता

नहीं। जिंदी का सिगरेट आधी से ज्यादा जल चुकी है। आखिरी टुकड़ा बचा है।

देख टोटा आखिरी
उँगलाँ दी विच्चों छड्ड दे
सेक मेरे इश्क दा
पोटा ना तेरा छोह लवे

सिगरेट पीने वाला सावधान न हो तो आखिरी टुकड़ा अवश्य ऊँगलियां जला सकता है। तो प्रश्न यह है कि आखिर यह 'मैं' करे क्या इसके पास तो केवल यादों के टुकड़े रह गये है। तोः-

जिंद-कुड़ी ने कल रात नूं
सुपने दी इक बुरकी भन्नी

परन्तु उसने जैसे ही सपने का एक टुकड़ा तोड़ाः-

पता नहीं इह खबर किस तरां
पहुँच गई अंबर दे कन्नी

फिर वही आसमान आ गया। जिंद कुड़ी को ख़ाब देखने का हक भी नहीं है। यह आसमान समाज का प्रतीक है। इसके कान बहुत तेज हैं। यह दिल की बातें और सपनों की आहट भी सुन लेता है। फिर इसी आसमान पर एक गिद्ध सुपर इम्पोज होता है। यह गिद्ध इसी आसमान का एक रूप है।

बिड्डीआं खम्भां खबर सुणी
ते लम्बीआं चुज्छां खबर सुणी
ते खुंठिआं मूहां खबर सुणी
ते त्तिखिआं नहुँआ खबर सुणी

बड़े पंखों, लम्बी चोंच, तेज जुबानों और तीखे नाखूनों वाले ने यह खबर पा ली की एक औरत ख्बाब देखने का गुनाह कर रही है और खुद ख्बाब का एक निवाला किस हाल में है?

इस बुरकी दा नंगा पिण्डा
इस खुशबू दा कज्जण पाटा
ना कोई मिलआ मन दा ओहला
ना कोइ तन दा झंगलभाटा

ख्वाब का वह निवाला नंगा है। उसकी खुशबू की ओढ़नी फटी हुई है और इस नंगे ख्वाब को न मन को ओट मिली और न तन की। नतीजा क्या हुआ?

इस झपट्टे बुरकी खुस्सी

गिद्य ने एक झपट्टा मारा। सपना देखने वाली का एक हाथ खाली हो गया। इसी पर बस नहीं हुआ बल्कि दोनों हाथ अलग जख्मी हो गयेः-

दोनों हत्थ वलूँधर धत्तें
इक झपट्टे गल्ह झरीठी
नहुँपर वज्जी मूँह दे उत्ते

गालों पर खराशें पड़ गईं और होंठों पर नाखूनों के निशान। फिर आसमान काली चीलों से भर गया। चीलों ने मांस को गंध पा लीः-

मूँह दे विच बुरकी दी थांवे
राहे गईआं बुरकी दिआं गल्लां
अंबर दे विच उड़डण पईआं
रातां जिवें कालीआं झल्लां

फिर वही रात आ गई। फर्क यह है कि यहाँ रातें काली चीलों की तरह उड़ रही हैं। बदन की महक फैली हुई है। सूरज बनने को सब तैयार हैं। रोशनी देने को कोई तैयार नहीं। क्योंकि चीलें सूरज नहीं बन सकतीं।

परन्तु कोई कब तक व्रत न तोड़े (खोले) इसलिये
धरती ने अज व्रत खोल्लहणा।

धरती ने व्रत खोलने का फैसला किया। परन्तु केवल फैसला कर लेने से क्या होता है?

दिल दी थाली कौण परोसे
गीतां वाले चौल छड़दिआं
कम्बण लग्गी उक्खणी

दिल की थाली परोसना आसान नहीं। गीतों का धान कुटने से ओखली का दिल कांप रहा है। परन्तु आत्मा की प्यास बढ़ती ही जा रही है। इसलियेः-

अज असां अंबर दे छडिओं
बद्दल दी इक चय्यणी लाही
घुट्ट चानणी पीती

गुनाह हो गया। आसमान के घड़े से बादल का ढकना हटा कर किसी ने एक घूंट चाँदनी पी ली। धूप का टुकड़ा न सही चाँदनी सही। चाँद भी तो सूरज को ही रोशनी बाँटता है। और जबः-

नजर दे आसमान तों
है टूर गया सूरज की ते

सूरज का दूर-दूर कहीं पता नहीं। लेकिन चाँद में उसी की खुशबू तो है। चाँदनी पीकर जब जान में जान आती है तब जीवन की ओर देखने की हिम्मत पड़ती है।

सुच्चा दुद्ध मुहब्बत मेरी
चिट्टे चावल बरिहाँ वाले

माँजी, धोती, दिल तो हाँडी

मेरी मोहब्बत तो सच्चे दूध और पुराने चिट्टे चावलों जैसी थी। दिल की हाँडी भी धुली-धुलाई थी। फिर जीवन की खीर कजला क्यों गई? और जब इस प्रश्न के सिर उठाया तब पता चला किः-

दुनीआं जीकण गिल्ली लक्कड़

सारी वस्त ध्वांख गयी है

सारी चीजें ठीक थीं। परन्तु समाज गीली लकड़ी है। गाढ़ा कडुआ धुआँ उठा और खीर को धुआँ लग गया। कई और हादसे भी हुये। रात तो एक पीतल की कटोरी है। जिस पर चांदी का मुल्लमा है। वह कलई उतर गई औरः-

नींदर जिवें कुड़ांहद गई है।

एक तो गीली लकड़ी का धुआँ लगा। फिर बद कलई कटोरी—नींद कड़वी हो गई।

यह वरदाश्त नहीं होता। अमृता याद को झिटक देना चाहती है। परन्तु वह तो तंग अंगूठी की तरह उंगली में अँडस गई है। ऊँगली पर उसका निशान पड़ गया है। परन्तु इस अंगूठी को काटे कौन क्योंकिः

समिआ दे सुनिआरे कोलों

रेती जिवें खड़ाच गई है।

वक्त के सुनार की रेती तो गुम हो चुकी है और उम्र उस मंजिल में है कि अब बरस के साथ बढ़ती नहीं बल्कि कम होती हैः-

जिवें सोच दी कंघी बिच्चों

टूट गया इस दंदा

यह नया साल है। अब जिंदगी बाल नहीं संवारती। जब कंघी उठाती है तभी कंघी का एक दाँत गिर जाता है। दुनिया भरी पुरी है। परन्तु आत्मा अकेली है।

शहर जिवें एक छापा खाना

हर इक बंदा एस शहर दा

इक इक कल्ले अक्खर बांगूं

हर आदमी यूं अकेला है जैसे छापेखाने में लदे हुये परन्तु एक एक अक्षर...

मैं इस अकेली आत्मा से मिलकर काँप उठा। अच्छी शायरी करने के लिये क्या इस जहन्नम से गुजरना जरूरी है ? यह दीवारें कब गिरेंगी जो हमारे चांद और सूरजों के बीच उठी हुई हैं।

□□

कहानी : लेखक और पाठक के अन्तः सम्बन्धों की पड़ताल

जान स्टीनबेक के एक उपन्यास 'ईस्ट आफ एडेन' में एक चीनी बावर्ची है ली।

कहानियों के विषय में इस बावर्ची की राय हमारे बहुत से कहानी लिखने वालों से ज्यादा जँची-तुली है। उसका कहना है कि "लोगों को केवल अपने आप में दिलचस्पी होती है इसलिए अगर कोई कहानी सुनने वाले के बारे में नहीं है तो वह उसे सुनेगा ही नहीं, इसलिए मैं यहाँ एक नियम बनाता हूँ कि हर महान और जीवित रहने वाली कहानी तमाम लोगों के बारे में होती हैं, नहीं तो वह जिंदा ही नहीं रह सकती। विचित्र और अजनबी चीजें कभी दिलचस्प नहीं हो सकती। दिलचस्प तो केवल गहरी व्यक्तिगत और जानी बूझी चीजें होती हैं।

मुझे इस बावर्ची की बात बहुत सारे आलोचकों से अच्छी लगी क्योंकि इस बावर्ची ने हमारी कहानियों की उस दुखती रग पर हाथ रख दिया है जो आज तक हमारे आलोचकों को दिखाई नहीं दी। बात ये है कि हमारे आलोचक तो बड़े-बड़े शब्दों के प्रमाण की साधना में लगे रहते हैं और इस साधना में इतना खो जाते हैं कि एक छोटी सी बात की ओर उनका ध्यान नहीं जाता कि कहानी के लिए कहानी होना पहली शर्त है। ली ने ये रहस्य पा लिया था। इसलिए उनसे दो वाक्यों में कहानी की वह आलोचना कर दी जो साहित्य के पंडितों से किताबों में नहीं हो सकी।

इस समय मैं उसी बावर्ची की उंगली पकड़ कर आगे बढ़ने का प्रयत्न कर रहा हूँ। इसलिए पहली बात मैं यह कहना चाहता कि कहानी के लिए दिलचस्प होना जरूरी है और कहानी दिलचस्प तभी हो सकती है जब वह पाठकों के विषय में हो और उसकी भाव भूमि और वातावरण में जाना बूझा हो। कहानी की दिलचस्पी का संबंध लेखक से न होकर पाठक से होता है। मैं इसके अतिरिक्त कहानी से कोई और मांग नहीं करता क्योंकि बाकी चीजों का कहानी की कला से कोई संबंध नही है। परन्तु मैं इस बात को एक और स्तर से आरंभ करना चाहता हूँ।

प्रश्न यह है कि कहानी गद्य है या पद्य। इस प्रश्न का उत्तर देना इसलिए आवश्यक

है कि इस समय यह बात बड़े जोरों पर चली हुई है कि विज्ञान के इस युग में साहित्य और विशेष रूप से कविता के लिए कोई स्थान नहीं है। नतीजा ये निकाल जाता है कि चूँकि ये युग कविता का नहीं बल्कि गद्य का है इसलिये गोविंद सिंह कुशवाहाकांत और गुलशन नंदा की कहानियां जिंदा रहेंगी और कालिदास के नाटक और तुलसी की रामायण, होमर का इडियड, गालिब के दीवान के पन्ने पुड़िया बांधने के काम जायेंगे। मैं साहित्य के एक विद्यार्थी की हैसियत से और एक सामाजिक प्राणी होने के नाते और विज्ञान पर भरोसा करने वाले एक आदमी की हैसियत से इस विचारधारा का विरोध करना आवश्यक समझता हूँ, क्योंकि लोग इस युग को जब गद्य का युग कहते हैं तो उनका मतलब कहानियों और उपन्यासों से नहीं होता। सच पूछिये तो कहानी और उपन्यास और अन्य दूसरी विधायें गद्य की शर्तों को पूरा नहीं करते। क्योंकि गद्य ठोस और निश्चित शब्दों का प्रयोग करती है परन्तु काव्य में शब्दों को पिघला कर तब उनका प्रयोग किया जाता है। यही कारण है कि काव्य का अर्थ निश्चित नहीं होता जिस तरह गणित के किसी फार्मूले का होता है। गद्य विज्ञान का माध्यम है और उसका आधार शब्द कोष में लिखे हुए शब्दों पर होता है। परन्तु कविता जीवन का अध्ययन है और उसका आधार रूपक होता है। कहानी भी रूपकों के संगीत के सांचे में ही ढाली जाती है, इसीलिए मैं कहानी और उपन्यास को एक काव्य रूप मानता हूँ यानी गीत, भजन, चौपाई, गजल, मसनवी और कसीदे की तरह कहानी भी एक काव्य है। दरअसल हम कविता को दो बड़े भागों में बांट सकते हैं, पहला भाग वह है जिसका संगीत प्रत्यक्ष रूप में होता है और दूसरा भाग वह है जिसका यानी सरस्वती की भांति शब्दों की जमीन के ऊपर नहीं बहता है शब्दों के अंदर बहता है। लोगों ने काव्य के इसी दूसरे रूप को मूल से गद्य समझ लिया है।

असल में बात यह है कि खराब कहानियां लिखने वाले कविता से भय खाते हैं और केवल उस दिन के इंतजार में जीते हैं जब इनकी दुआ या बददुआ डांगर को मार डालेगी। इन विचारों को ये मालूम नहीं कि ये लोग वास्तव में बहुत खराब शायर हैं।

ऐसा नहीं है कि प्रत्यक्ष संगीत वाली कविता से अप्रत्यक्ष संगीत वाली कविता घटिया होती है बल्कि बात ये है कि प्रत्यक्ष संगीत वाली कविता का वह भाग जो घटनाओं को साधारणीकरण का रूप देता है और उसी चीनी बावर्ची के नियम के अनुसार एक घटना की सबकी घटना बना लेता है, इसीलिए वह ज्यादा लोकप्रिय होता है। परन्तु कहानियां चाहे वे कविता के किसी रूप में क्यों न हो, अपने चरित्रों से बंधी हुई होती है। क्योंकि वे अपने चरित्रों का नाम रखने पर मजबूर होती है। उदाहरणार्थ जब कहानीकार किसी लड़की की बेवफाई की कथा सुनाता है तो वह हमें उस लड़की पाठक की बेवफा प्रेमिका नहीं हो सकती क्योंकि कहानी वाली लड़की का नाम अगर वंदना है तो पाठक की बेवफा प्रेमिका का नाम पार्वती है। अब चूँकि प्रेमिका का नाम बदल गया है इसलिए पाठक खुद इस कहानी का हीरो नहीं हो सकता जबकि उसकी प्रेमिका ने भी बेवफाई की है। कहानी

के हीरो का नाम कलीम है और पाठक का नाम मोहम्मद इदरीस कुरैशी है। नामों की ये दुहरी दीवार नहीं गिराई जा सकती। इसके अतिरिक्त वो शेर पाठक का तजुर्बा बन जाता है जिसमें चरित्र का कोई नाम नहीं होता है जैसे मीरा के इस दोहे को लीजिये।

लकड़ी जल कोयला भई, कोयल जल भयौ राख
मैं पापन ऐसी जली, कोयला भई न राख।।

इस दोहे में जो 'पापन' है वह केवल मीरा ही नहीं ये दोहा विरह की आग में जलने वाली किसी भी नारी का हो सकता है। इसलिए कहानियां चाहे पद्य रूप में हो या न हों वे हमें अपने आप में घुल मिल जाने का अवसर नहीं देती। कहानियों में वे सधारणीकरण नहीं हो सकता, जिसकी मिसाल हमने अभी दी है।

परन्तु कविता के हर फार्म की अपनी एक सीमा होती है। कहानी गजल का स्थान नहीं ले सकती परन्तु गजल भी कहानी की कमी पूरी नहीं कर सकती और इस समय क्योंकि हमें कहानियों के विषय में बात करनी है इसीलिए मैं इस समय सिर्फ इतना ही कह कर आगे बढ़ रहा हूँ कि कहानी भी अन्य काव्य रूपों की तरह काव्य रूप है। गद्य नहीं है क्योंकि गद्य में दो और दो चार ही होते हैं, बाईस नहीं। परन्तु जीवन में दो और दो का जोड़ चार कभी-कभी होता और बाईस आम तौर से।

इसीलिए हम फिर उस चीनी बावर्ची तक आ गये कि कहानी तमाम लोगों के विषय में होगी और उसका शिल्प जाना पहचाना होगा और इसके लिए लेखक को यथार्थ की ठोस भूमि पर खड़ा होना पड़ेगा। परन्तु दुर्भाग्य से हमारे कहानीकार यथार्थवाद की झोंक में कहानी कहने की कला भूलते जा रहे हैं। हमारा यथार्थ चित्रण जड़ होता जा रहा है। वह चाहे डिप्टी नजीर अहमद हों, चाहे मुंशी प्रेमचन्द। अभी तक हमारा कोई कहानीकार वास्तविकता को डाईनैमिक रूप में नहीं देख सका है। यही कारण है कि ख्वाजा अहमद अब्बास और कृश्न चन्दर तक आते-आते कहानी पत्रकारिता का रूप धारण कर लेती है। कहानीकार का कर्तव्य ये है कि वह जड़ दिखाई देने वाली वास्तविकता को डाईनैमिक बनाकर देखे और दिखाये। तभी वह वास्तविकता सबके विषय में हो सकती है। मिसाल के तौर पर एक चोर पकड़ा गया। ये एक जड़ वास्तविकता है और चूँकि ये जड़ है इसलिए धर्मशास्त्रों का एक पंडित इस पर एक दृष्टिकोण से भाषण देगा। थानेदार दूसरे दृष्टिकोण से, जिसका भाव चोरी गया है उसका दृष्टिकोण कुछ और होगा और तमाशा देखने वाले उसमें गुल बूटे तराशेंगे। नजीर अहमद से लेकर कृशन चन्दर तक कहानी केवल एक दृष्टिकोण बयान करती है। जबकि होना यह चाहिए था कि ये चोर कहानीकार के हाथ लगता तो वह उसे डाईनैमिक यथार्थ बना देता। वह चोर के अतीत में जाता और हमें भी उसके अतीत का बोध कराता और तब हमें अपना विश्वास पात्र बनाकर चोर के बारे में कोई फैसला करता। हम कोई मौलवी तो हैं नहीं जो यह कहकर अलग हो जाएँ कि चोरी करना पाप है और अगर कहानीकार का कर्तव्य केवल इतना है कि वह चोरी को पाप बताये तो मौलवी और धर्मशास्त्री दुनिया में बहुत हैं, ये

जानने के लिए हमें कहानीकार की आवश्यकता नहीं है। हमारे यथार्थवाद और योरप के यथार्थवाद में यही अन्तर है। इसीलिए हमारे यहाँ इक्का दुक्के अच्छी कहानियाँ तो अवश्य मिल जाती हैं परन्तु कोई चेखव, कोई तुर्गनेव, कोई ताल्स्ताय और कोई बाल्जक नहीं मिलता।

औद्योगिक प्रगति ने आदमी के पैर में निश्चिन्नता की बेड़ियाँ डाल दी हैं, हमारी कहानियों की कमजोरी यही निश्चिन्तता है। विज्ञान, पूर्णतर की खोज में है इसलिए इस युग का साहित्य भी पूर्णता से पहचाना जाता है। यही हमारे साहित्य का सौन्दर्य भी है और उसकी कमजोरी भी। इस पूर्णता ने सबसे अधिक कहानी को हानि पहुँचाई है। क्योंकि पूर्ण होने के बाद कहानी समाप्त हो जाती है। परन्तु जीवन समाप्त नहीं होता। इसीलिए खत्म हो जाने वाली चीज में हमारी दिलचस्पी भी धीरे-धीरे समाप्त हो जाती है। इसलिए शाश्वत जीवन इन पूर्ण कहानियों को छोड़कर आगे बढ़ जाता है। इन कहानियों से सौन्दर्य बोध करने के लिए हमें बार-बार वापिस आना पड़ता है।

इसलिए मैं यह कहना चाहता हूँ कि हमारे आधुनिक कहानियों की कमी उनका सपाट यथार्थ चित्रण है और कोई कहानीकार हमें ये बता भी दें कि पीपल के जिस पेड़ के नीचे चम्पा विनोद की राह देख रही थी, उसमें कुल कितने पत्ते थे, तो हम अधिक से अधिक यह कह सकते हैं कि कहानीकार का गणित अच्छा है, हालांकि यह भी झूठ है क्योंकि कहानीकार यह जानता है कि किसी के पास इतना समय नहीं है कि पीपल के पत्ते गिनकर उसके बयान को चुनौती दे। असल में परेशानी ये है कि हमारे कहानीकार को यह नहीं मालूम है कि पीपल के पत्तों की संख्या बताना यथार्थवाद नहीं है। इस सिलसिले में उन कहानियों को फिर भी माफ किया जा सकता है जो अपने उद्देश्य विशेष के लिए कभी-कभी इस प्रकार के यथार्थ वर्णन का सहारा लेते हैं। इसीलिए मैं नजीर अहमद, प्रेमचन्द और कृश्न चन्दर का आदर करता हूँ। परन्तु उन कहानीकारों का क्या किया जाए जिनके सपाट यथार्थ वर्णन की नसों में किसी भी उद्देश्य का ताजा खून भी नहीं दौड़ रहा है।

प्रगतिशील साहित्य पर असाहित्य होने का आरोप लगाया गया। मैं खुद भी प्रगतिशील आन्दोलन का एक छोटा सा बेनाम अंग हूँ, परन्त जो बात मैं कहने जा रहा हूँ ये बात साहित्य में एक विद्यार्थी की हैसियत से कह रहा हूँ कि उन्हीं दिनों कृश्न चन्दर ने 'बालकनी', 'जिन्दगी की मोड़ पर', 'गिरजन की एक शाम', 'ब्रह्मपुत्र', 'महालक्ष्मी', 'अन्नदाता' और 'कालू भंगी' जैसी महत्वपूर्ण कहानियाँ लिखीं। इस्मत चुगताई ने 'नन्हीं की नानी' और बेदी ने 'ग्रहन', 'गर्मकोट' और 'लाजवन्ती' जैसी नाजुक, जीती-जागती और भरपूर कहानियाँ लिखीं। परन्तु इसमें शक नहीं कि जिस तरह सर सैयद के युग में उनके आन्दोलन से प्रभवित होकर नजीर जैसा कहानीकार गच्चा खा गया, उसी तरह इसमें भी सन्देह नहीं कि इस आन्दोलन से प्रभावित होने वाले कहानीकार भी अपने विचारधारा के प्रचार की धुन में कला से बेपरवाह हो गये। लेकिन मैं ये बड़े आश्चर्य की

बात है कि एक तरफ लेखक प्रगतिशील आन्दोलन की विचारधारा की बाढ़ में डूबता उभरता दिखाई देता है तो दूसरी तरफ वर्तमान कहानी विचारहीनता के रेगिस्तान में खोती हुई नजर आ रही है। वर्तमान कहानीकारों में से अधिकांश के पास कोई दृष्टिकोण नहीं है। इसलिए वे जिन्दगी से आँखें चुराते हैं और वे अपने व्यक्तित्व और आत्मबोध की भूल भुलैयों में छिप गये हैं। रजिया सज्जार जहीर, राम लाल और दो एक और कहानीकारों के अतिरिक्त उर्दू कहानीकारों की हालत बहुत बुरी है क्योंकि अधिकांश अपनी खोज में लगे हुए हैं और उन्हें अपना ओर-छोर नहीं मिल रहा है और चूँकि इन कहानीकारों के पास इनका अपना दृष्टिकोण नहीं है इसलिए इनके बनाए हुए जड़ चित्र बिल्कुल मुर्दा मालूम देते हैं। इसलिए अगर आप देखें कि दीवारों पर गोबर की चिड़िया लगी हुई जमीन पर गुबरेले गोबर की गोलियाँ बना रहे हैं और धूप किसी ढीले पलंग की तरह झूल रही है तो समझ लीजिये कि ये वर्णन काजी अब्दुल सत्तार का है, जिससे कहानी केवल लम्बी हो जाती है परन्तु आगे नहीं बढ़ती। इसीलिए आवश्यक है कि आज के कहानीकार पुरानी कथाओं और घरेलू कहानियों से सम्बन्ध जोड़ने की चेष्टा करेंगे।

कहानी और उपन्यास की परम्परा हमारी नहीं है, योरप की है। इन्हें अपनाने मे कोई हानि नहीं परन्तु इन्हें भारतीय रूप देना जरूरी है। भारत में छोटी घरेलू कहानियाँ और लम्बी कथाओं की परम्परा मौजूद है। परन्तु अंग्रेजी की धुन में हमने उनको भुला दिया है। ये बड़ी दिलचस्प बात है कि उर्दू में आधुनिक कहानी लेखक शार्ट स्टोरी से शुरू नहीं हुआ बल्कि नॉबिल से शुरू हुआ और ऐसा इसलिए हुआ कि उर्दू में दास्तानों और मसनबियों की परम्परा मौजूद थी। परन्तु इन परम्पराओं से दामन छुड़ा लिया गया। नतीजे में हमारी आधुनिक कहानी के पाँव के नीचे से जमीन निकल गई और अगर दो विचार धाराओं यानी सर सैयद की विचारधारा और फिर मार्क्सवाद ने हमारी आधुनिक कहानी को सहारा न दिया होता तो ये कहानी कब की मर-खप चुकी थी। इसलिए यह आवश्यक है कि पुरानी कहानियों की परम्परा से नाता जोड़ा जाए और जीवन के विषय में एक दृष्टिकोण बनाया जाए क्योंकि दृष्टिकोण के बिना छोटी मोटी कविताएँ तो लिखी जा सकती हैं परन्तु अच्छी कहानी नहीं लिखी जा सकती।

अभी मैं ऊपर कह चुका हूँ कि हमारी कहानियों की मजबूरी ये है कि वे खत्म हो जाती हैं और खत्म होकर पिछड़ जाती हैं क्योंकि वे अपने युग की सीमाओं को पार नहीं कर सकी।

प्रेमचन्द, कृश्न चन्दर और यशपाल को तो छोड़िये। ताल्स्ताय और बालजक के चरित्र भी हमसे मिलने हमारे युग नहीं आते बल्कि हमें उनसे मिलने के लिए उनके युग में जाना पड़ता है। यानी आधुनिक कहानियों में व्यक्तित्व को चरित्र बनाने का जो महत्वपूर्ण कार्य किया वही उसकी राह में दीवार बन गया। :रित्रों का यही व्यक्तित्व हमें कहानी की चौखट पर रोक देता है और हम किसी ऐसे चरित्र की प्रतीक्षा करने लगते हैं जो हमें पहचान ले। ताकि हम उसके साथ उस कहानी की दुनिया में जाएँ। वह गाइड

की तरह उस दुनिया की सैर करवाकर हमें इस दुनिया में छोड़ जाता है। यानी एक जगह ऐसी आती है जहाँ इस चरित्र का काम समाप्त हो जाता है, और हम अपने सफर में अकेले रह जाते हैं। यानी ये कहानियाँ बड़ी खुदगर्ज हैं, जभी तो इनके चरित्र अपने पाठक को अकेला छोड़ देते हैं। हमारी घरेलू कहानियों का जादू वही है कि वे हमें कभी अकेला नहीं छोड़ती हैं। वे सुनने वाले को अपना एक चरित्र बना लेतीं हैं इसलिए वे समाप्त होने के बाद भी समाप्त नहीं होती। या कम से कम उस समय तक समाप्त नहीं होती, जब तक कि हमारा सफर समाप्त नहीं होता। ये विचार सही नहीं है कि इन कहानियों का जादू, इनके अचंभे में डाल देने वाली घटनाओं या इनके अति मानवीय तत्वों में है। वह रानी हमारा सौन्दर्य बोध नहीं बनती जो पाँच फूलों में तोली जाती है। उस परी का भी कोई महत्व नहीं है जो अनार में रहती है। हम उस डंकिनी से भी प्रभावित नहीं होते जो हीरों के मुख से नानी सलाम सुनकर पिघल जाती है। इन कहानियों की जिन्दगी का राज चार ऐसे जुमलों में है जिनका वास्तव में कहानी से कोई सम्बन्ध नहीं होता। परन्तु जिनके बिना कम से कम मैंने तो आज तक कोई कहानी नहीं सुनी। तीन जुमलों से कहानी आरंभ होती है और चौथे पर समाप्त हो जाती है। आँखों की देखी नहीं कहता, कानों की सुनी कहता हूँ, झूठे पर खुदा की लानत "इन जुमलों का कहानी से क्या सम्बन्ध हो सकता है। परन्तु हर कहानी यहीं से शुरू होती है और हर कहानी इस आशा पर समाप्त होती है कि जैसे उनके दिन फिरें वैसे सबके दिन फिरें।" इन जुमलों पर हिकारत से मुस्कराइये मत क्योंकि इन्हीं जुमलों पर कहानी की पूरी इमारत खड़ी होती है। यही जुमले हर कहानी को हर आदमी के बारे में बना देते हैं और यदि इन्हें निकाल दिया जायेगा तो कहानी बेरंग और बेमजा हो जायेगी। यही जुमले हमारी घरेलू कहानियों को एक डोर में बाँध देते हैं। अगर हम चौथे जुमले को पहले तीन जुमलों से मिलाकर देखें तो यह हमें सपने देखने, आशा ही करने और आशाओं को पूर्ण करेन की चेष्टा करने का हौसला देता है। ये जुमले कच्चे कमसिन वालों को ये बताते हैं कि जिन्दगी को सफल बनाने के लिए घर से निकलना पड़ता है और यूँ ये जुमले हमें जिन्दगी की कठिनाइयों का मुकाबला करने के लिए तैयार करते हैं। ये बात केवल संयोगवश नहीं होती कि इन घरेलू कहानियों का हीरो सदा सफल होकर लौटता है, बल्कि इन कहानियों में जानबूझकर उन्हीं राजकुमारों का जिक्र होता है जो दृढ़ प्रतिज्ञ होते हैं ताकि इस रास्ते में असफल होने वाले राजकुमारों की कहानियाँ सुनकर हिम्मत परास्त न हो जाए। आज के सपाट यथार्थवादी की समझ में यही बात नहीं आती। इसीलिए वह घोर अंधेरे के वर्णन करके सन्तुष्ट हो जाते हैं और हमें हौसला देने की जगह हमारी हिम्मत तोड़ देते हैं। इसीलिए मुझे यह कहने दीजिए कि इन कहानियों का काम बच्चों को सुलाना नहीं है बल्कि बच्चों को जगाना है।

इन चारों जुमलों में कोई शब्द अजनबी नहीं है और ये चारों जुमले अलग-अलग निहायत ही टुच्चे मालूम होते हैं। लेकिन कहानी के शुरू और आखिर में आते ही इनकी

काया पलट हो जाती है। शुरू के तीन जुमले कहानी को जीवनधारा से जोड़ देते हैं और आखिरी जुमला कहानी को समाप्त होते ही एक कहानी शुरू कर देता है। जहाँ से कहानी के चरित्र का सफर समाप्त होता है। वहीं से सुनने वाले का सफर शुरू हो जाता है और जब सुनने वाले का सफर एक अनुभव बन जाता है तो हम फिर वहीं आ जाते हैं कि आँखों की देखी नहीं कहता और कान की सुनी कहता हूँ, देखा आपने ये अलग-अलग कहानियाँ नहीं हैं। ये एक ही अनुभव हैं जो बार-बार बयान किया जा रहा है और चूँकि कहानियों का अटूट सिलसिला खुद हमारी ही जीवन गाथा का एक भाग है। इसलिए हम पाँच फूलों वाली रानी या अनार परी या छह महीने सोने और छह महीने जागने वाले फकीर या नानी बन जाने वाली डंकिनी को भूल नहीं पाते। ये हमारा अतिमानवीय विश्वास नहीं है बल्कि हमारी राह की कठिनाइयों के 'सिम्बल्स' हैं। ये कहानियाँ हमें यह बतलाती हैं कि बहादुर लोग मुड़कर पीछे नहीं देखते। केवल कम हिम्मती लोग पीछे मुड़कर देखते हैं और पत्थर के हो जाते हैं। ये पत्थर हो जाने वाली बात गद्य नहीं है क्योंकि कोई वास्तव में पत्थर नहीं हो सकता। यह एक बड़ी खूबसूरत कविता है इसलिए हजारों सालों से सुनी जाती है। जिन्दगी बुजदिलों के लिए नहीं है। बुजदिल रुक जाते हैं तब कोई जियावा निकलता है और उस समय तक आगे बढ़ता चला जाता है जब तक कि बकावली का फूल उसके हाथ में नहीं आ जाता और तब फिर वह पत्थरों को आदमी बनाता है और चूँकि उसे एक बड़ा काम करना होता है इसलिए वह छोटी-मोटी बुराइयों से सुलह भी कर लेता है। वरना डंकिनी को नानी कौन बनायेगा। जनाब! ये घरेलू कहानियाँ जीवन-शास्त्र हैं और वे बच्चे अभागे हैं जिन्हें ये कहानियाँ नहीं सुनाई जातीं।

हमारी वर्तमान कहानीकार इन बेनाम कहानीकारों की तरह हमें अपनी कहानी का अंग बन जाने का अवसर नहीं देते। इसलिए इन कहानियों के चरित्र हमारे दिमाग पर कोई अमिट लकीर नहीं खींच पाते। बस अगर 'अन्ना करेनिना' या 'करमजोव' और 'नाना' की तरह जानदार हो तो सौ-दो सौ बरस के लिए हमारी याद बन सकते हैं।

मनुष्य एक बहुत सम्मिश्रित जानवर होता है। वर्तमान के मनुष्य में अतीत का मनुष्य भी जिन्दा रहता है। हर व्यक्ति में डार्विन की पूरी किताब जीती और मरती है। अगर ऐसा नहीं होता है तो नई दिल्ली के एक रेस्तरां से एक गुफा क्यों है? ये गुफा हम में बैठे हुए उस मनुष्य को सन्तुष्ट करती है जो गुफाओं में रहा करता था। इसीलिए सम्पूर्ण वास्तविकता को पकड़ने का प्रयत्न करना चाहिए। व्यक्ति समाज का एक अंग है। पूरब तभी तक पूरब है जब तक कि पश्चिम मौजूद है। इसलिए पूरब का पूरा ज्ञान करने के लिए पश्चिम को जानना जरूरी है। परन्तु पश्चिम को जानने का मतलब ये बिल्कुल नहीं है कि खुद पूरब को ही भूल जाया जाए। हमारे वर्तमान कहानीकारों से यही भूल हुई है।

रूपान्तर : कुँवर पाल सिंह

गुफ़्तगू बन्द न हो

(डॉक्टर राही मासूम रज़ा और अली सरदार जाफ़री के बीच)

यह इन्टरव्यू नहीं बल्कि एक गुफ़्तगू है जो दो जहीन शायरों अली सरदार जाफ़री और डॉक्टर राही मासूम रज़ा के दर्मियान सरदार साहब की रिहाइशगाह पर 18 अप्रैल 1990 को हुई। गुफ्तगू यूँ शुरू होती है –

डॉक्टर राही मासूम रज़ा : अच्छा तो मैं आपको परेशान करना शुरू करता हूँ। सब से पहले तो भाई! मुझे बड़ी खुशी है कि आज आप से कुछ गुफ्तगू करने का मौका मिला है। इससे मैं जाती तौर पर यह फायदा उठाना चाहता हूँ कि मेरे अपने जहन में जो उलझने हैं वह साफ हो जाएँ क्योंकि आप हमारे उन बुजुर्ग शायरों, नक्कादों और **मुफक्करीन**[1] में से हैं जिन्होंने हमारा मार्गदर्शन किया है और हमारे **सियासी शऊर**[2] को बढ़ने और सही या गलत रास्ते पर चलने में मदद की है।

सरदार जाफरी : (हल्की सी मुस्कराहट के साथ) यह 'गलत' लफ़्ज बहुत सही है। क्या खूब! सही या गलत रास्ता।

रा : मैं गुफ्तगू यहाँ से शुरू करना चाहता हूँ कि 1935-36 में जब यह जरूरत महसूस की गयी कि **अदब**[3] में तरक्की पसन्द तहरीक को आरम्भ किया जाए तो उस वक्त जो बुजुर्ग थे जिन में आप भी हैं। एक तरफ प्रेमचन्द, मौलाना आजाद और हसरत मोहानी का सिलसिला जाता है। तो आप लोगों ने कुछ बुनियादी सवाल अदब के लिए उठाये थे। इस वक्त मैं यह जानना चाहता हूँ कि आज 1990 में यानी 1936 से लेकर 1990 तक को जो जहनी **सफर**[4] है, तो क्या आप यह चाहेंगे कि उन सवालों पर दोबारा गौर किया जाए या उन बुनियादी सवालों की शक्ल में कोई तब्दीली करना चाहेंगे। क्या आप यह सोचना चाहेंगे कि वह सवाल अब Irrelevant हो गए हैं और अब नए सिरे से कुछ नए, कुछ दूसरे सवाल उठाना चाहिए।

---

1 विचारक, 2. राजनैतिक, 3. साहित्य, 4. मानसिक यात्रा

जाः इस वक्त आप यह बता दें कि कौन से सवाल **जहन**[1] में हैं यानी किस तरह के **सवालात**[2] हैं।

रा : अदब के मुतल्लिक में आप लोगों ने जो एक तरीका बनाया था कि अदब को एलीट क्लास में नहीं जाना चाहिए। अदब **अवाम**[3] पे **बहबूद**[4] के लिए है और अवाम की लड़ाई के लिए है और अदब को वह जो वेस्टीड इन्ट्रेस्ट वाला क्लास है उनके **खिलाफ**[5] लड़ना है। अवाम और दुनिया और देश के कल्याण के लिए। और उसी में यह बुनियादी सवाल उठा था कि हमें हुस्न के **मेआर**[6] को बदलना होगा। एस्थेटिक्स का यह सवाल इसी से निकला था। क्योंकि अब तक हमारा अदब जो था वह एलीट में फँसा हुआ था और लगभग उन्हीं की **मसअलों**[7] के बारे में सोचता था और उन्हीं के **नुक्ता-ए-नजर**[8] के हिसाब से सोचता था और हमारे शायर भी इसी प्रकार से सोच रहे थे (जिनमें मौलाना हसरत मोहानी अलग से एक सेक्शन हैं जिन्होंने उर्दू गजल को समझये कि **मुतवास्सित तबका**[9] के लोगों के करीब लाने की कोशिश की थी) तो – 36 ई. में जो सवाल आप लोगों ने उठाये थे क्या उन सवालों पर दोबारा गौर करना आप जरूरी समझते हैं? या यह समझते हैं कि वह सवाल ज्यों के त्यों हैं या कुछ नए सवाल अपने आप से करने पर आप तैयार हैं?

जाः बहुत अहम है ये बात और जवाब देना इसका आसान नहीं है। इसलिए......

रा : मैंने पहले ही कहा था कि मैं आप को परेशान करूँगा।

जाः जरूर कीजिए। सच जवाब देना आसान नहीं है। फिर भी जरा **तफसील**[10] में जाना पड़ेगा। मैं जाती **तजर्बे**[11] को मिलाकर चलूँगा तो ज्यादा अच्छा होगा। जिस वक्त यह तहरीक शुरू हुआ था उस वक्त तीन चार ग्रुप नवजवान **अदीबों**[12] के **मुख्तलिफ**[13] जगहों पर कुछ सोच रहे थे। चुनाँचे हमसे पहले – साल दो साल पहले कहना चाहिए या तीन साल पहले – अख्तर हुसैन रायपुरी-नागपुर में गाँधीजी के साथ, नेहरूजी के साथ मिलकर सोच रहे थे। उनके सोचने का एक तरीका था। फिर लन्दन में सज्जाद जहीर और लोग सोच रहे थे। हम लोग अलीगढ़ में सोच रहे थे। तो पहले तो मैं इस फिजा और माहौल का जिक्र करूँगा जिस माहौल में हम सोच रहे थे। इसलिए वक्त और जगह ये दो बहुत अहम होते हैं (अब मैं सियासी राह पर जाने पर मजबूर हूँगा) उस वक्त योरोप में फाशिज्म का राज था और हिन्दुस्तान में हम इम्प्रेलिज्म के विरुद्ध लड़ रहे थे और हमारे साहित्य में जो हमारी **खयात**[14] थी उसका सीधा रिश्ता हमारे समाज से हमारे बुजुर्ग कायम कर चुके थे। इसकी वजह से सबके जहन में यह एक सवाल था कि हम अपने अदब

1 मस्तिष्क, 2. जनता, 3. कल्याण, 4. कसौटी, 5. समस्याएँ, 6. दृष्टिकोण, 7. मध्यम वर्ग, 8. विस्तार, 9. अनुभव, 10. साहित्यकार, 11. विभिन्न, 12. परम्परा, 13. विरोध, 14. लोकप्रियता

का इस्तेमाल (इस्तेमाल के लफ्ज पर हमारे कुछ लोग Aesthetic point of view से **एतराज** करते हैं कि साहब अदब को इस्तेमाल नहीं कर सकते) लेकिन हमारे जहन में यह चीज थी कि हम अपने इस अदब को अवाम के बहबूद के लिए इस्तेमाल करेंगे और उसके लिए जबान की **तब्दीली**[1] हमें बहुत जरूरी महसूस होती थी। जब प्रेमचन्द ने कहा था कि हमें **हुस्न का मेआर**[2] बदलना होगा, तो इसके पीछे जबान की तब्दीली भी शामिल थी और वह **किरदार**[3] भी शमिल थे, समाज के वह तबके भी शामिल थे जो नजरअंदाज होते थे। अब इसको अगर मैं हसरत के रिश्ते से चूँकि हसरत का नाम आया और गजल के ताल्लुक से शुरू करूँ तो गालिब की गजल में और हसरत की गजल में जो बहुत बड़ा फर्क नजर आयेगा वह यह है कि हसरत उर्दू गजल की महबूबा को दर्मियानी **तब्के**[4] में तलाश करने में कामयाब हुए और ऐसे कामयाब हुए कि लोगों को नापसन्द नहीं मालूम हुआ और न महबूबा का नंगे पाँव आने का कोई **तसव्वुर**[5] ही था और फिर 'कोठे' का इस्तेमाल कि –

दोपहर की धूप में मेरे बुलाने के लिए
वह तेरा कोठे पे नंगे पाँव आना याद है

गालिब के यहाँ आप को **'बाम'**[6] मिलेगा (इससे जरा आगे और चलें) तो जोश मलिहाबादी ने एक **वुसअत**[7] यह दी कि लाला-व-गुल जिसमें सारी बहार सी जाती थी, उसकी **तौसीअ**[8] भी कर दी। उन्होंने बेले के फूलों का जिक्र किया। गेंदे के फूलों का जिक्र किया उन्होंने पत्तों के ढौंनों का जिक्र किया। जामन वालियों का जिक्र किया। मेहतरानी पर भी उन्होंने नज्म कही। जिस पर उन पर बहुत लानत-**मलामत**[9] की गई तो यह अदब की एक **जुम्बिश**[10] अवाम की तरफ थी।

मैं अब भी यह महसूस करता हूँ कि हमारा उर्दू गजल आश्ना मिजाज नस्र में भी, जिस में सजावट का हिस्सा बहुत ज्यादा है और उस सजावटी हिस्से की वजह से हम अक्सर फिक्र की बुलन्दी और बुसअत तक नहीं पहुँच पाते और उन्हीं शब्दों में से हम **वसीअतर**[11] मानी निकाल लेते हैं। अगर हम अंग्रेजी से मिसाल लें तो आज 1990 ई. में इंगलिस्तान का कोई शायर (रवायती अन्दाज से कह रहा हो या गैर रवायाती अंदाज से) शेक्सपीयर की जबान में शायरी नहीं करता, मिल्टन की जबान में भी शायरी नहीं करता। हद यह है कि कीट्स और शैली की ज़बान में भी शायरी नहीं करता। लेकिन हम आज भी हाफिज **शीराजी**[12] की जबान में शायरी करते हैं और हमारी तमाम गजलों में शब्दों का एक सेट है। कोई पाँच सौ शब्दों का। उन्हीं से हम मतलब पैदा करते हैं। इसलिए कि वह एक **उस्तेआरा**[13] बन गया है। उस्तेआरा बनने की वजह से इसी **मयखाने**[14] का शब्द जो है वह **मुख्तलिफ मकामात**[15] पर मुख्तलिफ मानी **अख्तियार**[16] कर

---

1 परिवर्तन, 2. कसौटी, 3. पात्र, 4. मध्यम वर्ग, 5. कल्पना 6 कोठा, 7. विस्तार, फैलाव, 8. विस्तार, 9. निन्दा, धिक्कार, 10. कम्पन 11 विस्तार, 12. फारसी का मशहूर शायर, 13. रूपक अलंकार, 14. शराब खाना 15. विभिन्न स्थानों पर, 16. धारण करना

लेता है। मिसाल के तौर पर मैंने अभी **इमाम जमैनी**[1] की गजल पढ़ी है, फारसी में। मालूम नहीं आप की नजर से गुजरी या नहीं।

र : जी नहीं।

स : इमाम खमैनी की गजलें – जिन में इस तरह के शेर–कि मैं मस्जिद-व-मदरसा से बेजार होकर मैखाने में गया हूँ। तुम्हारी आँखों का दीवाना होकर मैं आशिक हो गया हूँ। वगैरह और उस पर **उनवान**[2] यह है कि यह इमाम खैमी की **रूहानी**[3] शायरी है। बहुत सही है साहब। यही गजल जब कोई तरक्की पसन्द कहता है कि मैं मस्जिद व मदरसा से **बेजार**[4] होकर मैखाने में आ गया हूँ तो उसे इन्कलाबी मानी दे दिए जाते हैं और जब कोई लखनऊ का खायती शायर कहता है, तो हम कहते हैं यह फरसूदह शायरी है।

र : हाँ तो यहाँ भाई! (बात रोकने की माफी चाहता हूँ) आप के कहने से जो बात निकल रही है वह यह कि शेर का मतलब **क़ारी**[5] अपने लिए खुद निकालता है।

स : वह तो हर तरह से निकालेगा ही!

र : मसलन यह कि जब हम पढ़ते हैं कि यह शेर इमाम खुमैनी का है तो हम उस का दूसरा मतलब निकालते हैं और जब हमसे यह कहा जाता है कि यही शेर सरदार जाफरी का है तो हम उसका दूसरा मतलब निकालते हैं और यही शेर अगर अख्तरूल ईमान ने कहा हो तो – मानी निकालनाक़ारी का हक है।

स : मैं मानी पर जरा बाद में आऊँगा। मैं तो Archaic जबान की बात कर रहा हूँ। मिसाल के तौर पर "जमीन कू-ए-जानाँ" – यह **तरकीब**[6] हम जब भी इस्तेमाल करेंगे दाद मिल जाएगी किसी जगह भी। अभी मैंने जो इस वक्त पूरे योरोप में सोशलिज्म में जो इन्कलाब हो रहा है या "बुहरान" कुछ लोग उसे कहते हैं। उसमें मैंने चन्द एशाअर कहे हैं। वह पूरे के पूरे खयाती जबान में हैं और शुरू का एक टुकड़ा उसमें है कि –

अकीदे[7] 'बुझ रहे हैं, शम-ए-जाँ' **गुल**[8] हो जाती है ?
मगर **जौक-ए-जुनूँ**[9] की **शोलासामानी**[10] नहीं जाती

अब देखिए 'शम-ए-जाँ–'

र : हाँ! "अकीदे बुझ रहे हैं" यही नई बात है। फिर जौक-ए-जुनूँ की शोलासामानी..

स : खुदा मालूम किस-किस के लहू की **लालाकारी**[11] है। अब देखिए यह जमीन कू-ए-जानाँ। उसमें –

र : मगर भाई अगर हमारे बुजुर्ग शायरों ने यह **मिसरअ**[12] कहा होता तो "जौक-ए-जुनूँ"

---

1. इन्कलाबे ईरान के धार्मिक नेता, 2 शीर्षक, 3. आत्मिक, 4. असन्तुष्ट, 5. पढ़ने वाला, 6. युक्ति, दो शब्दों को फारसी तरीके से एक कारन को अधिकता से लिखना, 7. विश्वास, 8. जान की शमाँ बुझाना, 9. ख्वाहिश का जुनून, 10. जिसमें आग हो, 11. नक्शों निगार बनाना, चित्रांकन, 12. जमाना, दुनिया

नहीं कहते। शौक-ए-जुनूँ कहते। ये जो जौक है "जौक" तरक्की पसन्द तहरीक की देन है। यह शब्द...

स : अब इसी में यह शेर आ जाता है, इस किस्म का – कि

परेशाँ **रोजगार[1] आशुफ्ता[2] हालाँ[3]** का मुकद्दर है
कि उस जुल्फ-ए-परेशाँ की परेशानी नहीं जाती

र : परेशानी नहीं जाती – वाह !

स : खालिस रवायती – लेकिन और इसके बाद एक शेर आता है –

नए ख्वाबों के दिल में **शोला-ए-खुरशीद[4] महशर[5]** है।

र : नया –जदीद– नए ख्वाबों के दिल में शोला-ए-खुरशीद महशर है।

स : जी हाँ – बिल्कुल – और आगे –

खमीर हजरत-ए-इन्साँ की **सुल्तानी[6]** नहीं जाती!

तो ये जो Democratic Movement है, इसकी तरफ इशारा है। हाँ तो मैं Archaic जबान की बात कर रहा था। कश्मीर में जाड़ों के जमाने में जम्मू में मैं विजीटिंग प्रोफेसर की हैसियत से यूनिवर्सिटी गया, तो दिसम्बर का महीना था। धूप में लड़के लड़कियाँ घास पर बैठे हुए थे। मैंने जगन्नाथ आजाद से कहा–भई मेरी एक नज्म में एक शेर है कि –

रास्ते दौड़ के स्कूलों से मिल जाते हैं
बच्चे फूलों की तरह घास पे खिल जाते हैं

मगर ये शेर गजल से वाकिफ मिजाज को खुश नहीं करता, हम आप इस शेर से खुश हो सकते हैं। दुनिया की किसी शायरी में जब यह आएगा, उसकी दाद मिलेगी या मैंने 'नई दुनिया को सलाम' में इस किस्म के **मिसरे[7]** भी कहे हैं –

चक्कियाँ चुप हैं, खामोश हैं गाँव की लड़कियाँ,
चूड़ियाँ गुनगुनाती नहीं

गजल से वाकिफ मिजाज उससे खुश नहीं होता लेकिन मैं यह समझता हूँ कि गजल की खायत को बरकरार रखते हुए उसमें बुसअत की सख्त जरूरत है। खास तौर पर जबान में। खायत अपनी जगह पर कायम है। जबान की बुसअत भी नए मानी के साथ नए अन्दाज के साथ यह चीज करनी चाहिए।

र : भाई यहाँ मैं एक सवाल खोजता चलूँ। ये जो Archaic जबान से आप कह रहे हैं। उस जबान से हमारी जान पहचान तकरीबन डेढ़ सौ साल पुरानी है।

स : जी नहीं साहब, तकरीबन एक हजार साल पुरानी है। फारसी से।

र : जी मैं तो अपने यहाँ की बात कर रहा हूँ।

स : हाँ अपने यहाँ भी तकरीबन तीन सौ साल पुरानी।

1,2. परेशाँ हाल लोग, 3. सूरज की गर्मी, 4. कयामत का मैदान, 5. बादशाही 6,7 शेर की एक लाइन

र : हाँ तो ये डेढ़ दो सौ साल पुरानी जान-पहचान है और हम उसमें रचे बसे हैं और इस में भी कि जबान में हर **इस्तेआरे**[1] को हमारे बुजर्गों ने कैसे इस्तेमाल किया था और उनके पढ़ने वाले ने उन्हें कैसे समझा था। वह तो हमारी एक रिश्तादारी है इन लफ्जों से -- वह जो हाली ने एक बात कही थी कि भाई नई बात कहो, और फॉर्म को मत बदलो।

स : इकबाल ने भी यही कहा था।

र : हाँ तो – एक न एक सहारा तो अपने पढ़ने वालों को देंगे न? कि जिसकी उँगली पकड़कर वह हमारे शेरों की गलियों में जाए। हम ख्याल भी ऐसा दे रहे हैं जो उसके लिए अजनबी है और जबान भी ऐसी दे रहे हैं जो उसके लिए अजनबी है तो उसमें इनका अन्देशा है कि इसका दिल उचाट हो हाएगा। मेरा ख्याल है कि Archaic जबान जिस को तरक्की पसन्दों ने इस्तेमाल किया और जिसे आप Archaic कह रहे हैं। वह सब से बड़ा कारनामा है तरक्की पसन्द लिखने वालों का कि उन्होंने उस जबान को जिस जबान से हम वाकिफ थे, उसकी Vocabulary वही इस्तेमाल की लेकिन उन **अल्फाज**[2] के मतालिब में अक्सर बड़ी इन्कलाबी तब्दीलियाँ पैदा कीं।

स : इसके जरिए से हम ख्याल की तब्दीली में कामयाब हुए।

र : बिल्कुल सही। अगर इसके बदले आपने कोई नयी जबान गढ़ी होती तो जहाँ तक आप पहुँचे मेरे ख्याल में वहाँ तक पहुँचने में आप लोगों को दिक्कत होती।

स : नहीं – यह तो सही है कि जो जबान हमने इस्तेमाल की, पुरानी खायात को बरकरार रखते हुए हमने उसको वुसअत दी और जब तक कि जबान में ऐसी वुसअत नहीं आएगी उस वक्त तक हम ज्यादा बड़े तब्के तक नहीं पहुँच सकते।

र : बिल्कुल सही – जैसा कि आपने कहा – चूड़ियाँ गुनगुनाती नहीं। यह तो हसरत की खायत है।

स : जी हाँ हसरत की खायत है। जोश की खायत है।

र : जो आपको उनसे **वरसे**[3] में मिली और हम को आप से वरसे में मिली और हमारे बाद हमसे दूसरों को वरसे में मिलेगी तो जबान तरक्की ही करेगी।

स : लेकिन जबान के अलावा भी एक चीज है। वह यह कि एक जगह पर हमने **पिसपायी**[4] कुबूल की है। पिछले पचास साल में – वह यह कि हम कामयाब हुए। **मजमूयी**[5] हैसियत से **इन्फेरादी**[6] हैसियत से कोई शायर कम दर्जे का है कोई बुलन्द दर्जे का – यह एक अलग बात है और इस कामयाबी में जो सबसे बड़ा Factor था, उनसुर था वह यह था कि हमने आम जिन्दगी और आम इन्सानी मसलों को लिया। उनसे हमने मुँह नहीं मोड़ा और उनसे आँखें नहीं चुराईं और इसी वजह से

---

1 रूपक, अलंकार, 2. शब्दों, 3. उत्तराधिकार में, 4. हार, पराजय, 5. कुल मिलाकर 6 अकेले, अलग

हमें कामयाबी मिली। लेकिन हमारे कुछ **मुखालिफीन**[1] भी थे और वह शुरू से इनकी मुखालफत कर रहे थे। इसलिए कि वह उन नए ख़्यालों को मानते नहीं थे। जब सियासी समाजी और तारीखी हालात की वजह से **कदरों**[2] की शिकस्त व **रेख़्त**[3] शुरू हुई जो आज इस मन्जिल पर पहुँची है तो हमसे कुछ लोगों ने (मैं उनमें से नहीं हूँ) उसको कुबूल कर लिया कि हाँ साहब! हम गल्ती कर रहे थे। हम को कुछ बहुत ही आम अन्दाज में कहना चाहिए था। कुछ इस तरह से कहना चाहिए कि दाद मिल जाए। लेकिन अच्छे शायर या अच्छे **अदीब**[4] का काम दाद हासिल करना नहीं है। उसका काम है रास्ते बनाना इसलिए वह सवालात अपनी जगह पर बिल्कुल बाकी हैं। जो सवालात 1936 ई. में हमने उठाये थे और जिन से पूरी तरह तो नहीं कुछ हद तक निभा सकते थे। आज वह ज्यादा जोर के साथ हमारे सामने हैं। भई रशीद अहमद सिद्दीकी साहब ने तरक्की पसन्द तहरीक को दाद दी थी इस बात की (हालाँकि वह इस तहरीक के खिलाफ थे) कि तरक्की पसन्द तहरीक ने communalism के खिलाफ जो कारनामा किया है वह उर्दू अदब में हमेशा याद रहेगा और शुक्रगुजारी के साथ उसका जिक्र किया है। आज इससे ज्यादा शदीद हालात हैं और इसलिए हमारे यहाँ अक्सर लोगों में ये cynism पैदा हो गई है कि हम इन्सान की हार को अपना **मौजू**[5] बनायें और इन्सान की जद्दोजहद को अपना मौजू बनाए थे रव्ये की बुनियादी तब्दीली है। और इस तरह रवय्यों में बड़ी भारी तब्दीली आई है। इस तब्दीली के जेर-ए-**असर**[6] वक्ती तौर पर हमारे कुछ तरक्की पसन्द हैं जिन्होंने शिकस्त कुबूल की।

र : एक आध शेर उनका सुनाएंगे।

स : इस तरह के **अशआर**[7]! नहीं भाई बड़ा मुश्किल है। इस तरह के अशआर इसलिए भी नहीं सुनाना चाहिए कि मायूसी भी शायर का अदीन का हक है। उसे हक है कि वह किसी वक्त में बिल्कुल मायूस हो जाये और निकल आए लेकिन मैं तो शिकस्त का जिक्र कर रहा हूँ।

र : जहाँ उन्होंने हथियार डाल दिए।

स : हथियार डाल दिए और यह कि हाँ साहब आप सही कह रहे थे कि हम गलती पर थे तो साहब एक चीज यह है दूसरी चीज उसी के साथ-साथ यह कि हमारे यहाँ इन्तहाँ-पसन्दी और तंग नजरी रही है। जिससे तहरीक को नुक्सान पहुँचा और इसमें हमने किसी को नहीं बख़्शा और उसका रद्देअमल भी हुआ। लेकिन अब एक बैलेन्स फिर कायम हुआ है क्योंकि उन रवय्यों के एतबार से जो बुरी शायरी हुई या जो बुजुर्गों के साथ ज्यादती हुई उसका भी मेरे पास एक **जवाज**[8] है (यह सही

---

1 विरोध करने वाले, 2. सम्मान, 3. हार, 4. लिखने वाले, साहित्यकार, 5. कथ्य, 6. असर में, 7. शेर का बहुवचन, 8. जागृति

नहीं है और जरूरी नहीं कि हर शख्स इसको तसलीम कर ले) वह यह कि जब कोई बड़ी तहरीक या कोई अहम अदीब या शायर आता है और वह अपने लिए जमीन तैयार करना शुरू करता है तो वह अपने बुजुर्गों के अक्सर रवय्यों की मुखालफत करता है। बकौल गालिब कि –

आँकस कि शुद साहब-नजर, दीन-ए-बुजुर्गों नकर्द

मैं यहाँ से उधर को चलूँ कि साहब हमने इकबाल पर हमला किया। इकबाल ने हाफिज शीराजी पर हमला किया। इकबाल अपना रास्ता नहीं बता सकते थे क्योंकि उनका जो आहँग है। उनका जो **फलसफा-ए-खूदी**[1] है और जो वह कौम को **बेदारी**[2] का सबक दे रहे हैं। मैं कहता हूँ कि जो हजरत मूसा ने Ten commondments दिए थे कोह-ए-तूर से तो इकबाल कोह-ए-तूर से बोलते हैं और इसीलिए हाफिज जो कोह-ए-तूर से नहीं बोलता बल्कि महबूब की गली में बोलता है और मैखाने के दरवाजे से बोलता है तो वह हाफिज उनको नापसन्द था। लेकिन हाफिज ने बड़ा सख्त इन्तेकाम लिया इकबाल का और वह यह कि इकबाल की सारी फारसी गजल –

र : हाफिज के रंग में नहाई हुई है।

स : हाँ जी – **पयाम मशरिक**[2] सारा हाफिज का दीवान है। मैंने उसको इस तरह से कहा है कि शीराज के बुलबुल ने लाहौर के शाहीन को पटख दिया, तो उसमें कोई **मुजायका**[3] नहीं है। बशर्ते यह कि हम अपना **तवाजुन**[4] कायम रखें। इकबाल ने हाफिज के सिलसिले में अपने रवय्ये पर गौर किया। हमने इकबाल के सिलसिले में गौर किया और हमारे आजकल के नौजवान, वह जब हम पर हमला करते हैं तो हमने यह देखा है (एक और चीज भी देखी है उस पर बहस नहीं करूँगा) वह यह कि –थोड़ी देर के लिए मआजरत का अन्दाज अख्तियार करते हैं कि "नहीं साहब हमने यूँ नहीं कहा था। हमने यूँ कहा था" तो मैं उनसे कहता हूँ कि भई खुल के कहो। इसलिए कि तुम अपना...

र : भाई उसमें क्या है कि पहले नजर हो तब नजरसानी होना? (कहकहा)

बुनियादी सवाल तो वहाँ से पैदा होता है कि नजर है कि नहीं। क्योंकि जब हम किसी सवाल पर सोचेंगे तो हम आगे चलके फिर अपने को Revise करेंगे कि नहीं भई हमने यह गलत किया है। हमने यह सही किया है या हमको यह नहीं करना चाहिए था या हम को शिद्दत के साथ करना चाहिए था। लेकिन हमने तो सोचने का काम लगभग बन्द कर रखा है। इसलिए कि...

स : आजकल तो और बन्द हो गया है।

र : जी हाँ। इसलिए...

---

1 अपने आत्म पर विश्वास का फलसफा, 2. इकबाल की शायरी का खास विषय, 3 हर्ज, अनिष्ट, 4. बैलेन्स, हमवजन

स : लेकिन इस तहरीक ने बड़ा काम किया है। वह यह है कि मैं इसी बात पर जा रहा हूँ कि "हमें हुस्न का मेआर बदलना होगा" उसने अल्फाज के मानी बदलकर नए ख्यालात ढाल दिए हैं। जैसे कि इकबाल ने खुदी के लफ्ज के मानी बदल दिए। मजाज ने 'आवारा' के मानी बदल दिए। मजाज की नज्म 'आवारा' को मैं उस अहद की नहीं बल्कि पूरी तरक्की पसन्द तहरीक की बड़ी नुमाइन्दा नज्म समझता हूँ और यह बड़ी नज्म है। इसका शुमार बड़ी शायरी में होता है। मैं समझता हूँ इसका मतलब यह नहीं कि मजाज ने एक बड़ी नज्म कह दी तो वह बड़े शायर हो गए। **अजीम**[1] इन मानों में नहीं हो सकते। मैं बड़ी शायरी के लिए तीन चार चीजें इस्तेमाल करता हूँ। एक तो **सहूलत-ए-इजहार**[2] (फारसी के एतबार से यह तरकीब गलत है लेकिन मैं इस्तेमाल करना चहता हूँ) जो हमारे उस्तादों की देन है कि — "मैंने यह जाना कि गोया यह भी मेरे दिल में है?"

स : जी हाँ, तो मैं इजहार के लफ्ज के साथ चलता हूँ। उसके से नुदरत्त-ए-इजहार कि जो सोच की कारफरमायी है और उसके बाद "अजमते-इजहार" जो फिक्र की कारफरमाई है। इसकी वजह से उसमें **तासीर**[3] पैदा होती है। मजाज के यहाँ सहूलत-ए-इजहार के साथ-साथ नुदरत-ए-इजहार भी इस्तेमाल किया है और इसमें फिक्र का नया तरीका है और इस नए तरीके में मैंने इस पर गौर किया कि हमारे उस्तादों के यहाँ शायद नहीं मिलेगी यह चीज — लेकिन मैं यह यकीन के साथ नहीं कह सकता। जोश के यहाँ मौजूद है और मजाज के यहाँ मौजूद है कि **तश्बीह**[4] और **इस्तेआरों**[5] से हमने समाजी तन्कीद का काम लिया। मैं पहले जोश का एक शेर सुनाऊँ। फिर मजाज की "आवारा" का एक बन्द सुनाऊँ।

जोश की "गर्मी और देहाती बाजार" बहुत अच्छी नज्म है... यह नज्में पब्लू नरोदा के यहाँ भी मिलती है। बिल्कुल उसी तरह की नज्में — बाजार और वही बाजार — क्योंकि लातीनी अमेरिका और हिन्दुस्तान दोनों बहुत मिलते हैं। उसमें एक शेर है कि —

माओ के काँधों पे बच्चे गर्दनें डाले हुए

मुझे शेर अच्छी तरह याद नहीं —

तेज किरने यूँ कि जैसे रूह पे अक्स-ए-गुनाह

र : खूब —

स : नहीं नहीं शेर गालिबान यूँ है —

तेज किरनें जैसे बूढ़े सूद खोरों की निगाह
धूप की तेजी कि जैसे रूह पर अक्स-गुनाह

अदा यह जो है कि "जैसे रूह पर अक्स-ए-गुनाह" और बूढ़े सूद खूरों की निगाह इसमें पूरी समाजी तनकीद है और पूरा हमारा इस वक्त का समाज जिन्दा है। आज भी

1 बड़ा, 2. बयान की सहूलत, 3. बयान का नयापन, 4. असर, 5. उपमा, अलंकार

यही है। इसी तरह मजाज की आवारा में –

इक महल की आड़ से निकला वह पीला माहताब
जैसे मुल्ला का अमामा जैसे बनिए कि किताब
जैसे मुफलिस की जवानी, जैसे बेवा का शबाब

इसमें उन तश्बीहों में पूरा समाजी समझ जाहिर होती है और महल और उसका जो पूरा रिश्ता है बनिए के साथ, बेवा के साथ और मुफलिस के साथ –

र : गालिब ने नहीं कहा था कि –

कर्ज की पीते थे मय लेकिन समझते थे कि हाँ
रंग लायेगी हमारी **फाका मस्ती**[1] एक दिन

या मीर ने कहा था –

दिल की वीरानी का क्या **मजकूर**[2] है
यह नगर सौ मरतबा लूटा गया

या

दिल की बरबादी कि इस दरजा खराबी है न पूछ
जाना जाता है कि इस राह से लश्कर निकला

तो भई – बड़ी शायरी तो समाज से नाता तोड़ के पैदा हो ही नहीं सकती।

स : मेरे ख्याल में इससे तो **इखतिलाफ**[3] मुमकिन नहीं है कि तरक्की पसन्द तहरीक ने और अदीबों ने, शायरों ने एक नई Asthetic environment पैदा की जो हमारी पुरानी **जमालयाती फिजा**[4] से मुखतलिफ है।

र : मगर मैं फिर पहले सवाल पर लौटता हूँ कि क्या कोई नया सवाल आप करना चाहेंगे या 1936 ई. के सवाल ही काफी हैं?

स : नहीं काफी तो नहीं होते क्योंकि नए जमाने में नए सवाल...

र : तो नए सवाल क्या वही हैं?

स : नए सवाल तो वही हैं जो मैंने कहा कि "जमीन कूये जानाँ।"

र : इसके बारे में तो मैं अलग से सवाल करूँगा। अच्छा दूसरा सवाल। चूँकि इधर हम लोग जबान की बात कर रहे हैं...

स : हाँ एक चीज और है – अच्छा – कि हमने अपने अदब को सियासत से जरूरत से ज्यादा वाबस्ता किया है। इसमें कमी की बड़ी जरूरत है, और प्रेमचन्द ने हमको जो बात बताई थी उस पर हमने अमल नहीं किया। हमने इस पर तो अमल किया कि हुस्न के मेआर बदलना होगा मगर...

र : हुस्न को छोड़ दिया।

स : नहीं हुस्न को छोड़ा तो नहीं है। सिर्फ मेआर बदलना है। लेकिन प्रेमचन्द ने यह

1 भूखा रहने में मस्त रहना, 2. जिक्र करना, 3. विरोध, 4. सौन्दर्य का वातावरण

भी कहा था कि अदब सियासत के पीछे चलने वाली चीज नहीं है। यह मशाल है जो सियासत के आगे-आगे चलती है।

स : जो नहीं हुआ।

र : जो नहीं हुआ।

स : इस पर आप यह नहीं समझते कि यह जो अदब सियासत के पीछे चलने लगा, यह जो हमारी कौमी तहरीक थी जो हिन्दुस्तान की आजादी के लिए लड़ रही थी और उसके जो रहनुमा थे चाहे वह दाहिने हाथ वाले हों चाहे बाएँ हाथ वाले चाहे बीच वाले सबको अदब की सियासी अहमियत का इतना अहसास नहीं था जितना उन्हें होना चाहिए था या उन्होंने शायरों को जमा करने के लिए किया। उन्होंने शायरों को किसी लीडर की तकरीर सुनाने के लिए पहले स्टेज पर इस्तेमाल किया। लेकिन हमारी सबसे बड़ी पोलिटिकल पार्टी जैसे कांग्रेस – उसने कभी अदब के मसायल या अदीब के मसायल या अदब की क्या ताकत है। इसकी तरफ ध्यान ही नहीं दिया। अब चूँकि लड़ाई आजादी के लिए चल रही थी और जो भी था वह यही कह रहा था कि पण्डित नेहरू के पीछे चलो। महात्मा गाँधी के पीछे चलो। फलाने के पीछे चलो। तो अदीब भी उनके पीछे चलने लगा। इस तरह क्या हमारी सियासी तहरीक पर यह इल्जाम नहीं आता कि इसने...

स : बेशक सियासी तहरीक पर इल्जाम आता है और सिर्फ कांग्रेस पर ही नहीं बल्कि हर सियासी पार्टी पर।

र : मैं सभी पार्टियों के बारे में कह रहा हूँ लेकिन almost कांग्रेस जिससे तरक्की पसन्द तहरीक की रहनुमाई कुबूल की उस पर भी यह इल्जाभ लगता है कि उसको अदब की अहमियत का अन्दाजा नहीं था।

स : अदब के हुस्न का कोई अन्दाजा नहीं। अदब की अहमियत का कोई अन्दाजा नहीं है। लेकिन इसमें एक चीज है वह यह कि – मैं अदब को दो हिस्सों में बाँटता हूँ। एक अदब हमें चाहिए नीची सतह का और एक हमें चाहिए ऊपरी सतह का। नीची सतह से मकसद वह अदब है जो हमारी तरीकों में सबसे पहले इस्तेमाल हो सके। यह काम हम सब से बहुत पहले हुआ। मसलन बंगाल की तकसीम के बाद टैगोर ने जो **आला**[1] दर्जे की शायरी की...

र : नहीं भई – वह शायरी जो हम करें जुलूस में पढ़ने के लिए और एक वह शायरी जो हम करते हैं अदब के लिए, जो हमारी अदबी शायरी है तो वह शायरी जुलूस के लिए लिखी जा रही है। वह तो लिखी ही जा रही है। इसलिए कि वह हमारा सियासी अकीदा है जिस **सियासी जमाअत**[2] से हम जुड़े हुए हैं। उस सियासी जमाअत को जरूरत है इस किस्म की नज्म की। उसको शायरी मानना मुश्किल है।

---

1 बुलन्द, ऊँचा, बड़ा, 2. समूह, दल

र : इसको जमाअती कहने की जरूरत नहीं है कि यह बिल्कुल ऐसा है जैसा मीर का शेर है कि – चोर उचक्के ... या वह वाला शेर –

सुना है मैंने ऐ **धतिये**[1] तेरे खलवत **नशीनों**[2] से
कि तू दारू पिये है रात को मिलकर कमीनों से

र : क्या अब इसको हम मीर का नुमाइन्दा शेर कहेंगे। मेरा मतलब है कि हम जब मीर का मुकाम मुकर्रर करेंगे तो क्या अदब में इस शेर पर गौर करेंगे।

स : नहीं नहीं। कहना यह था कि अशआर जो तहरीक के लिए इस्तेमाल हुए...

र : नहीं इसको शायरी में मत लाइए।

स : शायरी में क्यों नहीं लाएँ?

र : नहीं भाई – यह शायरी में कैसे आएगा कि –

यह भी कोई हिटलर का है चेला, मार ले साथी जाने न पाये।

यह भी कोई शायरी है?

स : यह जरूरत वाली शायरी है।

र : जरूरत थी इसलिए तुकबन्दी की गई। मगर इसको शायरी का दर्जा देना तो मुश्किल है। कम अज कम आप से मुझको इस बात की उम्मीद न थी। मैं साफ बात कह दूँ।

स : दो सतह की शायरी – भई देखिये तो सबके यहाँ मिलेगी।

र : नहीं नहीं मिलने का सवाल नहीं। मैं यह कहा रहा हूँ कि जब आप मीर के तालिव इल्म हैं और जब आप मीर पर कोई **मजमून**[3] लिखने बैठते हैं तो रूतबे के **तअय्युन**[4] के लिए मैं आप इस पर तो नहीं जाएंगे न... चोर उचक्के... फलाना ढमका...ये सब...

स : रूतबे का तऐयुन तो हम करते हैं आला दर्जे की शायरी से।

र : तो शायरी तो वही है न? जिसे आप आला दर्जे की शायरी कह रहे हैं?

स : और जरूरत वाली शायरी जो है।

र : जरूरत वाली शायरी नहीं तुक बन्दी है।

स : (मुस्कराकर) अच्छा आप तुकबन्दी कह लीजिए।

र : वह तुकबन्दी है जरूरत के लिए की गयी। सियासी जरूरत में चमचागीरी की जरूरत होती है। सियासी दुश्मनियाँ होती हैं।

स : (सुनने वालों में सुल्ताना जाफरी भी हैं। वह नजीर की शायरी के बीच में ले आती हैं कि वह भी तो जरूरत की शायरी थी। लेकिन उसे "नेचुरल शायरी" कह के बात पूरी हो जाती है। मासूम रजा उसे जरूरत की शायरी नहीं मानते) बात फिर आगे बढ़ती है।

स : भई देखिए एक शायरी का अवामी धारा है और एक शायरी का ...

---

1. चालू, चालाक, 2. तन्हाई में साथ बैठने वाले, एकान्त पसन्द, 3. आलेख, 4. नियुक्ति, तकर्रुर

र : मेरा मतलब है कि शायरी एक धारा है, एक दरिया है जो बहता चला जा रहा है। कहीं किनारे बदल जाते हैं। कहीं कश्तियां बदल जाती हैं। कहीं वीराना आ जाता है, कहीं महल आ जाता है। पर दरिया तो बहता चला जाता है तो उस दरिया को उस किनारे की वजह से कि यह अवामी दरिया हो गया और ये ख़्वास का दरिया हो गया और यह **दर्मियानी तब्के**[1] का दरिया हो गया। इस तरह तो...

स : नहीं इस तरह मुनासिब नहीं है। है ये वही दरिया मगर इस दरिया में कहीं तिनके भी बह रहे हैं और कहीं गुलाब भी।

र : हाँ वह तो सही बात है। लेकिन इस तरह कहना कि यह आवामी सतह की शायरी है और यह आला दर्जे की शायरी है तो उस तकसीम को हलक से उतारने में भाई जरा परेशानी है।

स : भई इसमें इखतेलाफ की गुन्जाइश है। मैं तो समझता हूँ कि हर शायर जो है दो तरह की शायरी ...

र : आप अपने शेर सुनाइए। जो आवामी कहे हों। सुनाइये –

स : (सोचकर) हमने कहा है कि ...

आज टकराते हैं एवान-ए-हुकूमत में अवाम
साथियों लालो सलाम

र : अच्छा तो – इसको क्या आप अपनी शायरी यानी यह कि जब कभी आप अपनी शायरी का जायजा लेने बैठेंगे तो क्या इस शेर कर जिक्र आएगा कि आली सरदार जाफरी शायर कैसे थे तो...

स : इसका जिक्र यूँ आएगा कि यह कमतर दर्जे की शायरी थी।

र : जब आपने खुद ही इसको काट दिया कि यह कमतर दर्जे की शायरी है तो जब हम कमतर दर्जे की शायरी खुद ही मान रहे हैं, फिर हम इसको शायरी का रुतबा क्यों दें? भई हमारी जरूरत यह है कि चाहे भिण्डी खरीदकर ले आएँ क्योंकि भई आज हम मुर्गी नहीं खा सकते या बटेर नहीं खा सकते तो ठीक है। भिण्डी खाएँ लेकिन इसके मानी यह नहीं कि भिण्डी जो है वह बटेर से अच्छी है।

स : (**खाकसार**[2] यहाँ यह कह के मुदाखलत करने हिम्मत करता भी कि भिण्डी का भी अपना मजा है और कभी-कभी मुर्गी से ज्यादा लजीज लगता है। लेकिन राही साहब उसे मुर्गी का दर्जा देने से इन्कार करते रहे) और इस अटल इन्कार को देखकर जाफरी साहब ने गुफ्तगू को **महमीज**[3] लगाई।

स : अच्छा साहब आगे चलें।

र : अब भाई मैं जो अगला सवाल करना चाह रहा हूँ। वह जबान के मुतल्लिक है। अभी जुबान की बात हो रही थी कि ...

---

1 वर्ग, 2. विनीत, नम्र, 3. चाबुक लगाई यानी तेजकिया,

स : आप इससे मुत्तफिक हैं कि उर्दू शायरी की जबान को वुसअत की जरूरत है।
र : जी हाँ बिल्कुल मेरा अपना सोचने का तरीका। भाई यह है कि 36 ई. में जो अदबी जुबान ईजाद की गई थी। शायरी की खास तौर पर इसमें हमने यह किया कि ये जो हमारे पुराने इस्तेआरे थे। उनके मतलब में तौसीम की और कहीं कहीं उनका मतलब बिल्कुल बदल दिया।
स : सिर्फ इस्तेआरों का ही मतलब नहीं बदला। बल्कि कई ऐसे शेर भी कहे जिनका **शुमार**[1] मैं बड़ी शायरी में करता हूँ। मेरी नजर में हिन्दुस्तान की पन्द्रह सोलह जुबानों की शायरी है क्योंकि मैंने उस पर काम किया है एक जमाने में। मैं जज़्बी का एक शेर सुनाता।

जब जेब में पैसे बजते हैं, जब पेट में रोटी होती है।
इस वक्त ये जर्रा हीरा है, इस वक्त ये शबनम होती है।

गुजराती के एक शायर हैं। उनके यहाँ भी यह ख्याल है और उसका शायर गुजराती जुबान में अच्छी और बड़ी शायरी में है। लेकिन हमारे यहाँ ये हो रहा है कि ज़ज़्बी के उस शेर को काट देंगे और इस शेर को लें–

जब कश्ती साबित **वसालिम**[2] थी **साहिल**[3] की तमन्ना किस की थी
अब ऐसी शिकस्ता कश्ती पर साहिल की तमन्ना कौन करे।

इस तरह से सरसरी की एक नज्म है जिसका उनूवान है "महा प्रस्थानम्"। एक ज़बरदस्त यल्गार। हमारे यहाँ दो शायरों ने इसी तरह की नज़्में कही हैं। एक बिहार के जमील मज़हरी ने "बिराद्रान-ए-नवजवान! बढ़े चलो बढ़े चलो-" और फिर जोश ने इस किस्म की तहरीकी नज्में कहीं। लेकिन हमारे जो हैं, वह उन नज़्मों को अलग कर देते हैं।
र : नहीं ये तो हमारे उन के दर्मियान इख्तेलाफ शायरी की तारीफ में हैं। मैं जो कह रहा था कि हिन्दुस्तान में—मौजू भी बदला। इस्तेआरे भी बदले। इसके **मफाहीम**[4] में तोसीअ की। जाहिर है कि सारे हिन्दुस्तान में तहरीक-ए-आज़ादी चल रही थी। कुछ ख्यालात थे जो सारे मुल्क में तैर रहे थे और हर जुबान के शायर ने उन ख्यालों को लिया और अपनी जुबान के एतबार से उसमें इज़हार किया। मैं यह कह रहा था कि अब तक जो जुबान थी हमारी 36 ई. की। वह 14 अगस्त 47 ई. तक तो साथ आयी। 14 अगस्त को हमारे मुल्क में एक ज़बरदस्त तब्दीली हुई और वह यह कि हम गुलाम थे। आजाद हो गये तो जो जुबान शायरी के लिए हमने गुलाम हिन्दुस्तान में बनायी थी। वह उसी तरह आज़ाद हिन्दुस्तान की ज़रूरतों को पूरा नहीं कर सकती थी और इसलिए हमें शायरी में एक नयी जुबान की जरूरत थी और मेरा ख्याल यह है कि उथल-पुथल चल रही है और अभी तक हमारे शोरा जुबान बनाने में गढ़ने में या उसे कोई नयी शक्ल देने में कामयाब नहीं हुए हैं और

---

1. सुरक्षित, 2. किनारा (नदी का), 3. अर्थों (अर्थ या मतलब का बहुवचन)

मुझे लगता है कि दस-बीस बरस में कोई जुबान बन जाये।

लेकिन यह बात सही है कि हमें हमारे शायरी के नये तकाजों और नयी अदबी जरूरतों को पूरा करने के लिए एक जबान की जरूरत है। मैं यह कहना चाहता हूँ कि पाकिस्तान में जो उर्दू शायरी हो रही है। उसको अगर आप देखें और हिन्दुस्तान में जो उर्दू शायरी हो रही है उसमें मैं यह देख रहा हूँ (क्या मालूम सही है या ग़लत) कि पाकिस्तान में लहजे, जुबान या इस्तेआरे की बुनियाद पर कोई तब्दीली नहीं हुई है। वह उन्हीं इस्तेआरों को जो 36 ई. से चली आ रही थी, इस्तेमाल करते चले आ रहे हैं। मगर हमारी शायरी में बहुत बड़ी तब्दली हुई है। अच्छी या बुरी यह अलग बात है। मगर हमारे शायर नये तरीके की जुबान बनाने की कोशिश। नये इस्तेआरे तलाश करने की कोशिश और नये **मौजूआत**[1] को छूने की कोशिश में मसरूफ हैं। यह कोशिशें हमारे यहाँ जारी हैं। यह जो फर्क है हिन्दुस्तान और पाकिस्तान के अस्लूब और लहजे में यह फर्क क्यों है?

स : मेरा ख्याल है कि फैज को अलग कर दीजिए क्योंकि वह एक **तर्ज**[2] ही अलग है। लेकिन उनके बाद के जो शोरा हैं तरक्की पसंद और गैर तरक्की पसंद दोनों—पाकिस्तान के, उनके लहजे में एक ग़म की लहर है। हमारे यहाँ एक **निशात**[3] की लहर है, जो अब भी बाकी है। मसलन यह कि वहीद अख़्तर ने मीर की ज़मीन में एक शेर कहा। यह बात अक्सर कही जाती है कि साहब देखिए फलाँ उस्ताद ने यूँ इस्तेमाल किया है और मैंने यूँ इस्तेमाल किया है। तो वहीद अख़्तर फख्र के साथ सर उठाकर कह सकता है कि ''साहब मैंने लशकर का **काफिया**[4] मीर के बाद इस तरह इस्तेमाल किया है। मीर का मशहूर शेर है कि

दिल की बरबादी इस हद है खराबी कि न पूछ
जाना जाता है कि इस शहर से लशकर निकला

उससे कहा—

कल जहाँ काटी थीं सरों की फसलें
नम हुई है तो उसी शाख से लशकर निकला।

र : वाह!— नया निकला है।

स : बिल्कुल नया साहब—और इस पर उसको एतमाद है। उसने यह भी कहा कि

हर पैयम्बर से **सहीफ़े**[5] का **तकाजा**[6] न हुआ
हक़ का यह क़र्ज़ भी निकला तो हमीं पर निकला

र : वाह! वाह!

स : ये चीज़ जो है वह पाकिस्तान की शायरी में नहीं मिलता।

---

1 आलेखों, 2. अंदाज, शैली, 3. खुशी, 4. तुक, 5 धर्मग्रन्थ, 6. माँग

र : इसकी वजह क्या है?

स : उसकी वजह वहाँ के हालात हैं। आज़ादी से पहले तो रवायत एक ही थी। आजादी के बाद हमारे यहाँ बावजूद तमाम बातों के **जमहूरी**[1] मिज़ाज है जो पाकिस्तान में नहीं मिल सकता इसलिए उनके यहाँ गल और **एहतेजाज**[2] है। यह अभी तक चल रहा है और चीज पाकिस्तान की शायरी में आ गयी है वह **हिजरत**[3]। और वह इस हद तक पहुँच गयी है कि अब जो लोग अपने पेट की खातिर, काम की खातिर अमेरिका और दूसरे मुल्कों में जाते हैं तो **मुहाजिर**[4] कहलाते हैं, तो इस पर सबसे बड़ा तंत्र इफ्तेख़ार आरिफ ने क्रिया है और बहुत खूब किया है।

> **शिकम**[5] की आग लिये फिर रही है शहर-ब-शहर
> सगे ज़माना है, हम क्या, हमारी हिजरत क्या

और अब तो उनके यहाँ ये तीन चीजें है ग़म का लहजा, एहतेजाज और हिजरत का तव्वुर। हमारे यहाँ एहतेजाज बहुत हैं लेकिन ग़म के लहजे के साथ नहीं और हिजरत भी नहीं है।

र : हम अपने घर में बैठे हुए हैं न– लेकिन ये शोरा हिन्दुस्तान और पाकिस्तान के लड़के जो इस वक्त अमेरिका और कनाडा में जा के बस गये हैं और जो शायरी कर रहे हैं और **साहबे दीवान**[6] शायर भी हो गये हैं, उनकी शायरी अगर आप पढ़िये तो वह पाकिस्तान की शायरी की ज़ुबान से आज़ाद नहीं हुए हैं।

स : जाहिर है। क्योंकि वह पाकिस्तानी हैं और उनका मसअला पाकिस्तान ही है। आते जाते भी रहते हैं तो वह उससे आज़ाद हो भी नहीं सकते। अलबत्ता अब उनके यहाँ कुछ ताजहकारी भी आयी है। एक अच्छी शायरा है इरफाना हबीब। आपने उनको पढ़ा है?

र : नहीं।

स : मैं आपको इरफाना की एक अच्छी नज़्म सुनाता हूँ। एक तो वह फैज़ से मुतास्सिर है। तरक्की पसंद शोरा से मुतास्सिर है। इसके बाद उसके पास अपनी एक आवाज़ है। लहज़ा है और **दानिश्वरी**[7] है।

र : बहुत बड़ी बात है।

स : और यह जो दानिश्वरी है यह न तो हिन्दुस्तान अभी कुबूल कर रहा है शायरी में और न पाकिस्तान। मसलन मैं उसका एक शेर सुनाता हूँ। ग़ज़ल का शेर–

> कितने नगमों को जन्म देती है। एक गुन्चे के चटख़ने की **सदा**[8]

र : वाह!

स : तो इस वक्त पाकिस्तान की शायरी जाती हालात में गुम हो गयी है। हिन्दुस्तान में

---

1. सार्वजनिक, 2. किसी अनुचित बात पर असंतोष प्रकट करना। 3. स्वदेशत्यागप्रवास, 4. प्रवासी, स्वदेशन्यायी, 5. पेट, 6. ग़ज़लों की किताब लिखने वाला, 7. अक्लमंदी, 8. आवाज़

भी। इन हालतों के साथ कहिये कुबूल करते हैं और जहाँ दानिश्वरी आयी और जाती सतह से जहाँ जरा बुलंद हुए, उसको वह ना कुबूल करते हैं। एक दूसरी शायरा है पाकिस्तान की इशरह आफरीन। पढ़ा होगा उसको।

र : जी हाँ।

स : उसके यहाँ भी साहब बड़ी नयी चीजें हैं। उसका बैकग्राउण्ड यह है कि बाप के, माँ के साये से महरूम हो गयी। **मुफ़लिसी**[1] में struggle करके उसने पूरे खानदान को पाला। बड़ी बहन- उसके छोटे भाई—वह है उतरौले की रहने वाली, गोण्डे की—अच्छा ये जितनी हैं सब हिन्दुस्तान की रहने वाली हैं। इस सिलसिले में एक लतीफा भी सुना हूँ। हमारी एक भांजी है सुल्ताना की बहन की बेटी। माशाअल्लाह बहुत अक्लमंद हैं वह पूरी तरह। वफादार हैं पाकिस्तान की और बड़ी अच्छी बात है होना भी चाहिए। जब आती है तो यही कहती हैं कि "खालू! आपके यहाँ क्या रखा है। बम्बई में दरखत पे दरख्त, पत्थर पे पत्थर, ईंट पे ईंट—हमारे पंजाब में तो यूँ हैं।" एक दिन मैं तंग आ गया। मैंने कहा "देखो बीवी! दुनिया की बेहतरीन चीजें सिर्फ हिन्दुस्तान में होती हैं। यहीं मिलती हैं। कहने लगीं 'एक का नाम बता दीजिए।" मैंने कहा "पाकिस्तान"। तो यह बात मैंने जमीलुद्दीन ऑली के लिए भी कही कि यह भी हमारे हिन्दुस्तान का है। मेंहदी हसन भी हमारे हिन्दुस्तान का है। परवीन शकिर भी हमारे हिन्दुस्तान की है। इशरत आफ़रीन भी हमारे हिन्दुस्तान की है। ज़हरा निगाह भी हमारे हिन्दुस्तान की है सब यहीं का है। मेड इन इण्डिया। इशरत माफ़रीन की ग़ज़ल है जिसके चंद शेर मुझे याद हैं— **नमूं**[2] के **इर्फा**[3] से बेखबर हूँ मैं **लालये**[4] **दश्तें**[5] **बे शजर**[6] हूँ

र : वाह! वाह! यह "दश्ते बे शजर" का जवाब नहीं।

स : इसमें दानिश्वरी भी है और गज़ल की खायत का **एहतिराम**[7] भी। अब आगे दो शेर सुनिए। मुझे उठाने का हक़ है किसको मैं अपनी **तुर्बत**[8] पे **नोहागर**[9] हूँ

र : भई वाह !

स : फिर उसने आखिरी शेर कहा है—

वह कजकला हूँ की बस्तियाँ हैं
मुझे न ले चले, मैं नंगे सर हूँ

र : वाह वा—यह शिया है क्या ?

स : (मुस्कुराहट) हाँ, शिया है !

र : अभी नंगे सर हूँ का इस्तेमाल है। (मजी़द मुस्कुराहट)

स : तो यह बड़ी अच्छी आवाजें हैं। इस वक्त मैं इरफाना अज़ीज की बात कर रहा था।

---

1. ग़रीबी, 2. विकास, 3. ज्ञान, पहचान, 4 एक फूल, 5. जंगल, 6. पेड़, 7. सम्मान, 8. क़ब्र, 9. विलास करने वाला

वह इन दिनों एक किताब लिख रही है **मन्जूम**[1]। उसने मुझे खत में लिखा है कि ''दस बारह नज्में कहीं हैं और कह रही हूँ और यह दो नज्में आप को भिजवा रही हूँ'' उसने एक नज़्म खासतौर पर मुझे भेजी है। नज्म बड़ी खूबसूरत है। इसका **उनवान**[2] है ''नया गौतम'' वह आज़ाद शायरी भी करती हैं और पाबंद भी। इस नज्म का एक टुकड़ा सुनाता हूँ। देखिये कितनी खूबसूरती से वह ''नया गौतम'' का इमेज ले के चल रही हैं।

र : (और फिर जाफरी साहब ने अपने खास लब व लहजे के साथ इरफाना अज़ीज की नज़्म सुनाई– जिक्र उस **परीवश**[3], और फिर बयाँ तेरा–नज़्म वाकई खूबसूरत थी। हम सब बिल्कुल चुपचाप बैठे सुनते रहे। फिर राही साहब ने सुकून तोड़ा।

र : मगर इसमें भाई फ़ैज का असर तो नहीं है। इसमें तो आपका असर ज्यादा लगता है बल्कि आप ही का असर लग रहा है। गुस्ताख़ी माफ़। यह आप कुछ **इनुकेसार**[4] में कह रहे हैं।

स : नहीं नहीं मैं यह कह रहा था कि फैज–

र : फैज़ की तो परछाईं नहीं है कहीं।

स : मैंने इस नज्म़ के लिए नहीं कहा था। मैंने तो मजमुई तौर पर...

र : हमारे सामने जो मिसाल आयेगी हम तो उसी पर कहेंगे न–अच्छा मैं एक बड़ा बेहूदा सवाल करना चाहता हूँ।

स : यह बड़ी अच्छी बात है।

र : हाँ तो सवाल यह है कि जो सोशलिस्ट समाज में चीन से लेकर पौलैण्ड तक जो तब्दीलियाँ हो रही हैं। अच्छी या बुरी। इस बहस में पड़ना नहीं चाहता। लेकिन क्या इन सोशलिस्ट मुल्कों के अदीनों ने इस तब्दीली की आहट सुनी थी ?

स : मैं इत्तेफ़ाक से इन दिनों कुछ मज़ामीन लिख रहा हूँ और जो मेरी 64 ई. की किताब का नाम है ''एक ख्वाब और'' वही नाम मैंने इसे दिया है। ''एक ख्वाब और'' अदीबों ने इसकी आहट सुनी थी। सोवियत यूनियन के अदीबों के जिक्र से मैं शुरू करूँगा और इसमें पैब्लू नरोदा और नाज़िम हिकमत को भी शामिल करूँगा।

र : नहीं उनको आप शामिल मत कीजिए। उन पर बाद में बात करूँगा। क्योंकि नाजिम हिकमत मास्को में तो थे मगर वह मास्को के तो नहीं थे। मैं सिर्फ यह चाह रहा हूँ कि वह शोरा जो सोशिलिस्ट सोसाइटी के थे।

स : मैं सिर्फ एक का जिक्र करूँगा। जो अदीब भी है। शायर भी है। जर्नलिस्ट भी है और बहुत ज्यादा मशहूर है। एलिया अहरन बर्ग। मैं जब 1954 ई. में सोवियत यूनियन गया तो वह थी सोवियत अदीबों की दूसरी कान्फ्रेंस। उनकी पहली कान्फ्रेंस 34 ई. में हुई थी। जहाँ से सोशलिस्ट रीयलिज्म का नारा बुलंद हुआ और

1. पद्यात्मक, नज़्म किया हुआ, 2 शीर्षक, 3. पटी की तरह, 4. विनय

54 ई. तक। बीस साल तक अदीबों की कोई कान्फ्रेंस नहीं हुई। वह पूरा इस्टालेनी दौर रहा। उस दौर में यह चीज़ वहाँ पर मान ली गयी थी कि सोवियत यूनियन में और सोशिलिस्ट समाज में इन्कारी किरदार नहीं और अगर है तो वह **बाक़्यात**[1] हैं। पुरानी **सरमायादारी**[2] और जागीरदारी है तो यह इंकारी वाक़ेआत और किरदारों को अदब में पेश नहीं किया जाना चाहिये। और सोशलिस्ट रीयलिज्म में यह उसूल भी शामिल था कि हमेशा **रजाईयत**[3] से भरा अदब होना चाहिये जो **मुस्तक्बिल**[4] की निशान देही करे। उस वक्त जब मैं पहुँचा तो ख्वाजा अहमद अब्बास और बलवंत गार्गी मेरे साथ थे। अहरन वर्ग के एक नावेल पर बड़ा जबरदस्त हमला हुआ। उसका अंग्रेजी **तर्जुमा**[5] था। Hog जो बर्फ के पिघलने को कहते हैं। इसका उर्दू तर्जुमा होगा "जब बर्फ पिघलती है"। बहार का मौसम जब आता है तो बर्फ पिघलना शुरू होती है। इस नॉवेल में उसने इंकारी किरदार दिखाये हैं। अहरन बर्ग ने कान्फ्रेंस में जो अपनी हिफाजत में तकरीर की और जो कुछ मुझे बाद में बहुत से तजर्बे हुए। इसमें उसने कहा कि सोवियत समाज में एक **तजाद**[6] है और वह तजाद यह है कि एक अच्छा शहरी बुरा इंसान है। मसलन यह है कि एक बहुत बहादुर आदमी है (उसने जमाने में तो सारी बातें जंग के हवाले से होती थी न) जंग के जमाने में उसने बड़ा काम किया। उसे मेडेल मिले। **एज़ाज़ात**[7] मिले लेकिन वह बीवी बच्चों के साथ बदसुलूकी करता है। दोस्तों के साथ बदसुलूकी करते हैं। दूसरी तरफ एक ऐसा शख्स है जो इंसान अच्छा है मगर शहरी बुरा है। मसलन यह कि बदाकिस्मती से वह बुजदिल है। मैदान-ए-जंग से भाग आया है वगैरह। यह मुकाम वह है जहाँ पार्टी कुछ नहीं कर सकती। यह अदीबों का मुकाम है। इन मसायल का हल करना उनका फर्ज है। बहुत बड़ी बात कही उसने। स्टालिन को मरे साल सवा साल हुआ था। दिसम्बर 54 ई. में। तो उसको दाद भी मिली। उसको दाद देने वालों में सोवियत यूनियन से ज्यादा बाहर के इंकलाबी थे और उसका सबसे बड़ा तरफदार था लूई आरगाँ। तो वहाँ अजीज जो थे उन्होंने इसका एहसास कर लिया था कि उन्होंने कितनी गल्तियाँ की हैं—तो यह सारी चीजें वहाँ के अदीबों के सामने थी और वह अदीब जो 1930 ई. से लेकर स्टालिन की मौत तक लड़ते रहे, उनमें से बहुत से हैं जो कत्ल कर दिये गये और उनकी चीजें बैन (box) कर दी गयीं। अब वह चीजें निकल रही हैं और सामने आ रही हैं और उनका सेक्रेटरी फेदेईफ जो खुद बहुत अच्छा अदीब था "नेग गार्ड" उसका नॉवेल है। बहुत अच्छा नॉवेल है। उसने खुदकशी की खोर्शचेव के दफ्तर में। इसलिए कि जितनी अदीबों की सज़ा दी जाती थी, उन पर दस्तखत उसी से करवाते थे। वह

---

1 बचा हुआ, 2. पूंजीवाद, 3. आशावाद, 4. भविष्यकाल, 5. अनुवाद 6 विपरीतता, 7. सम्मान (बहुवचन)

नशे का आदी हो गया था क्योंकि **ज़मीर**[1] उसका बेदार था और जो चीजें पढ़ने को मिलीं उनमें यह था इस्टालियन की नजर रूसी अदब पर बहुत अच्छी थी। क्लासिकी अदब का आशिक भी था और जानता भी था और यह भी मालूम था कि सोवियत यूनियन में यानी रूस में अदीब का असर उसके पढ़ने वालों पर पड़ता है। दोस्तोविस्की का खुद आशिक था। पढ़ता था लेकिन आवाज के लिए नहीं। यह बड़ी दिलचस्प बात है। सिर्फ एक शख्स था जो स्टालिन को किसी हद तक स्टालिन से बाहर कर सके। वह था गोर्की। जो उसके बराबर बैठता था और मैंने यह पढ़ा कि जब गुस्से से स्टालिन का सांस फूलने लगता था, तो वह कंधे पर हाथ रख देता। चुनांचे एक अदीब का वाकिया यह है कि इस्टालिन जो सारे (manuscript) खुद पढ़ता था। उसने manuscript पढ़ा। और नाश्ते पर उस अदीब को बुलाया। वह काँपते हुए गया। इस्टालिन मेज के पीछे बैठता था। गर्दन घुमाके नहीं देखता था। सिर्फ नजरों से काम लेता था। गोर्की के बराबर होता था। इससे स्टालिन ने सवाल-जवाब शुरू किया। तो एक मौका पर गोर्की ने उसकी पीठ पर हाथ रखा और कहा– इस अदीब ने सोवियत अदब और अदीबों के बारे में गुफ्तगू करने का हक हासिल कर लिया है तो यह STRUGGLE उनकी चल रही थी। ऐसा नहीं कि **अदीब बेहिस**[2] **थे**। वहाँ के स्टालिन का **इक्तिदार**[3] इतना बढ़ा हुआ था कि एक वाकेअ को पब्लू नरोदा ने लिखा है कि –अहरन बर्ग ने कोई किताब लिखी थी। उसकी किताब पर तन्कीद हो रही थी। अहरन बर्ग पर हमेशा तन्कीद होती थी क्योंकि वह फ्रांस में रहता था। French culture और French literature का बड़ा आशिक था और Aesthetics से बड़ा लगाव था। सोवियत यूनियन उसे पसंद नहीं था। एक रोज सुबह के वक्त उसको टेलीफोन आया। उसकी बीवी ने उठाया और घबराकर टेलीफोन रख दिया। यकीन न आया। उसने टेलीफोन उठाया। वाकई स्टालिन था। उसने कहा "मैंने तुम्हारी किताब रात को पढ़ी और वाकई अच्छी किताब है। मुबारकबाद दी। सारी तन्कीद बंद हो गयी। सोवियत यूनियन में इस किताब पर इसकी एक तारीफ से। तो उन अदीबों के लिए लड़ना भी बड़ा काम था।

र : अच्छा एक सवाल बस मेरा रह गया है कि आप जो हैं, शायर भी हैं, नक्काद भी हैं तो वह जो अली सरदार जाफरी जो शायर हैं, उनकी शायरी और उनकी शायरी में खास तौर पर उनके लहजे उनके स्लूब और उन की नज्मों की जो बनावट है, उसके बारे में उस नक्काद की क्या राय है।

स : बहुत मुश्किल सवाल है। लेकिन मैं एक बात यह बता दूँ कि मैं हमेशा बार-बार लिखता रहा हूँ। कहता रहा हूँ। फिर कह रहा हूँ कि मैं नक्काद नहीं हूँ। इसलिए

---

1 अन्तरात्मा, 2. बेहरकत, सुन्न, 3. प्रभुत्व जोर

नक्काद की जो तबीयत होती है और खासतौर से तन्कीदी किताबें पढ़-पढ़ कर वह मेरी तबियत में नहीं है। मैंने पुराने शोरा का जायजा लिया। उसमें गालिब और मीर के अलावा कबीर भी हैं। मीरा बाई भी हैं। रूसी भी हैं। हफिज शीराजी भी हैं। मैंने बार-बार लिखा कि मैं उनका जायजा इस नजर से लेता हूँ कि मैं अपनी शायरी के लिये येआर बना सकूँ। तलाश कर सकूँ। अपनी शायरी की तबीयत के लिए।

(मैंने दिल में सोचा कि इक़बाल शनासी को आप किस खाने में रखेंगे? क्या सिर्फ **जायजा**[1]? और अगर जायजा तो क्या तन्कीदी जायजा नहीं? मगर उस वक्त खामोशी शर्त थे और दो दानिश्वरों की गुफ्तगू में **मुदाखूलत**[2] बदतमीजी की दलील भी गुफ्तगू जारी रही (रश-:) तो इसमें यह है कि मैं अपनी शायरी के बारे में सही राय तो नहीं दे सकता।

र : भई यह समझिये कि यह शायरी मैंने की।

स : इसके बाद भी यह बात बड़ी जाती हो जाती है। बात यह है कि मेरी शायरी कि कुछ हिस्से जो खराब हैं और मैं जो 'अब' इस वक्त अपनी एक किताव Editdj कर रहा हूँ। **कुल्लियाते**[3] की शक्ल में इसमें से मैं उनको काट रहा हूँ। मुमकिन है कि कुछ ग़लत चीजें कट जाती और कुछ ऐसे हैं, जो इतने नये हैं जिन्हें हमारे लोगों को क़ुबूल करने में दुश्वारी है। लेकिन इसकी दाद मुझे ऐसे कुछ **हल्कों**[4] से मिली कि मुझे अपनी शायरी पर यकीन आ गया बल्कि यकीन मजबूत हो गया। मसलन यह कि जाफरी अली खाँ असर अगर मेरी किताब "नयी दुनिया को सलाम" की दाद देते हैं तो फिर मैं इसकी परवाह नहीं करता कि कौन उसकी बुराई कर रहा है। इसी तरह मेरी नज़्म "पत्थर की दीवार" जब आयी 1953 ई. में तो उस पर किसी ने तब्सरा नहीं किया। सिर्फ एक तब्सरा आया और वह मसूउद हसन खाँ का था जिसमें उन्होंने यह कहा, रेडियो पर कि यह शायरी नहीं है। इसमें सिर्फ एक नज़्म है जो काबिले बर्दाश्त है। लेकिन मुझे जो तजर्बा हुआ वह बिल्कुल इसका उल्टा था। मैं 54 ई. में दिल्ली के जामा मस्जिद के उर्दू बाजार में एक दुकान में बैठा हुआ था, मौलवी समीउल्ला भी बैठे हुए थे कि किसी ने मुझे से कहा "ऐंग्लो अरबिक कॉलेज में मुशायरा हो रहा है। आप भी चलिये"। मैंने कहा " मेरा पुराना कॉलेज है। मेरे पास दावत तो नहीं है, चलो चलते हैं।" वहाँ जो मैं गया। मैंने यह देखा कि उसकी **सदारत**[5] ख्वाजा गुलामुस्सैदैन कर रहे हैं और डॉक्टर आबिद हुसैन वगैर **सामयीन**[6] में हैं। मालूम यह भी हुआ कि उन्होंने चंद खास-खास शोरा का दावत दी है। और उनसे यह भी कहा है कि 'आप अपने कलाम के बारे में कुछ कहिये और अपनी बेहतरीन नज़्म सुनाइये। चुनांचे मैंने वहां "पत्थर की दीवार"

---

1 परीक्षण, 2. हस्तक्षेप, 3. संग्रह कविताओं का, 4. परिधि, ग्रुप, 5. अध्यक्षता, 6. सुनने वाले

सुनाई। बहुत मकबूल हुयी और डाक्टर आबिद हुसैन ने यह कहा कि तरक्की पसंद शायरी जवान हो गयी है। इस दाद के बाद मेरी यह नज्म जामिआ और अलीगढ़ के लिए काबिले कुबूल हो गयी। लेकिन नक्कादों के हल्के में नहीं। इसके बाद उसी कॉलेज में दस-बारह दिन के बाद एक और मुशायरा हुआ। उसकी सदारत मौलाना अबुलकलाम आजाद ने की और मखदूम मुहीयुद्दीन भी थे। वहाँ मैंने यह नज़्म फिर सुनाई। मौलाना आजाद का जौक बड़ा क्लासिकी था। उन्होंने मुशायरे के बाद मुझसे और मखदूम से यह कहा कि आप मुझसे मिलने आइये। वक्त फौरन दे दिया (हम उनके दफ्तर में उनसे मिलने गये बहुत देर बातें करते रहे शायरी पर उन्होंने कोई बात नहीं की लेकिन उन्होंने कहा कि – मेरे भाई! मैं भी कम्यूनिस्ट था और अब भी हूँ लेकिन तशद्दद के दायरे से बाहर।'' मैंने उसको भी अपनी शायरी के लिए दाद समझा। ''पत्थर की दीवार'' के **जिम्न[1]** में। उसके बाद 1984 ई. में कराची में एक वाकेआ हुआ। मैं जिस किताब का नया एडीशन निकाल रहा हूँ। उसमें यह दीबाचा[6] है कि ईशरत आफरीन ने मुझे एक लड़की से मिलाया तो उसने मुझे से कहा कि ''आप मेरे लिए यहाँ कल खाना खाने आइये।'' मैं खामोश हो गया। मैंने सिब्ते हसन से पूछा कि ''भाई तुम जानते हो कौन है?'' उसने कहा ''नहीं, ठीक है चलो– वहाँ जो गया तो उसके वालिद वह लड़की (उनकी तस्वीरें भी मेरे पास हैं) और जितने लोग वहाँ जमा थे, उनमें **अक्सरियत[2]** ऐंग्लो अरबिक कॉलेज के तलबा की थी।

र : ए हे

स : और वहाँ सिर्फ मैं शेर सुनाने वाला। वह शेर सुनते रहे। फिर फर्माइश हुई कि ''पत्थर की दीवार'' सुनाइये। मैंने कहा ''मुझे पूरा याद नहीं। अगर मैं कहीं रूक जाऊँ तो मुझे माफ कीजिए। उनमें से एक साहब ने जेब में से एक किताब निकाली। ''पत्थर की दीवार'' मैंने कहा। ''यह आप को कहाँ से मिली ?'' कहने लगे ''यह जीराक्स कापी है और यह मुझे तक़रीरी मुकाबले में इनाम के तौर पर मिली थी।''

इसके बाद एक और वाकेआ–लाहौर में फैज का जश्न था। यहाँ से हम, मजरूह और कैफी गये थे। सबसे आखिर में मेरी बारी आयी। जैसे ही मैं खड़ा हुआ आवाजें आयीं ''पत्थर की दीवार''। मैंने वहाँ भी यह कहा कि मैं भूल रहा हूँ। माफ कीजिए। कहने लगे। '' माफ नहीं करेंगे। आप सुनाइये तो।''

र : हम बतलायेंगे।

स : जी हाँ। यही हुआ। साहब मैं जहाँ रूकता था वह मिस्रा देते थे।

र : तो असली कुबूलिय इसी को तो कहते हैं। जब मैंने नक्काद कहा था, तो पेशावर

1, 2. अधीनता

नक्काद की बात नहीं कर रहा था। दरअसल हर शायर में एक नक्काद तो होता ही है।

स : तो मेरी भी इन चीजों पर नजर है। एक और चीज है। अब जो यह "अवध की खाकें हंसी" है। इस नज़्म की तारीक एक ऐसे शख़्स ने की जिसको मैं नही जानता। जिसने मेरी सारी शायरी यह कहके रदद् करदी कि इसके कम्यूनिज़्म के मुताल्लिक कुछ है, वह तो बेकार है। लेकिन यह नज़्म जो है वाल्ट विट मैन और कालीदास की याद दिलाती है। यह मोहम्मद सादिक है। उर्दू साहित्य का इतिहास " History of urdu literature" के मुसन्निफ। अब इसमें जो **बहूर**[1] मैंने इस्तेमाल की है। वह बहूर आज की आजाद शायरी की सबसे मुतरन्नुम बहूर है।

र : जो "पत्थर की दीवार" में है।

स : नहीं 'पत्थर की दीवार" की बहूर जरा सी अजनबी है। "एशिया जाग उठा", में यही बहूर है और देखिये एशिया जाग उठा को कहाँ से इनाम मिला? मलयालम जबान से। कुमार आशन सोसाइटी ने मुझे उस पर एवार्ड दिया और उसका तर्जुमा भी मलयालम जबान ने किया। अभी पिछले साल नेहरू सदी के सिलसिले में साहित्य अकादमी ने हर जबान के एक-एक शायर को बुलाया तो मैंने अपनी दो नज़्में पढ़ीं। "मेरा सफर" और "हाथों का तराना" के लिए मुझे बनारस युनिवर्सिटी के हिन्दी के प्रोफेसर ने कहा कि मैं उसका तर्जुमा करूँगा। इसमें वैदिक विचार Vedic thought का रिपलेशमेन्ट Replection हैं।" मैंने कहा, "यह हमारा हैरिटेज़ Heritage है। कैसे आया मुझे ख़बर नहीं। यह हमारा हक है। बात यह है कि जो डाउन द अर्थ चीजें है, जो उसमें आ गयी हैं। कामयाबी के साथ यह हमारा हिस्सा है और मैं उससे मुतमईन हूँ कि हमारी शायरी का सारा मजाज गजल आश्ना मजाज है और जो शायर यह कहता है कि मेरी शायरी में न जाम व मीना है, न साकी है और उसके बाद यह कहता हो कि --

य सीधे सादे गरीब इंसान नेकियों के **मुजस्समें**[2] हैं
यह मेहनतों के खुद यह **तखलीक**[3] के पैयम्बर
जो अपने हाथों के खुरदरेपन से जिंदगी को संवारते हैं।
तो इसकी दाद मोहम्मद सादिक से मिलती है।

र : अब जो यह ग़जल आश्नाई की बात निकली वह बड़ी अच्छी है। मैं दूसरी तरफ चल रहा हूँ कि इकबाल का फारसी कलाम तो मैंने उतना जी लगा के नहीं पढ़ा है। लेकिन उर्दू कलाम जो उनका पढ़ा तो मुझ को जहाँ तक नज्मों के ढाँचे का सवाल है और जिस तरह से वह नज्मों को (डेवलप) Develop करते हैं, स्ट्रक्चर Structure वह मुझको बहुत नाकिस लगता है। लेकिन इसके बावजूद उनकी जो

---

1 छन्द, 2. बुत, 3. पैदा करना, निर्माण

आवाज है और उनकी आवाज की जो मिठास है, चाव है और अजमत है, वह पकड़ लेती है तो मुझे लगता है कि उनका स्लूब ग़ज़ल का है जिसको उन्होंने नज़्मों में इस्तेमाल किया।

स : जहां ग़ज़लों में उन्होंने इस स्लूब को छोड़ा है। उसको लोग कुबूल नहीं करते हालाँकि वह ग़ज़ल के लिए एक नया रास्ता था। मसलन "शमा और शायर" के ये एशार

आखिरे शब दीद के काबिल थी **बिस्मिल**[1] की तड़प
सुबह तक कोई अगर **बालाये बाम**[2] आया तो क्या

इसमें स्ट्रक्चर Structure के बारे में एक चीज कहूँ। मुझे नहीं मालूम कि यह चीज तुम्हारे जहन में है या नहीं। वह यह कि—जोश के बारे में भी यही कहा जाता है और जोश पर यह एतराज बहुत ज्यादा किया जाता है। यही बात इकबाल के बारे में भी कही जाती है कि ख्याल था इरतिका नहीं है और एक ही बात बीस इस्तेआरों में कहते चले जा रहे हैं। इकबाल की "शमा व शायर" के कई बंद[5] हैं जिसमें चार-पाँच शेर एक ही ख्याल को मुखतलिफ इस्तेआरों में बयान कर रहे हैं कि—

आखिरे शब दीद भी विस्मिल की तड़प
सुबह तक कोई अगर बालाये बाम आया तो क्या
बज़्में मय से वह पुराने शोला **आशाम**[3] उठ गये
सक्रिय महफ़िल में तो आतिश बजाय आये तो क्या

र : हाँ तो यह क्यों है?

स : यह उस्तादी का असल रंग है और यह उस जमाने में बड़ा मकबूल था। यह बिल्कुल ऐसा है जैसे क्लासिकी उस्ताद होता है ताकि एक बोल का लेंक तीन-तीन घंटे जा रहा है। लेकिन कुछ लोग हैं जो उसे काबिले गिरफ्त समझते हैं। हांलाकि यह चीज कभी काबिले गिरफ्त नहीं है। यहाँ कोई एतराज की बात नहीं है, लिहाजा मैं नाम तो लूँ। मसलन अख्तरूल ईमान कि "साहब इसमें नज्म का **इर्तिका**[4] नहीं है। मेरी नजर में इर्तिका का ख्याल है।

र : इर्तिका तो है लेकिन नज्म नहीं है

स : नज्म नहीं— वहाँ ग़ज़ल का रंग है।

र : नहीं मैं इकबाल की नहीं अख्तरूल ईमान की बात कर रहा हूँ कि इर्तिका तो है लेकिन नज्म़ नहीं है।

स : मैं इसे दूसरी तरह जरा नर्म अल्फाज में कहूँगा कि इकबाल की आवाज क़ा असर उनकी नज्म से ज्यादा है। बहुत ज्यादा है। अब यह देखिए जोश ने क्या उमदा नज़्म कही है।

---

1 घायल, 2. ऊँची अटारी, 3., 4. उत्थान, प्रगति

मुट्ठियों से भर के अफ्शाँ चल चुका है इंकलाब

इसमें जो आखिरी शेर है

जोश के अफकारे[?] को मानेगी मुस्तकबिल की रूह
आज अगर रूसवा वह मर्दे ना मुसलमाँ है तो क्या

इसमें साहब जो एक यलुगार है तश्वीहों की इस्तेहारों की। हद है।

र : वह तो उनका स्टाइल है और कोई इस पर एतराज करे तो, तो यह तो बेवकूफी की बात है।

स :
चल चुकी है आग लंका की तरफ बढ़ती हुई
आज अगर रावण का घर सीता का जिंदा है तो क्या
बन चुका है सरसर-व सैलाब खूने-ए-हाश्मी
आज अबु सुफियान के घर में चरागाँ है तो क्या

कहाँ सीता और कहाँ अबुसुफियान। यह सब आ गये।

र : अच्छा एक आखिरी सवाल कि यह जो 1935 ई. से लेकर 1990 ई. तक जो भी उर्दू अदब में—अच्छा या बुरा—पैदा हुआ। उसके बारे मजमूयी तौर पर आपकी क्या राय है? क्या आप मुतमईन हैं।

स : मजमूयी पर तो हम मुतमईन हैं लेकिन असल जायजा तो पचास साल के बाद लिया जायेगा।

र : आपसे मैंने यह सवाल इसलिए किया कि आप पढ़ते रहते हैं। ज्यादातर तो वगैर पढ़े लिखे लोग...

स : राही इस जमाने में एक काम ऐसा किया कि डाक्यूमेन्टरी फिल्म बनायी। अंग्रेजी में दि लिटरेरी स्ट्राम The literary storm के नाम से। इसमें चौदह जबान क्या रोल ऑफ लिटरेचर इन फ्रीडम स्ट्रगल Role of literature in freedom struggle शामिल है। 1857 ई. से हमने शुरू किया 1947 ई. तक। इसमें गालिब भी हैं। हाली भी शामिल हैं। शिबली भी हैं। इकबाल भी हैं। हसरत, जोश , आरतीविला छोल, और टैगोर भी हैं। तो साहब हमें तो ऐसा लगा कि हमारी शायरी को हमारे अपने नक्काद ज्यादा कमतर कह रहे हैं। जबकि-

र : हमारी शायरी बड़ी अच्छी है।

स : बड़ी अच्छी है और बहुत बुलंद है। मैं इसकी दाद भी दूँगा तो भई हम तो अपने अदब से मुतमईन हैं। यह जरूर है कि **असनाफ**[1] जो है किसी जुबान में एक सिन्फ तरक्की करती है किसी में दूसरी। क्योंकि कल्चर की जो फिजा होती है, वह उसके लिए **हमवार**[2] नहीं होती। शायरी में इंगालिस्तान को जो दर्जा हासिल है, वह योरोप की किसी जबान को हासिल नहीं। जो दर्जा नॉवेल में रूस को हासिल है वह किसी

1 प्रकार, 2. बराबर

को हासिल नहीं (मौसिकी में जो दर्जा जर्मनी को हासिल है, वह किसी को नहीं। इसी तरह जो मुकाम उर्दू शायरी को हासिल है वह किसी जबान की शायरी को हासिल नहीं। नॉवेल में हम उनसे पीछे हैं। अफ़साने में हम बहुत तरक्की कर गये थे। मगर अब जो यह जवाल आया है तो यह आया नहीं लाया गया है।

र : कभी-कभी मुझको यह सवाल परेशान करता है। जाहिर है कि इब्तेदाई उर्दू शायरी फारसी से बहुत मुतास्सिर रही। फारसी से उर्दू को मिली रूबाई, कसीदा, मसूनवी, और ग़ज़ल यह चार बड़ी असनाफ हमको फारसी से मिली और हिन्दुस्तान में बहुत अच्छी मसनवियाँ भी लिखी गयीं। उर्दू ने दकर्ना में बहुत उमदा मसनवी भी लिखी गयी। अच्छे कसीदें भी लिखे गये। लेकिन ग़ज़ल की मकबूलियत का क्या राज है।

स : यह बताना बड़ा मुश्किल है क्योंकि इसके साथ जुड़े हुआ सवाल यह है कि जिस सर जमीन से यह आयी है, वहाँ मकबूल नहीं है ये ईरान में।

र : मुझको ज़ाती तौर पर यह लगता है कि ग़ज़ल जो है फारसी में जब शुरू हुई तो वह मुसलसल नज़्म थी। क्योंकि कसीदे की तश्बीब को जब उन्होंने कसीदो से अलग किया। तो गजल में तसलसुल **Inherant** होना चाहिये।

स : हाफिज की सारी ग़ज़लों में नहीं है।

र : मैं यही कह रहा था। हाफिज के जमाने में **दारूत्तराजिम**[1] खुल गये थे। हिन्दुस्तान से बड़े पैमाने पर लेन-देन और तिजारत हो रही थी। हिन्दुस्तान में एक ऐसी सिनूफ-ए-शेर है जो ख्याल की पाबंद नहीं है। जो सिर्फ एक फार्म है। जिसको हम 'दोहा' कहते हैं।

स : यह बात मेरे जहन में थी। मैं खुद यह कहने वाला था। भई हमारी हिन्दुस्तान की रवायत दोहा है। वह ओरल **Oral** है। और दोहा जो है वह मिसूरों में एक पूरा ख्याल दे देता है।

र : और किसी ख्याल का पाबंद नहीं। इसमें आप कोई ख्याल भी बाँध दीजिए। जब यह दोहा वहाँ ईरान में पहुँचा तो ईरानी शायरों ने कहा कि "भाई यह तो बड़े कमाल की चीज है।" और मुझको लगता है कि इसके बाद फारसी ग़ज़ल का जो इरतेका हुआ तो इसके अंदर यह तब्दीली आयी कि अब अलग-अलग शेर होने लगे। ग़ज़ल ग़ज़ल नहीं रह गयी बल्कि अलग-अलग शेर वाली एक सिनफ़्। कही जिंदगी का शेर है कहीं मौत का। कहीं बहार का शेर है, कही फिजाँ का इस तरह हमारे पास दो तरह की चीजें आयीं। एक तो ग़ज़ल थी और दूसरी वह जिसको हम लोगों ने रेख्ता कहा। रेख्ता के बारे में मेरी राय है कि बहुत घपले किये हैं हमारे बुजुर्गों ने। लेकिन गालिब ने यह कहा कि—रेख्ता के तुम्हीं उस्ताद नहीं हो गालिब। तो रेख्ता से मतलब नहीं लगता क्योंकि—क्या है कि कायम

1 रूपान्तर का दफ्तर

चांदपुरी का जो शेर है—

कायम मैं ग़ज़ल तौर कहा रेख़्ता वरना
इक बात लचरसी बुजबाने दकनी थी

तो इसके मानी क्या हैं? कि ग़ज़ल ही की तरह रेख़्ता एक सिनूफ है। रेख़्ता जबान नहीं है और जब गालिब यह कह रहा है कि रेख़्ता के तुम्हीं नहीं तो....तो वह सिनूफे सुखन की बात कर रहा है। ग़ज़ल तो मेरे ख्याल में एक सिनूफ है जो मुसलसल होती है ? रेख़्ता एक सिनफ है, जो मुसलसल नहीं होती है ? आप उस्तादों की ग़ज़ल पढ़िये तो लगता है कि यहाँ से यहाँ तक एक **तसलसुल**[1] आ रहा है। इरतेकाये **ख्याल**[2] है और बाकी एशार फुटकर हैं।

स : भई हम रेख़्ता पर बात पर करने की बजाय उसी बुनियादी सवाल पर बात करें क्योंकि मेरे लिए यह ख्याल नया है कि फारसी में गजल मुसलसल थी और जब दोहे ईरान पहुँचा तो फुटकर अशआर की शक्ल होने लगी। यह तहकीक का मसला है। मेरी नज़र में नहीं है। मैं यह समझता हूँ कि ग़ज़ल जो है...मैं इसके **असबाब**[3] ब्यान नहीं कर सकता कि ईरान में उसका जवाल क्यों हुआ और हिन्दुस्तान में इसका उरूजू क्यों हुआ। अलबत्ता उसका मेरे पास एक Explanation एक्सप्लनेशन है। सोशल और पोलिटिकल। ग़ज़ल सबसे ज्यादा नेचुरल फार्म है शायरी का। मसलन हम यहाँ घर में बैठे हैं। किताबें हैं, पंखा चल रहा है। आप लोग बातें कर रहे हैं। बाहर निकले, मन्जर बदल गया। वहाँ हमें एक लिफ्टमैन मिला। नीचे उतरे तो फिर मन्जर बदल गया। आगे चले तो एक जनाजा मिल गया और आगे चले तो एक बारात मिल गयी। जब घर पहुँचे तो यह नहीं महसूस होता कि घर से घर तक उन मन्जरों में, झटकों में हमने क्या-क्या देख लिया। यही बात ग़ज़ल में है। लेकिन अच्छे शायर के यहाँ दो चीजें जरूर होती हैं। एक तो उसका मजमुई तास्सुर और एक आहंग। यह दोनों बराबर रहते हैं। यही नहीं कि अलग-अलग शेर के साथ आहंग बदल गया था। उसका तास्सुर बदल गया।

र : यह मैं ऐसा करूँ कि ग़ालिब की दस-बारह ग़ज़लों को लेकर और उनको आरेन्ज Arrange करके बता दूँ कि यह देखिए एक ही ख्याल चला जा रहा है।

स : हैं ऐसी गजलें ?

र : मैंने ज्यादातर गजलों में यही देखा है कि एक ख्याल चला जा रहा है। चला जा रहा है। अगर आप उन ग़ज़लों को नये सिरे से तरतीब दीजिए (जरूरी नहीं कि वह पहला शेर हो, मक्ता भी हो सकता है) लगता है यह ख्याल का इरतिका है, जो चल रहा है। आखिर में आ के दो शेर बच जाते हैं। इसमें वह ख्याल नहीं आता।

स : जैसे गालिब की एक ग़ज़ल है कि — मुद्दत हुई है यार को मेहमाँ किये हुए।

---

1 निरंतरता, 2. ख्याल की उन्नति, 3. वजह, कारण

आखिर में बिल्कुल अलग शेर है। बैठे हैं हम **तहय्या[1]-ए-तूफाँ** किये हुए। लेकिन उस के बाबजूद यह मेरे लिए ख्याल का एक हिस्सा है। क्योंकि यह मौजू है **हिज्र[2]** का लेकिन उसने बयान किया है—उसे **बिसात[3]** की निशात के साथ।

र : तो इस तरह से अगर हम लोग नये तरीके से अपनी ग़ज़ल को पढ़ना शुरू करें तो ऐसा नहीं लगता आपके— कि हमें एक नयी चीज़ मिलेगी।

स : जरूर मिलेगी।

र : नया दरवाजा है खुलेगा। कुछ नयी हवा शायद आये।

स : दरअसल हमारे यहाँ ग़ज़ल को जो नयी जिंदगी मिलेगी। वह हमारे यहाँ के सियासी हालात के साथ हुआ। मेरा ख्याल है कि 1947 ई. से पहले ग़ज़ल की मक़बूलियत नहीं थी। खुद फैज जिनकी ग़ज़लें सबसे ज्यादा मकबूल हुईं और जिन के जरिये से फिर और ग़ज़लें भी आयी। उनकी बड़ी अच्छी ग़ज़लें मौजूद थी जो अब गायी जा रही हैं। तकसीम के बाद पाकिस्तान में यह हुआ कि जो पक्की मौसिकी है। क्लासिकी चूँकि उसका मिजाज **सहूव[4]** है, वह गैर मकबूल करार पायी। मेरी बहनिया न मरोड़ कृष्ण मुरारी। तो हमारी क्लासिकी मौसिकी तो कृष्ण और राधा की रवायत से मिलती है तो यूँ क्लासिकी मौसिकी नमकबूल हुई। हालाँकि वहाँ जानते हैं लोग और सीखे हुए भी हैं। तसब्बुफ की रवायत मौजूद थी इसलिए वहाँ के **खुश गुलू[5]** गायकों ने ग़ज़ल गायिकी शुरू की। हिन्दुस्तान में उर्दू में बिपदा पड़ी थी इसलिए जो उर्दू वाला था वह वहाँ खुश नहीं था और जो पंजाब से हिन्दू और सिख आया था उनका यह नोस्टलेजिया Nostalgia था उन्होंने उसको उठा लिया और जो चीज़ सामने आयी तो साहब तो साहब उसका एक पोशीद हुस्न था जो किसी वजह से जमाने की खाक में दबा हुआ था, आज वह जाहिर हो रहा है। लेकिन इससे खराबी जो पैदा हो रही है। वह यह है कि उसका एक बहुत बड़ा हिस्सा तफरीह का सामान बन गया है और नये-नये गाने वाले, शायरों को मुलाजिम रख रहे हैं। दस अल्फाज दे दिया कि साहब 'जाम का' लफ्ज आ जाये। 'शराब' का लफ्ज आ जाये, और 'जुल्फ' का लफ्ज आ जाये तो यह जो है इससे नुक्सान पहुँचा। लेकिन हर चीज के दो पहलू होते हैं। यह उसका दूसरा पहलू है। मकबूलियत अपनी जगह है। लेकिन इसी के साथ बगैर किसी कमेन्ट Comment के जमीर जाफ़री का मैं एक शेर सुना दूँ।

दरीदा दामनों, खस्ता गेरबानों की बातें हैं
ग़ज़ल में जितनी बातें हैं, मुसलमानों की बातें हैं

---

1 इरादा, 2. जुदाई, वियोग, 3. मिलाप, 4. गल्ती, भूल, 5. अच्छा गला

(कहकहा— और इसी के साथ यह दिलकश महफिल बर्खास्त हो गई) राही साहब ने अपने पान समेटे और जाफरी साहब ने अपनी एनक उतारी। सुल्ताना भाभी खाने का इंतजाम करने पहुँची। राही साहब ने यह कहकर **मआजरत**' चाही कि घर पे कोई साहब (मोनिस रजा) तशरीफ फरमां रहे हैं। मगर ख़्वाब आया, सितारा आया और सुल्ताना भाभी ने नाचीज को रोक लिया। खाने की मेज पर मैं फिर जाफरी साहब महत्व-ए-गुफ्तगू थे)

गुफ्तगू बंद न हो—बात से बात चले। सच ही तो है।

नाज बेगम
रिसर्च स्कालर
ए. एम. यू. अलीगढ़

●●●